昭和のスーパースター

力道山

臨終の際に微かに動いた
“三本の指„で何を伝えようとしたのか!?

踣書房

はじめに

力道山――。日本のプロレスの礎を築いた最大の功労者であり、敗戦によって打ちひしがれた日本人に勇気と希望を与えたプロレスラーである。戦後日本の高度成長期にあって「総理大臣の名前は知らなくても、力道山の名前を知らない者はいない」とまで言われた、昭和のスーパースターだ。

令和六（二〇二四）年十一月十四日は、力道山の生誕一〇〇周年であった。それを記念して一足早い十一月九日、東京・千代田区の帝国ホテルにおいて「力道山生誕一〇〇周年記念パーティー」が開催された。主催したのは田中敬子さんであった。昭和三十八（一九六三）年十二月十五日、三九歳で凶刃に倒れた力道山を看取った敬子夫人である。結婚して半年後に未亡人になった。

敬子夫人は薄紫色の和服姿で登壇し、祝賀会に駆けつけた四〇〇名近い人々に感謝の言葉を述べた。京絞りの和服は「力道山にプレゼントしてもらった」ものだという。主賓として王貞治氏や張本勲氏、徳光和夫氏が祝辞を述べた。祝辞は三者ともに「力道山の功績」を讃えるものであった。

力道山は、大相撲の世界で関脇の地位まで

会場となった帝国ホテル「孔雀」の間には400名近い人々が祝いに駆けつけた

上り詰めながら自らマゲを切って力士を廃業した。建設会社勤務を経て、銀座のクラブで出会った日系レスラー・ハロルド坂田の誘いを受けてプロレスラーとしての一歩を踏み出す。アメリカ遠征の修行を経て帰国。リング上で空手チョップという伝家の宝刀で外人レスラーを薙ぎ倒す自国のヒーローに日本人は熱狂した。テレビというパートナーを得てプロレスは大衆のものとなり、力道山のプロレ

スによってテレビもまた飛躍的に普及していったのだった。

力道山についての書籍は、力道山夫人・田中敬子さんが著した『夫・力道山の慟哭』や、力道山の子息（次男）百田光雄氏が書いた『父・力道山』はじめ、秘書の吉村義雄氏、プロレス関係者、ジャーナリスト、作家、評論家ほか数十冊にのぼる。斯界にあっての力道山の戦績あるいは功績、人となりについてはほとんど書き尽くされているといってよい。にもかかわらずなぜ私は、力道山がこの世を去ってから六一年も経っている今、力道山について書こうと思ったのか？　理由は、ただ一つである。力道山は……息絶えるその寸前、右手を微かに動かし何かを伝えようとした。薄れゆく意識の中で、「三本の指」で何かを言い遺そうとしたという。この三本の指で何を伝えたかったのか？

長い間「謎」と言われてきたこの〝三本の指〟が意味するものは何であったのかについて、筆者なりに思うところを書き留めておきたかったというのが本書発刊の目的である。

本書を上梓するにあたっては、力道山夫人・田中敬子さんならびに、力道山のご子息・百田光雄氏、一世を風靡したナイトクラブ『ニュー・ラテンクォーター』のオーナー山本信太郎氏には取材にご協力いただき、また百田光雄氏夫人でRIKI Enterprise社の百田保恵社長には貴重なご助言を頂戴いたしました。稿を終わるにあたり、各氏に深く感謝申し上げる次第です。

二〇二四年十二月

基　佐江里

＊目　次＊

取材協力●田中敬子
百田光雄
山本信太郎
舟木昭太郎
写真提供●共同通信社
日刊スポーツ
装丁　基　萠子
校正　基　由紀

序章　力道山が遺した功績――「謝恩の碑」に刻まれた不滅の偉業

二〇二二（令和四）年十二月十五日・木曜日、東京都大田区池上一丁目にある池上本門寺に向かった。力道山の墓所を訪ねるためであった。

ＪＲ京浜東北線蒲田駅で東急池上線に乗り換え、蒲田から二つ目の池上駅に下車。タクシーに乗ること数分で池上本門寺に着いた。タクシーから下り墓所に向かってしばらく歩くと「力道山の墓所は　あちらです」という立看板が見えてくる。左に曲がると五重塔に突き当たる。この五重塔は、江戸幕府二代将軍秀忠が、乳母正心院日幸の発願によって慶長十三（一六〇八）年に建立されたのだという。関東地方に現存する最古の塔で、池上本門寺宝塔と本門寺五重塔は国の重要文化財に指定されている。五重塔の脇にも「力道山の墓所は　あちらです」という看板が立っている。

池上本門寺（2022 年 12 月 15 日著者撮影、以下同）

左折すると、大木の脇に「力道山の墓所は　あちらです」という三つ目の立看板が見えてくる。案内に沿って歩いていくとほどなくして力道山の墓所に辿り着く。大きなお墓で、右に腕組みをしチャンピオンベルトを巻いている力道山の胸像、左には「力道山之碑」と印された二メートルを超える墓標が立っている。

十二月十五日、この日は力道山の命日であった。昭和三十八（一九六三）年十二月八日、東京赤坂のナイトクラブで暴漢に腹部を刺され、一時は回復したかに見えたが一週間後の十二月十五日に他界した。昭和のスーパースター力道山が三九歳の若さで死亡したというニュースに、プロレスファンならずとも日本中の誰もが衝撃を受けた。あの日から五九年が経過し令和四年十二月、五九回忌の法要が行われることになった。

国の重要文化財に指定されている本門寺五重塔

五重塔の脇にある立看板

「昨年（令和三年）は一〇〇名ほどお見えになっていましたが、今年はどうなんでしょう。お参りしてくださるというのでしたら、有り難いことですからどうぞ……」

数日前に電話の向こうでこう話してくださったのは、RIKI Enterprise社の百田保恵社長であった。力道山の次男・百田光雄氏の奥さんである。七四歳になる光雄氏は元プロレスラーで、日本プロレス、全日本プロレスを経てプロレスリング・ノアの取締役副社長兼レスラーとして活躍。平成元（一九八九）年四月には世界ジュニア・ヘビー級王座を獲得した。その子息・百田力氏も大学を卒業してのちプロレスラーになった。祖父・父・子の三代がプロレスラーというのも珍しい。

光雄氏の兄・義浩氏もまたプロレスラーであった。昭和二十一（一九四六）年三月生まれで、慶應義塾大学法学部を卒業しリングアナウンサーなどを経てプロレスラーになり、昭和六十二（一九八七）年まで現役を続けた。引退後は全日本プロレスのフロントとして活躍していたのだが、平成十二（二〇〇〇）年十一月二十二日に五五歳で他界した。力道山が不慮の死を招いたのは長男・義浩が大学一年のときだったが、義浩氏も父・力道山の墓所に眠っている。墓誌には、「普照院法義日浩信士　俗名 百田義浩　行年五十五才　平成十二年十一月二十二日」と印されている。

法要は十二時（正午）から始まるとのことだったが、午前十一時二十分、墓所には一人のご婦人の姿が見えた。墓前にお花などを供えている。百田保恵社長であった。

少し遅れて二人の紳士が数珠を手に姿を見せた。百田光雄氏と百田力氏だ。光雄氏は末期の肺がんだと聞いていたが、がんを患っているようには見えない。「免疫療法を受けて元気になった」のだと

力道山の墓所。胸像と２ｍを超える墓標

いう。

光雄氏と力氏に、「力道山之像」と「力道山之碑」の前で、写真の撮影をお願いした。

そうしている内に続々と、現役のプロレスラーはじめプロレス関係者、マスコミなど一〇〇名近い方々が墓所前の広場に集まった。

十二時（正午）になり、お経が唱えられるなか参列者が次々と力道山の墓前で祈りを捧げる。全員が終わったところで、ご親族、プロレスラー、プロレス関係者が横一列に並び記念撮影が行われた。

出席者を前に光雄氏は、広く告知して行う回忌は「今回が多分最後になると思います」と挨拶された。

没後六〇年が経過しても一〇〇名近い参列者が墓前に会した。流石は昭和のスーパースターである。力道山の葬儀が執り行われたのは昭和三十八（一九六三）年十二月二十日であった。政財界や芸能界、スポーツ界はじめ各界の名士、多くのファンが力道山の死を悼んだ。参列者の列は池上本門寺から池上駅付近まで続き、一万二〇〇〇人が別れを惜しんだという。

チャンピオンベルトを巻いている力道山の胸像には、銅像を建立した以下の人々の名が刻まれている。

梶原一騎
真樹日佐夫
天龍源一郎
秋山準
泉高志
菅原正豊
佐山サトル
百田力
荒川公光
北野武
百田光雄
プロレスリング・ノア

チャンピオンベルトを巻いている力道山の胸像

三澤光晴
瀬川重雄
鈴木　保
高山俊基
小橋建太
金海和男
下村　久
仲野武史
東京スポーツ新聞社
太刀川恒夫

また、「力道山之碑」に隣接する石碑には「一九六四年十二月十五日　建立」として児玉誉士夫氏による碑文が刻まれている。力道山が遺した功績とは以下のようなものであった。

《力道山先生名は百田光浩　九州大村の産　幼
にして角界を志し関脇に栄進するも　一九五
一年プロレス界に転身　爾来研鑽鍛錬　又多
くの門弟を養成　後進の道を拓き斯界の始祖
となり隆盛を齎す　一九六二年ＷＷＡ世界選

百田光雄氏（右）とその子息・力氏

手権を獲得名声世界に洽きも　昨年末不慮の災に遭い急逝　時三十九才　一周忌に際し門弟一同碑を献納　謝恩の意を捧げつゝ不滅の偉業を讃う

一九六四年十二月十五日　建立》

力道山の墓石は二基あり、向かって右側の墓石には「大光院力道日源居士」と法名が刻印され、側面には「昭和三十八年十二月十五日歿　俗名　百田光浩　行年三十九歳」と印されている。また、左側の墓石には「南無妙法蓮華経」と刻印され、左右いずれの墓石にも「施主　百田敬子　建立」とある。敬子夫人は結婚してからわずか半年後に夫・百田光浩の妻として、墓標に自らの名を刻むことになったのだった。

力道山之碑（後方）と、力道山が遺した功績について刻印した石碑「謝恩の碑」

敬子夫人は今も、十二月十五日には欠かさず墓参に訪れている。当初は百田家とともに午前中にお墓参りをしていたのだが、十三回忌をすませ「田中」姓に戻ってからは、「午後に一人でお墓参りをしている」のだという。

第1章　日米初の〝宇宙中継（衛星中継）〟で伝えられた「ケネディ大統領暗殺」の訃報

一九六三（昭和三十八）年十一月二十二日金曜日、全米のみならず世界を揺るがす大事件が発生した。テキサス州を遊説中のジョン・F・ケネディ大統領が、ダラス市内をパレード中に銃撃され死亡するという事件が起きたのである。現地時間十二時三十分、ライフル銃による狙撃でケネディ大統領は暗殺されたのであった。オープントップに改造された大統領専用リムジン『リンカーン・コンチネンタル』の最後列右側にケネディ大統領、左側の座席にジャクリーン夫人が乗車していた。撃ち込まれた三発の銃弾のうち一発は外れ、一発は大統領の頸部に命中、最後の一発が右側頭部を貫通し、これが致命傷になってケネディ大統領は絶命した。

犯人はリー・ハーヴェイ・オズワルド（二四歳）で、約一時間後に逮捕された。そしてオズワルドは、逮捕された二日後にダラス警察署の地下駐車場で、郡刑務所へ移送される車に乗る前にナイトクラブを経営するジャック・ルビーにより銃撃され死亡した。犯人が死亡したことから動機も不明、関与者も不明となっており、オズワルドの単独犯行だと推定されている。転職を重ねていたオズワルドは、勤めて間もないテキサス州立公立学校教科書倉庫ビル六階の窓から大統領を狙撃したと言われている。倉庫には段ボール箱が山積みされていたという（『ウィキペディア』より）。

「ジョン・F・ケネディ大統領がダラス市内をパレード中に銃撃され死亡した」

このニュースは全米に衝撃を与え、現職のアメリカ合衆国大統領「暗殺」の報は瞬く間に全世界に広がった。大統領に就任したのは一九六一年一月で、大統領就任二年一〇カ月後に起きた悲劇だった。享年四六歳。志半ばで凶弾に倒れたのである。アメリカの大統領としてジョン・F・ケネディは「全人類の平和」を訴えていた。

「真の平和とは、単に米国人のための平和ではなく、全人類のための平和である。単にわれわれの時代だけの平和ではなく、永久の平和だ」

このような信念を持って、アメリカ合衆国第三十五代大統領に就任した。


ケネディ大統領が銃撃されたのは十一月二十二日十二時三十分（現地時間）である。日本時間十一月二十三日午前四時であり、七分後には全米のテレビやラジオでニュース速報が流れ、日本に「ケネディ大統領暗殺」の第一報を伝えたのは毎日放送北米支局の前田治郎記者であった。新聞各社は号外を出し、夕刊では「全世界に大きな衝撃と深い悲しみ」という見出しを付けてケネディ大統領の死を報じた。そしてこの日は、通信衛星により初めて日米間の衛星中継「テレビ伝送実験」が行われた日でもあり、テレビでは銃撃を受けて座席に崩れ落ちる大統領の姿が映し出された。日米初の「宇宙中継」（当時の呼称）で生々しい映像を目にした日本人は信じ難い光景に誰もが強い衝撃を受けたのだった。日本ではまだ夜明け前の出来事で、就寝中の力道山にこのニュースを伝えたのは結婚してまだ半年と経たない妻・敬子だったが、『夫・力道山の慟哭』や『夫・力道山の教え』の中で敬子夫人は次のように述べている。

《……寝室で休んでいた主人は、私からケネディ暗殺の報を聞くと「本当か！」と、ものすごく驚いた様子でした。主人はベッドの横にあるポータブル・テレビを付けて訃報を確認すると、受話器を手にして、慌ただしく電話をかけ始めました。会話を聞いて、話し相手がロサンゼルス在住のプロレスラー、グレート東郷さんであることがわかりました。》（『夫・力道山の慟哭』）

グレート東郷とは「家族ぐるみのお付き合い」をしており、力道山がロサンゼルスに行くときは必ずと言っていいほどグレート東郷宅を訪ねるほど「気心の知れている」仲であったという。

《「本当に銃で撃たれたのか？　ケネディ亡き後のアメリカはどうなるのか？　そちらの様子を教えて欲しい……」などといったことを矢継ぎ早に受話器の向こうの東郷さんに聞いていました。大統領の暗殺でアメリカ社会の矛盾が噴き出したり、歴史が大きく変わるのではないか、とその行く末を心配していました。》（『夫・力道山の教え』）

ケネディ大統領の後を継いで第三十六代アメリカ合衆国大統領に就任したのは、リンドン・B・ジョンソン副大統領であった。ケネディ大統領が暗殺され「死去」の公式発表がテレビやラジオで報じられてから一時間後の十一月二十二日・十四時三十八分、大統領専用機『エアフォース・ワン』内で大統領就任宣誓が行われた。

「全人類の平和」を訴えて大統領に就任したジョン・F・ケネディ。志半ばで凶弾に倒れ四六歳で生涯を閉じたが、ケネディ大統領が目指した国家像について、今一度記しておきたい。

「真の平和とは、単に米国人のための平和ではなく、全人類のための平和である。単にわれわれの時代だけの平和ではなく、永久の平和だ」

今の世に伝えたい、大国のリーダーの熱いメッセージである。

第2章　大統領暗殺五日後に見た悪夢──赤坂のナイトクラブ『ニュー・ラテンクォーター』の悲劇

ケネディ大統領が暗殺されてから五日後の十一月二十七日、この日のことを敬子夫人は鮮明に覚えている。かつて見たことのない夫・力道山の動揺する姿を見たからである。深夜、ベッドで眠っていた力道山が突如として「ワァ〜！」と大声を出して飛び起きた。何事かと思って訊いてみると、「老婆に刺される夢を見た」のだという。力道山は興奮気味に次のように言ったという。

「髪の毛が真っ白な白装束の婆さんが足元に立って、刀か竹槍で俺を刺しに来やがった。何をするんだ、やめろ！　と叫んだんだ」

『夫・力道山の慟哭』には、このときのことが克明に綴られている。

《そのときはケネディさんが亡くなったから、そんな夢を見たのかなと思いました。でも主人が亡くなった後に、もしかしたら自分の身の上に起こることを予感したのかしら、予知夢だったのではと思うようになりました。主人が動揺する姿を見たのは後にも先にも、このときに一度だけでしたから悪夢のことは強く印象に残っています。》

自分が刺されそうになるという悪い夢を見た。力道山が赤坂のナイトクラブ『ニュー・ラテンクォーター』で腹部を刺されるという〝事件〟に遭ったのは、悪夢を見てから一一日後のことだった。

昭和三十八（一九六三）年十二月八日深夜、衝撃的なニュースが日本中を揺るがした。かの国民的なヒーロー力道山が暴漢に「刺された！」というニュースが飛び込んできたからである。この年の五月から、〝刺傷事件〟に遭遇するまでの力道山の足跡・戦歴を見てみよう。


力道山が豊登とタッグを組んでアジア・タッグ選手権を獲得したのは昭和三十八年五月六日であった。キラー・コワルスキー、フレッド・アトキンス組と空位になっているアジア・タッグ選手権を争い、二対一で勝って王座に就いた。

六月五日、東京・赤坂の『ホテル・オークラ』において田中敬子さんと結婚式を挙げる。

結婚してからも精力的に試合数をこなし、豊登とタッグを組んで獲得したチャンピオンベルトを保持し続けた。

十二月二日には自身の保持するインターナショナル選手権を狙って覆面レスラー、ザ・デストロイヤーが挑戦してきたが、六一分三本勝負で行われた試合は二対一で勝った。一本目は一七分四〇秒に体固めでデストロイヤー。二本目は三分二六秒に体固めで力道山。三本目は七分三三秒にカウントアウトで力道山が取り一八回目の王座防衛に成功したのだった。

ザ・デストロイヤーは、しつこく力道山のタイトルを狙ってきた。十二月四日、続けて大阪府立体育会館でインターナショナル選手権試合を行うこととなる。このときは時間無制限の一本勝負だった。二一分二五秒に両者カウントアウトで引き分け、力道山は一九度目の王座防衛を果たした。

さらに十二月六日には、豊登と組んで五月に獲得したアジア・タッグ選手権の七度目の防衛戦が行われた。名古屋市の金山体育館でザ・デストロイヤー、バディ・オースチン組からの挑戦を受けタイトル防衛に成功。翌七日には、浜松市体育館で力道山、グレート東郷、吉村道明組が、ザ・デストロイヤー、バディ・オースチン、イリオ・デ・パオロ組と六人タッグマッチを行う。一本目は外人組が反則勝ち、二本目は力道山がパオロをフォール。あとは時間切れで引き分けとなった。これは秋の国際試合で〝ザ・デストロイヤー・シリーズ〟として行われたが、この六人タッグマッチが力道山の最後の試合になったのだった。日本のプロレスファンが、プロレスラー力道山の雄姿を見るのはこれが最後となったのである。

試合が終わってから力道山は敬子夫人に電話した。「今、浜松で試合が終わった。夜行列車で帰るから明日の朝六時ごろに着く。敬子も（運転手と）一緒に東京駅まで迎えに来てくれ」と——。

力道山が遠征先から電話をかけてくるのはよくあることだったが、「迎えに来てくれ」というのは初めてのことだったという。「嬉しい気持ちで運転手さんとともに自家用車で東京駅に向かいました」（敬子夫人）。

浜松から急行『那智・伊勢』に乗って六日ぶりに帰京した力道山は、夜行列車に揺られながらアルコールを飲んだらしくかなり上機嫌であった。

《運転手さんが「奥さん、今日の先生は気持ち悪いくらい機嫌がいいですね」とささやくほど主人は上機嫌。当時妊娠中の私にも「お腹の赤ちゃんは元気か？」とか、人前ではふだん見せないようなパパぶりを発揮してくれました。1年間の試合が終わって、それでいつになく機嫌がいいのだと私は思っていました。》（『夫・力道山の慟哭』）

自宅であるリキ・アパートは赤坂・台町にあった。八階の自宅で昼過ぎまで就寝。プロレスだけでなく、いくつかの事業にも手を広げていたため関連事業社の役員会を招集し会議を開く。その後、相撲協会の理事である高砂親方（元横綱・前田山）と大相撲のアメリカ巡業の打ち合わせをした。力道山の秘書である吉村義雄氏によると、この打ち合わせの席には前夜タッグマッチで試合をしたザ・デストロイヤーと『スポーツニッポン』紙の寺田静嗣記者らが同席していたという（吉村義雄著『君は力道山を見たか』）。

以下に記すのは、『君は力道山を見たか』を参考に〝事件〟当夜の力道山の足取りを辿ったものである。

力道山は十二月七日の試合が終わった後、八日の昼には箱根でゴルフを楽しむことになっていた。それをせず夜行列車で帰京することになったのは、この高砂親方とのアメリカ巡業、「ロサンゼルス興行」の打ち合わせが急遽決まったためであるという。ザ・デストロイヤーを同席させたのは、彼がロサンゼルスに住んでいたためであり、「彼を高砂親方に引き合わせておけば、何かとデストロイヤーも力になってくれるだろうという、力道山一流の計算が働いていたことがあったんじゃないですか」と吉村氏。

高砂親方との打ち合わせが終わり、一行は赤坂の料亭『千代新』で宴席を持つことになった。ザ・デストロイヤーは『千代新』に行く前に途中で帰り、代わってグレート東郷が宴席に加わった。グレート東郷もロサンゼルス在住のレスラーだった。

『千代新』を出ると力道山は、従来のスケジュールどおり午後八時半から始まるＴＢＳラジオの『朝丘雪路ショー』にゲスト出演した。このころになると力道山はかなり酔って〝ろれつ〟が回らなくなり録音どりをするのは無理な状態で、この番組はボツになり放送されなかった。吉村はこの録音どりに立ち合っているが、番組のプロデューサーから「これじゃあとても番組になりませんから、今回はボツにさせていただきます」と耳元で囁かれたという。

その『朝丘雪路ショー』に出演する前に吉村は、力道山から電話をもらっていた。

「ヨッちゃん（力道山は吉村氏のことをこう呼んでいたという）、朝丘雪路ショーの録音が終わるころを見計らって『コパ・カバーナ』に予約を入れておいてくれ」

言われたとおり吉村は『コパ・カバーナ』に予約を入れていたが、リキ観光の専務取締役・キャピー原田氏のひと言で力道山の気が変わり、『コパ・カバーナ』ではなく『ニュー・ラテンクォーター』に〝第三ラウンド〟の酒席を移すこととなる。そしてこの〝予定変更〟が、力道山の運命を決定づけてしまったのだった。

（上記は吉村氏の著書によるもので、敬子夫人の『夫・力道山の慟哭』では、『ニュー・ラテンクォーター』に店を変えたのは、『コパ・カバーナ』が満員で入れなかったから、となっている。）

いずれにしても、『ニュー・ラテンクォーター』ではなく予定通り『コパ・カバーナ』に行っていたら、力道山がナイフで刺されることはなかったのだが……。

力道山に付き添っていた吉村氏は、「死に向かって走っていた力道山」「予定表になかった十二月八日の行動」というタイトルを付して、こう述べている。

《いま振りかえってみると、わたしにはその時が力道山が死を迎える時期であったように思えてしかたがない。すべてのことが、力道山の死を目指して進んでいたようでした。》（『君は力道山を見たか』）

こう振り返る前に吉村氏は、刺傷事件の顛末を次のように伝えている。

《昭和三十八年十二月八日の夜、力道山は赤坂の「ニュー・ラテンクォーター」で、住吉連合系大日本興業の村田勝志と口論のはてにもみあいとなり、登山ナイフで腹を刺された。

刺された後も本人は意気軒昂だったから、まわりの誰ひとり、これが致命的な傷になろうとは想像もしていなかったが、それから一週間後、突如として容態が悪化し、入院加療中の赤坂山王病院で息をひきとった。》（前掲書）

力道山について、見たままを可能な限り真実を伝えたいという意図を持って『君は力道山を見たか』を上梓した吉村氏が、同書のなかでこんな駄目出しをしていることも付記しておかねばなるまい。

《しかし、わたしが本当に驚くのは、力道山が死んでから書かれた〝力道山物〟が、じつに〝見てきたように〟話をまとめあげてることです。力道山と村田のやりとりも劇的に書かれて大活劇みたいですし、村田にナイフで刺された傷口から腸がはみ出していたとか、恐ろしいくらいなんですよね。ナイフで腹を刺して、腸がはみ出すほど大きい傷ができますか——無我夢中でナイフを突き出したというだけで。》（前掲書）

筆者の手元にある文献を調べてみると、確かに以下のような記述がある。

《……薄暗かったが、力道山が出血を抑えているタオルの下からは内臓の一部が飛び出し、その飛び出した内臓を何度も指で押し込んでいました。日ごろ鍛えに鍛えているプロレスラーだけにこんな芸当ができるのかと本当にびっくりしてしまいました。でも、早く病院へ行って傷口を綺麗に洗ってバイキンを取って、縫い合わせないとと、とんだことになるのではないか、とそのとき思いました。》

門茂男氏の『力道山の真実』に見られる〝証言〟である。事件当夜、客として《ニュー・ラテン・クォーター》に居合わせた山口某という、当時二十五歳の女性に、このときの力道山の行動を聞いた話だという。山口某（原文のママ）の言う「内臓」とは、大腸のことであろうか……。

吉村氏の著書から「刺傷事件」の概略を説明すると――。

力道山が刺されたのはトイレの入口で、力道山がホステスと立ち話中、村田がその傍を通りかかった。ケンカになったきっかけは、足を踏んだ踏まない、ぶつかったぶつからない、といった類で、先に手を出したのは力道山だった。それから転んでもみ合いになり、（殺されると思った村田は）ポケットをまさぐり、ナイフを出して力道山の下腹部を刺した。村田は足早で外に出ていき、力道山はホールへ戻った。客席の間を一五分ほど怒鳴りながら歩き回り、傷口を見せながら「この店は俺を刺すような奴を雇っているんだな」と怒鳴って、車で家に帰った。

――これは麹町署の刑事の説明であるという。この説明に対し吉村氏は、《実はこれがずいぶん曖昧なんですね。》と疑問を呈する。力道山が立ち話をしていたホステスの名前もわからず、ケンカになったきっかけもはっきりしていない、からである。

ホールに戻った力道山は、尻もちをついて、吉村が走り寄ろうとすると、若い男が入口のほうへ急いで出ていった。力道山はその後ろ姿を指して「あいつだ！」と叫んだという。吉村はその後を追い、タクシーを止めて乗りこもうとする男を制し、タクシーのドアを押さえて男の隣りに割り込んだ。運転手に「どちらへ？」と訊かれたが、男は運転手には答えず吉村氏に向かってこう言ったという。

「マネージャー、俺、力道山を刺しちゃった！」

仰天するような思いで吉村氏はこの言葉を聞いた。「力道山を刺した」という〝事実〟に驚き、一面識もないはずの男がなぜ自身のことを「マネージャー」と呼んでいるのか不思議に思った。

吉村氏は走り出していたタクシーを『山王飯店』の前で止め、歩いて数分のところにある『ポニー』という喫茶店に入った。男に、力道山との事の顛末を質すためだった。

第3章　傷跡は二センチほどで、小腸まで突き抜けていた

十二月九日午前一時半、山王病院に入院

喫茶店内の会話で吉村氏は「若い男」が誰であるかを知ることとなる。男は「村田勝志」と名乗り、「小林楠扶のとこの者です」と言う。大日本興業の「小林楠扶」のことは吉村氏もよく知っていた。吉村氏は村田に上司である「小林さん」に電話をかけてもらい、その電話で「力道山が刺された」事の顛末を説明した。事情を知った「小林さん」は、事の重大さにしばらくは絶句していた。受話器の向こうで善後策を考えているような「小林さんの息づかい」が聞こえてきたという。沈黙ののち発せられたのは次の一言だった。

「吉村さん、村田を放してすぐ家に帰るように言ってください。私はすぐ力道山のところへ行きますから……」

部下が起こした不祥事を詫びるために「力道山宅を訪ねたい」のだという。

「わかりました」と吉村氏は電話を切った。村田がなぜ吉村氏のことを「マネージャー」と呼んだのかについて吉村氏は、こう説明している。

《このころには村田も落ち着いてきて、リッキー・ワルドーと喧嘩して日赤病院に入院しているときに、わたしが見舞いに行ったので顔を覚えていたことを説明してくれたりしたんです……》（『君は力道山を見たか』）

リッキー・ワルドーは「黒い野牛」の異名をとった黒人レスラーで、昭和三十五（一九六〇）年から昭和三十七（一九六二）年にかけて四度来日し、力道山が保持するアジア選手権に挑戦したこともあるレスラーだった。村田は、リッキー・ワルドーが初来日した一九六〇年に赤坂のクラブでワルドーとケンカし重傷を負い、日赤病院に入院したことがあった。日本プロレスの関係者として吉村氏は入院中の村田を見舞いに行ったことがあるのだが、このときのことを村田はよく覚えており、吉村氏を「マネージャー」と呼んでいたのである。ではなぜ吉村氏は村田のことを覚えていなかったのか？リッキー・ワルドーに顔面を殴られた村田は、「包帯で顔をぐるぐる巻きにしていた」からであった。にしても、リッキー・ワルドーは筋骨隆々でかなり大柄なレスラーである。このワルドーを相手に喧嘩をしたとは、この村田勝志なる御仁、無謀という一言では片づけられないかなりの胆力の持ち主ではある。

喫茶店を出た吉村氏は「小林さんとの約束通り村田をすぐ帰し、力道山の様子を見に戻って行った」。しかし、『ニュー・ラテンクォーター』に力道山の姿はすでになかった。力道山の自宅であるリキ・アパートに向かうことにした。

吉村氏がリキ・アパートに着くと、周辺は殺気立った雰囲気に包まれていた。事件後の物々しさが漂い、力道山側と対立する「組」同士が一触即発の状況にあり、警官隊も出動していた。

このときの様子について、自宅であるリキ・アパートの八階に住んでいた百田光雄氏は『父・力道山』の中でこう書いている。

《……父が刺されて帰ってきた夜、こんなことがあった。傷ついた父に、もう寝ろ、といわれて、兄と私は八階の自分の部屋へ上がって寝たのだが、夜明けごろ、人の怒鳴り合うような声が聞こえたので、窓からのぞいてみると、右手にドス、左手に木刀をつかんだ若い男がマンションの前の路上で、警官たちとにらみ合っていた。あとで聞いたところによると、この若い男が、組長につれられて父にあやまりにきた村田勝志だったということだ。》

また、敬子夫人は、上機嫌で自宅を出て行った夫が数時間後に「事故に遭った」ことを秘書の吉村から電話で知らされた。事故と聞いて最初は「交通事故に遭ったのかと思った」という。そこへマンションのチャイムが鳴り、リキ観光の専務取締役キャピー原田氏や山王病院の長谷院長に支えられながら夫が帰ってきた。力道山は、義理の父（田中勝五郎）が警察署長であったことから、敬子夫人には事件のことを「親父には絶対言うなよ」と念を押すように言ったという。

《病院に行くときも念を押すように「とにかく親父には言うんじゃないぞ」と私に諭しました。私の父が警察署長だったこともあるのでしょうが、力道山は強いと思われているのに刺されて入院したとあっては、本人のプライドが許さなかったのでしょう。また、ファンの方々に対してもたいへん申し訳ない事件を起こしてしまったという反省の気持ちもあったと思います。》（『夫・力道山の慟哭』）

力道山は山王病院に運ばれ応急手当てを受け、一旦は自宅に戻っていた。吉村氏がリキ・アパートに着いたのはこのころであり、電話で話した「小林さん」も詫びに来ていたという。山王病院で受けた応急手当てとは、どのようなものであったのか。

《力道山に様子を訊くと、山王病院には宿直の医者はいたらしいのですが、手術はできないし、手術するまでもなく安静にしていれば大丈夫ですよということだったとか。》（『君は力道山を見たか』）

力道山は、居間のソファに横になり、「かなり憔悴している様子だった」と吉村氏は言う。気遣う吉村に、力道山は腹を出して傷を見せてくれた。刺された傷跡は二センチほどで、血はそんなに出ていなかったという。しかし、のちにその傷は小腸まで突き抜けていることがわかった。「応急手当て」ですむ傷ではなかったのである。

苦しそうな力道山を見て吉村氏は、〈もう一度山王病院に連絡をし、長谷院長に来てもらって開腹手術をしてもらったほうがいいんじゃないか〉と思ったという。というより、手術をするなら山王病院ではなく、外科では定評のある前田外科病院のほうがいいのではないかと思い、「前田外科にしましょうか？」と力道山に訊いてみた。が、「いや、山王病院でいい。長谷先生を呼べ」と力道山は即答したという。

吉村は力道山とともにエレベーターで階下へ降りて行った。外に出て、その物々しさに仰天した。一〇〇人近い警官が取り巻き、ＭＰ（Military Police：米国の憲兵）のジープまで出動していたからである。〝警護〟が物々しかった理由について吉村氏はこう説明する。

《どうやら警察にはすでに力道山が刺され、刺した村田が報復されたという情報が入っていて、ひょっとすると力道山を守ろうとする東声会と村田側の大日本興業との間で、衝突が生ずるかもしれない——という観測があったんでしょうね。》（『君は力道山を見たか』）

警備陣の中を力道山を乗せた車は山王病院に向かって走っていった。運転していたのは秘書の吉村義雄だった。

十二月九日午前一時半、力道山は山王病院に入院した。

開腹手術は長谷院長と、長谷院長が懇意にしていた聖路加病院の上中省三医師立ち合いのもとに行われた。手術を担当したのは上中医師であった。

医師の診断は「手術後の経過は良好」であったが……

山王病院に入院した力道山は九日、十日と昏睡のなかにあった。

事件が起こった翌九日、日本プロレスリング協会は東京・渋谷にあるリキ・スポーツ・パレスで合同記者会見を行った。

《日本プロレスリング協会（会長楢橋渉氏）は九日午後五時渋谷リキ・スポーツ・パレス地下「リキ・レストラン」で力道山の殺傷事件に関する合同記者会見を行なった。

席上押山宣伝企画部長から「力道山は約一カ月の負傷である。今後のプロレス・スケジュールは十三日、二十日、二十七日のTV中継による三試合が残されている。十三日と二十日は試合を中止。先に大阪と東京で行なわれた力道山―デストロイヤーの世界選手権をビデオ・テープで中継。二十七日は〝忘年試合〟を行なう。ただし、この試合には力道山は出場できないと思う」……中略……

また岩田プロレス興業常務は「きょう（九日）午後三時から社長（力道山）と会ったが上中医師の話では〝約一週間は絶対安静。特に会話をしてはならない〟とのことで、力道山とは話せなかった。

しかし手術後の経過はよい方に向かっているので生命の心配はないと思う」とそれぞれ語った。》（拙著『大山倍達 炎のカラテ人生』からの引用で、本記事の掲載紙は不明。）

事件が起きてから二日後の十二月十日、赤坂の山王病院に入院している力道山の容体について報じた記事である。「力道山、暴漢に刺され重傷を負う！」同月八日、テレビのニュースが師走の風に電波を乗せこう伝えたとき、闘技ファンならずとも全国民が我が耳を疑った。リング上で名だたる世界の強豪を次から次へと薙ぎ倒してきた英雄力道山が、街中でヤクザに刺され病院に運ばれるなど夢想だにしなかったことだからである。「術後の経過は良好」「生命の心配はない」とする上記の記事は、凶報に接してから二日後に流されたのであった。

ナイフで刺された力道山の傷は、どの程度の傷であったのか。敬子夫人が著した『夫・力道山の慟哭』には、手術を担当した上中省三医師と山王病院の長谷和三院長の連名で「診断」「処置」、「予後」についての〝報告書〟が掲載されている。山王病院は産婦人科専門の病院であったが、長谷院長は力道山の力士時代からの贔屓であることから、同病院が選ばれた。傷の処置をした上中医師は聖路加病院の外科医であった。「キャピー原田さんが聖路加病院に優秀な外科医がいるからと上中先生を呼んでいただいた」（敬子夫人）のだという。

〝報告書〟にはこう記されている。

《百田光浩氏病状（力道山）

診断　　右腹部刺創　　小腸二ヶ所損傷

処置　　小腸の創縫合

予後　今後約一ヶ月余の静養を要する見込
十二月九日　手術担当者　上中省三
山王病院長　長谷和三》

手術後の経過は順調であった。力道山の病室は「601号室」。妊娠七カ月で身重だった敬子夫人は病室の隣りに部屋を取ってもらい、付き添いにあたった。ほかにも「看護婦さん、家政婦さん、主人の弟子のレスラーの人たちも二四時間交替で付き添っていた」（敬子夫人）という。

急変した力道山の容体

力道山は順調な回復ぶりを見せていた。手術した翌日の十二月十日から、容体が変わる前日の十二月十四日までは――。

百田光雄氏の著書『父・力道山』には、手術してから五日後の十二月十四日に「敬子母」が書いた看護日誌が引用されている。日誌には、力道山の〝病状の経過〟について「脈拍は正常で血圧も普通、オモユをおいしそうに飲んだ」などと書かれていた。

《……手術は成功して父はみるみる回復しはじめたのである。手術後五日めの十二月十四日、敬子母は看護日誌にこう書いている。

〈今日の最高体温は三十六・五度、脈拍も七十で正常。血圧も百三十〜八十で普通。番茶、牛乳、果汁などのほかオモユを少量、おいしそうに飲んだ。オモユを口に入れたときは、まるで子供のように〝うまい。こんなうまいものが世の中にあったのか……〟と大よろこび。しかし、長谷先生（院長）は〝リキさんは日ごろ体を鍛えてあるだけに回復は早いが油断はできない。なるべく話はしないで安静にしておいてください〟と注意された。今日も全国のファンの皆さまからあたたかい励ましの電報やら電話やらがたくさんきた。（以下略）〉

たしかに父は順調に回復しつつあったのである。

ところが――である。百田氏の著書には《回復しつつあった》に続いて次のように書かれている。

《ところが、翌十五日異変が起こった。あえてここでは名を秘すが、見舞いにやってきた父の弟子の一人がノドの渇きを訴えた父にせがまれて、サイダーを飲ませてしまったというのである。その結果、父は腸閉塞を併発して、再手術の結果もむなしく、十五日午後九時五十分、ついに永遠の眠りについた。》（前掲書）

順調に回復していたはずの「容体が急変した」ことについては、力道山の死後刊行された本の中でさまざまな説が飛び交うようになった。

『内外タイムス』の記者だった門茂男氏は、プロ野球界の当時の大スター金田正一氏と張本勲氏が力道山を見舞いに行ったときの話だとして、自著『力道山の真実』の中でこう記している。

《力道山の病床史の中に、この金田正一と張本勲の二人は力道山が世界的に著名なる某清涼飲料水を飲んだのを目撃した、という記述がある。

どのようにして力道山がこの飲料水を手にしたかは知らぬが、彼が死んだあと司法解剖に立ち会った当時の警視庁刑事部の検屍官であり、三億円事件のとき、捜査一課長の要職にあった武藤三男警視

（現、武藤探偵事務所所長）は、

「手術は綺麗で非の打ちどころもなかった。

……（中略）……その縫合には問題はなかったが、内臓をひたした出血の洗いが充分でなかったのか、内臓の外側に残っていた血が凝結して熱をもち、腹膜炎を起こし腸閉塞となり、死を招いたのではないかと思われている。手術後は一滴の水も飲ませないのが手術患者への掟。〝噂〟だが力道山はタブーの水分をかなりの量、摂ったといわれ、これも死期を早める大いなる原因といわれた。えッ、彼があのタールみてえな、清涼飲料水を飲んだのかネ、それじゃあ、いくら力道山とてたまったもんじゃあねえ」

こんなふうに語ってくれた。

力道山が死んで三、四年経ってこの清涼飲料水が手術後はもちろんのこと怪我・病気で入院した患者にとっては有害であるとのデータが国会に提出され、これを愛好する人たちの間で物議を大いにかもしたことがある。》

長い引用になったが、「力道山の病床史」に記録されているという、金田正一氏と張本勲氏が「（力道山が）清涼飲料水を飲んだのを目撃した」というのは事実なのであろうか？　清涼飲料水とはコーラなのか、サイダーなのか――。

「リンゴ」を食べたことを死因に挙げている記者もいる。『今なぜか力道山』の著者石川輝氏である。石川氏は、大相撲の幕下時代から力道山を取材し知己を得ていた。

《さて、その力道山がなぜ容態が急変して死ぬようなことになったのか。私は側近のひとりから絶対に秘密を厳守するという条件つきで、あることを聞いた。

リンゴ、リンゴである。

リンゴをどうしたのか。力道がリンゴを食べたのか。手術直後は絶対に食べてはいけない固形物を食べたのか。

その側近は、何も答えてくれなかった。私も、これ以上は書けないのである。》（『今 なぜか力道山真相・最強不滅の空手チョップ』）

「側近」と聞いてすぐに思い出されるのは、これまでに何度も登場した、大正十四年生まれで外車のセールスマンを経て力道山の個人秘書に転身した吉村義雄氏である。力道山の友人でもあった吉村氏は途中から日本プロレス興行に入社。リキ・エンタープライズ設立後は専務取締役として力道山を陰で支えていた。吉村氏は山王病院に入院している力道山に付き添っていた。ベッドの四隅にはほかに、アントニオ猪木、ミツ平井、田中忠治、田中米太郎といった力道山が特に目をかけていたレスラーたちが《〝親衛隊〞よろしく、寝ずの番で立ち尽くしていた。》という（門茂男著『力道山の真実』）。

石川氏の言う「側近」とは彼ら〝親衛隊〞のなかの誰かを指すのか、それとも吉村氏のことなのか？

吉村氏ではないらしい。自著の中で吉村氏はこう書いているからである。

《力道山について書かれた本を読んでみると、例外なく、この入院中に力道山が看護人の目を盗んで――あるいは自分の体力を過信するあまりに看護人の制止するのを無視して、サイダーやコーラを飲んだとあります。

わたしには、これが信じられない。もちろんわたしは四六時中、力道山の病床についていたわけではありませんから――リキ・エンタープライズの仕事がけっこう忙しかったんです――、絶対に力道山が水分を摂らなかったとはいえませんが、力道山の病室には恵良さんという付き添いの女性がついていて、お医者さんの指示にそむくようなことをさせるはずがないんです。わたしにとって、力道山がサイダーやコーラを飲んだというのは、ずっと謎のままなんですよ。》(『君は力道山を見たか』)

「リンゴ」についてはー言も触れていない。そして「看護人の制止するのを無視して、サイダーやコーラを飲んだ」というのは信じられない、と吉村氏は断言している。「力道山の病室には恵良さんという付き添いの女性がついていて、お医者さんの指示にそむくようなことをさせるはずがない」というが、〝恵良さん〟とともに術後の十二月十日から容体が変わる前日の十四日までの五日間、力道山にずっと付き添っていた敬子夫人も「清涼飲料水を飲んだ」という〝説〟に対してはきっぱりと否定している。

《私のほかに、看護婦(看護師)さん、家政婦さん、主人の弟子のレスラーの人たちも24時間交替で付き添って看病をしました。

医師からは「ガスが出るまでは水分を取ってはだめです」と言われていましたので、主人の唇が乾くと氷をガーゼに包み、それで口を湿らせてあげました。氷を噛みそうになるので、よく注意をしました。ガスがでるまで我慢をしてね、というと素直に頷いていました。巷間、病室で水やサイダーを飲んだから体調が急変したなどと言われましたが、私の知る限りそのような事実はありえませんでした。

「いつまでもここで寝ているわけにはいかない。早く治したい」

と口癖のように言っておりましたから。

「退院したらビールが飲みたい」と言っていた言葉が誤解を招いたのかも知れません。》（『夫・力道山の教え』）

『夫・力道山の慟哭』にも同様のことが書かれており、敬子夫人の三冊目の著書『今こそＪＡＰＡＮに力道山』にはこんな記述も見られる。

《喉が渇いたと言い続けていたというのが一部のマスコミに伝わって、ビールを飲んだのではないか、ひどいのになると、花瓶の水を飲んだんじゃないかとか書かれたりしました。

そんなことはありません。私やお手伝いさん、弟子たち、そして看護師さんたちが交代で24時間見守っていましたから。勝手にそんなことができるはずはありません。

第一主人は神経質で清潔好きな人でしたから、花瓶の水など飲むわけがありません。医者の言いつけはきちんと守っていました。》

と、こうきっぱりと否定しているのである。

第4章　再手術——ストレッチャーで運ばれながら敬子夫人に「俺は死にたくない」

医師の診断書を見てみよう。

『夫・力道山の教え』第1章（「3本の指に秘められた真実と死の真相」）には、《力道山「病状経過」報告書》として第一回目の手術をした十二月九日から十二月十四日までの「診断書」が六通、写真版で掲載されている。長谷和三院長署名による「診断書」である。

十二月十一日の診断書には「昨日は体温最高卅七・八度」とあり、脈搏は「一」は読み取れるがあとは不明、「本朝（八時）」の「体温　卅七度」「脈搏　八〇」、「午前十一時」の「体温　卅六・三度」「脈搏　七二」と記録。そして「ガス排出なきも（普通）腹部の状態良好」「栄養は依然注射のみによる」と記し、「経過は順調なり」とある。

十二月十二日には、「ガスの放出順調」となっており、「本朝少量の番茶を与える」と記されている。体温は「三六・八度」で、「脈搏七七」とある。

十二月十三日の「診断書」には、次のように記されている。

《百田光浩氏（力道山氏）症状

術後経過は順調にして体温は平熱となり、本朝八時
三十六度二分、脈搏七六、緊張良好なり
十一日夕方六時ガス排出あり、十二日朝より湯茶、十三日
朝より牛乳・果汁等の流動食（午後リンゴ半分）攝取し得る状態となる
も尚当分の間安静加療の要あり
十二月十三日　午后二時》

敬子夫人の『夫・力道山の教え』に掲載されている診断書の写真版から転記したものである。「朝より牛乳・果汁等の流動食」のあとに記載されている「午後リンゴ半分」という件は、実際の診断書ではパーレンを付した囲み文字ではなく、当初は「果汁等の流動食攝取し得る状態となる」とのみ記してあった。しかし、長谷病院長は正確を期すべくわざわざ「午後リンゴ半分」を加筆・追記している。石川輝氏が「側近」から聞いた「リンゴ」というのは、十四日に摂取したこのリンゴのことを指すものであるらしい。しかし、だとしてもこの「リンゴ」が腸閉塞を起こした直接の原因であるかどうかは不明である。

診断書の中で、《牛乳・果汁等の流動食（午後リンゴ半分）攝取し得る状態となるも尚当分の間安静加療の要あり》とあるのは、気になるところではある。

十二月十四日の「診断書」を見てみよう。

《力道山氏症状

昨日に引き続き経過良好
本日午后三時現在体温三六・五度、脈搏七十にして
整調、血圧百三十〜八十
食欲も次第に出て来ているが、現在尚流動食、
右状態にて引続き安静加療中
十二月十四日 午后三時
山王病院長》

診断書には「昨日に引き続き経過良好」とある。手術をした十二月十日から十四日までの五日間、力道山は順調な回復ぶりを見せていた。流動食で安静加療中ではあったが、入院中には、結婚式を挙げたばかりの弟子・芳の里夫妻の見舞いも受けている。芳の里は大相撲時代の力道山の弟弟子で、力道山が角界を去ったあと、その後を追うようにプロレスに転向したレスラーだ。

以下に紹介するのは昭和三十一（一九五六）年十一月発行の月刊『プロレス』（ベースボールマガジン社）に掲載された、大須猛三著「芳ノ里物語」に見る芳の里像だ（原文では「芳ノ里」になっている）。

昭和三年生まれの芳の里は千葉県出身で本名は長谷川淳三。体格はさほど大きくはなく（身長一七四㎝）、二所ノ関部屋の花形力士・神風に憧れ角界入りした。長谷川の名で土俵に上がり、幕下のとき四股名を「神若」に改め、十両に上がるとき「芳の里」に改めた。北海道出身で同年齢の花田勝治（のちの横綱若乃花）、香川県出身で一つ年上の宇草貞雄（のちの大関琴ケ浜）とライバル関係

にあり、三人は競いつつ幕内まで番付を上げていった。二所ノ関部屋の親方は玉ノ海（のちのＮＨＫ大相撲解説者）であったが、玉ノ海親方が去ってのち大関の佐賀ノ花が新しい親方になった。芳の里や若乃花や琴ケ浜の兄弟子として厳しい稽古をつけていたのが神風と力道山だった。力士としては体格に恵まれていない三人に対し力道山は、「お前らのような小さな体では人の二倍も三倍も稽古をしなけりゃ強くなれんぞ！」と檄を飛ばした。厳しい兄弟子だったが、三役力士だった力道山は稽古が終わってのち芳の里らをビールを飲みに連れて行ってくれたり優しい一面もあった。

二所ノ関部屋は、芳の里が幕内に上がるころ神風が部屋を去り、力道山も関脇の地位を捨てて自ら髷を切って角界を去っていた。慕っていた兄弟子たちがいなくなり気落ちしている芳の里に新たな道を拓いてくれたのは、プロレスラーとして名を上げている〝兄弟子〟力道山であった。芳の里は角界に見切りをつけ、力道山が世話になっている新田新作社長にハサミを入れてもらい、マゲを切ったその足で大阪に飛んだ。大阪では力道山がハンス・シュナーベルらと同道、プロレスの興行を打っていたからだ。

「自分もプロレスラーになりたいです。お願いします」

懇願する芳の里に力道山は「この道はそんなに甘いものではないぞ。新弟子の気持ちになってやっていく自信はあるのか」と問い、大きく頷くかつての弟弟子にプロレス入りを許した。マゲを切った三日目の昭和二十九（一九五四）年九月八日のことだった。

芳の里は喜んだが、力道山の次の一言で身の縮む思いをする。

「じゃ、やるならやるで、次の試合からリングに上がってみろ！」

と言われたからである。面喰いながらも芳の里は「わかりました。やります」と応えるしかなかった。〝入門〟して三日後に、プロレスのイロハを教わることもなく神戸の特設リングに上がった。幕内力士の名誉にかけて頑張ったが、五分二一秒で息切れしてマットに沈んだ。宮島というレスラーを相手に出した技は、張り手とすくい投げと二丁投げ（足で払う技）だけだったという。

同年十二月二十九日、力道山から大命が下る。昭和巌流島の決闘、力道山と柔道の鬼・木村政彦の実力日本一決定戦において、前座の試合「一番手・芳の里」という命が下ったのであった。日本プロレス（力道山側）対国際プロレス団（木村側）の威信を懸けた闘いである。大相撲時代を含め、これまでのどんな試合よりも緊張して臨んだ芳の里の相手は木村門下の逸材・市川登六段であった。二〇分一本勝負の試合。「負けるなら、プロレスをやめてしまえ！」と力道山は思っているに違いないと、芳の里は感じたという。決死の覚悟で闘い、張って張って張りまくって一二分三二秒で何とか勝つことができた。負けん気で稽古好きの芳の里のファイトぶりは力道山を喜ばせた。下駄を使って攻撃するヒール役にファンも増えていった。

それから九年後の昭和三十八（一九六三）年十二月、芳の里も結婚することになった。三五歳になる芳の里に、「お前もそろそろ身を固めたほうがいいのではないか」という力道山の一言で結婚に踏み切ったのだった。自分に新しい道を拓いてくれた力道山に媒酌人をお願いし、力道山も喜んでこれを引き受けたのだが、思わぬ〝事故〟に遭い入院した。芳の里は結婚式の延期を申し出たが、力道山は「気にせず予定どおり式を挙げろ」と芳の里を諭したという。

力道山は仲人として結婚式で挨拶する予定であった。が、式場には敬子夫人だけが出席することとなった。結婚式にはグレート東郷も出席していたという。挙式が終わったのち芳の里は「リキさんに晴れの姿を見せたい」と、新婦を伴って病室を訪ねたのだった。

「このときは、主人も本当に嬉しそうな顔をして二人を祝福していた姿が印象的でした。」と敬子夫人は語っている。力道山が出席できていたら、仲人としてどんな祝辞を述べていたであろうか。

元気だったはずの力道山の身体に異変が起こったのは十二月十五日の朝であった。回診に来た長谷病院長は、力道山の傷口を診察したのち「再手術をする必要がある」と告げたのである。

なぜ再手術をしなければならなくなったのかについて吉村義雄氏は「腸閉塞を起こしているという診断」でしたと書き（『君は力道山を見たか』）、敬子夫人は「腹膜炎を起こしている」と長谷病院長から聞いたという。傷口を診て発した長谷病院長の言葉を敬子夫人は鮮明に覚えている。『夫・力道山の教え』の中でこう書いている。

《……回診に来た院長先生が傷口を見て、

「ちょっと様子がおかしい。血圧も下がっているし、腹膜炎を起こしているようだ」

といって、再手術を行ったのです。身重の私を心配させないようにと思ったのでしょうか、

「ご心配なく、軽い腹膜炎ですから」

と院長先生はおっしゃいました。そう言われても、どういう病状なのか私にはわかりませんでした。

ただ、主人はえらいことになっているのではないか、と感じた様子でした。》

ベッドに横たわっていた力道山は、麻酔を打たれ、ストレッチャーに移されて、病室を出て手術室

に向かうことになった。力道山は、妻・敬子に向かって念を押すように言った。

「敬子、先生に言っておけ。どんなに金がかかっても、どんな薬を使ってもいいから……。死にたくないんだ、最善の治療をするように先生にお願いしておけよ」

麻酔が効いてきたのか、その声は「だんだん譫言みたいになっていた」という。その夫の手をしっかりと握り締めながら敬子夫人はこう返した。

「わかりました、大丈夫ですよ」

これに応えての返事なのか、力道山は絞り出すような声で、こう言った。

「俺は死にたくない……」

これが、敬子夫人が聞いた、力道山の最後の言葉であった。絞り出すような声ではあったが、「かなり大きな声であった」という。

第5章　諸種の手当の甲斐もなく午後九時五十分、不幸な転帰となる──敬子夫人は二二歳で未亡人に

「俺は死にたくない……」

絞り出すような声を発して手術室に消えた力道山の、二度目の手術は十二月十五日、午後二時半から始まった。手術は一度目と同じく長谷院長と、聖路加国際病院の上中医師の立ち合いのもとに行われ、終わったのは午後四時ごろであった。手術室から出てきた長谷院長は敬子夫人に向かって言った。

「もう心配ないですよ。一晩、麻酔がかかったままですから明朝にご連絡します。奥さんもお疲れでしょうから、家に帰ってお休みください。何かあったら呼びますから……」

敬子夫人は安心して自宅に戻ることにした。病院でずっと寝泊まりして疲れていたため、久しぶりに風呂に入って休むことにした。しかし、横にはなったが心が落ち着かずなかなか寝付くことができない。そこに電話のベルが鳴った。病院に残っていた秘書の吉村義雄からの電話だった。

敬子夫人が帰宅した後も吉村は、アントニオ猪木ら二、三人の弟子たちとともに力道山のもとに付き添っていた。夜の九時近くになり、

「腹が減ったろ?」

と猪木に言い、食事に誘った。病院のはす向かいにあるハンバーガー屋に行き、ハンバーガーを注文した。注文したハンバーガーがまだできないうちに、病院で付き添っていた看護師さんが慌てた様子でやってきて、吉村に言った。

「力道山さんの状態が変わってきてるんです。すぐいらしてください！」

吉村は猪木とともにハンバーガー屋を飛び出した。病室に行くと、力道山の脈拍はどんどん落ちている様子だった。吉村は電話室に行き、まず敬子夫人に電話し、あちこちの関係者に電話をかけた。

「奥さん、ちょっと来てください」

吉村からの電話を受けたのは家政婦さんだった。敬子夫人は、「主人の容体が悪くなったとは思わずに、きっと主人が側にいて欲しいと言っているんだろう」と、軽い気持ちで病院に向かったという。病室に入ると、力道山はベッドに横たわっていた。腕には点滴の針が刺してあり、口は半開きになっていた。息はまだあった。

「手術はどうだったんですか？」と、敬子夫人は尋ねた。しかし、シーンとして誰も答えてはくれない。静寂の時が流れ、ただならぬ事態が起きているのだと敬子夫人は感じた。

そして夫の死を知り、その場で気を失って崩れ落ちてしまったのだった。

――この一連の出来事については、東京ドームホテルのティーラウンジで筆者が聞いた敬子夫人の生の声を聞こう。

「二回目の手術のとき、主人がストレッチャーに乗ってたときに、『俺、死にたくないからな。どんなに金払ってもいいから、先生にちゃんと（手術を）迷わないでやってくれって、言ってくれよ』と……。『どんなに高い薬でもいいから、心配しないでやってくれ』って。

私は、『大丈夫、先生にちゃんと言っておきます。お金のことなんか心配しないで』って……。そうしてストレッチャーで手術室に入るときに、『俺、死にたくないよ！』というのが最後の会話。ものすごい大きな声で言ってました。それで私は『大丈夫よ』って……。」

「それから、手術が終わってから院長先生が、『奥さん、一度、家に帰ってお休みください。手術は終わりましたから、明日ゆっくり、手術の経過報告をしますから帰って休んでください』って。

私は病院でずっと寝泊まりをしていたんです。それで私、『わかりました』と言って家に帰ったんですよ。家に帰って、少し休んで、お風呂入って、お風呂から出たときかな、『奥さん、病院から電話がありました。奥さん、来てください』って……。聞いた私は、え？　あっ、そうかやっぱり、（主人は）私が側にいて欲しいんだなって思ったんですよ。それで、急いで着替えて、病院に行ったんです。病室に入ると、それが、最後の場面だったんですよね」

——最後の場面だった……？

「もう、主人からは言葉の一つもない。みんなシーンとして、黙って見ていました。それで私は先生に『奥さん、手を握っててください』と言われて、主人の右手を握ってました。先生は左手の脈を取ってて……。私は主人の手を握りながら、『頑張ってね』って言った。ベッドですから、そんなに耳元ではないですけど、『頑張ってね』って。そのときは、まだちゃんと温かかったし、生きてると思ってました。

そのうち、何分ぐらいだったか時間はわかりませんけど、先生が、脈を取ってる手を離したんですよ。（脈が）止まったんでしょうね、先生は呻くように何か言いました。先生が手を離しても私は、『大丈夫、平気？　頑張ってね』って、主人に話しかけてた。『頑張ってね、大丈夫よ！』と言ったのが最後ですね。先生が手を離しても私はずっと主人の手を持ってました。そしたら、側にいた田中米太郎さんとか、お弟子さんたちがいきなり泣き出したんですよ。

先生の『ご臨終です』という言葉を、私ははっきりと聞いていない。

それから少し間があって、一番年配のお手伝いさんがお箸と水を含ませた綿の入った器を側に持ってきて、『奥さん、どうぞ』って。『これで、先生の口を潤してあげてください』って……。

一回目の手術のあとね、私は先生に言われてたんです。『水を飲ませちゃ、いけませんよ』って。ですから主人に『喉が乾いた』と言われても水は飲ませなかった。主人の唇が乾くと氷をガーゼに包んで、口を湿らせてあげてました。ですから、二度目の手術が終わって病院に行ったとき、お手伝いさんがお箸を持って『奥さん、どうぞ』と言われたときも、主人の喉が乾いたから（水を含ませた綿で）湿らせて欲しいのかって思ったんです。でも、何か様子が変で……。あ、これ、もしかしたら末期《まつご》の水やってるんだって。主人は亡くなったんだってわかって、意識を失っちゃったの」

力道山が絶命したのは昭和三十八（一九六三）年十二月十五日、午後九時五十分であった。敬子夫人の『夫・力道山の教え』には入院した当時の病状が記されており、『夫・力道山の慟哭』には死亡診断書の写真版が掲載されている。

また、秘書の吉村義雄氏の著書『君は力道山を見たか』の中には、山王病院長・長谷和三氏、聖路加病院外科医長・上中省三氏による力道山（百田光浩）の死亡診断書（病状経過）が掲載されており、同診断書には次のように書かれている。

《力道山（百田光浩）病状経過

去る十二月九日早朝に行った手術後の経過は一応順調であると思われたが、昨夜半より腸閉塞症を起し一般状態が次第に悪化し始めた。

よって再手術を本十五日午後二時三十分より行い四時に終了。輸血等により小康を得たが、午後九時より急激にショックに陥り、諸種の手当の甲斐もなく午後九時五十分、不幸な転帰となった。

十二月十五日

山王病院長　長谷和三

聖路加病院外科医長　上中省三》

結婚して半年で敬子夫人は未亡人になった。力道山が亡くなったとわかったとき敬子夫人は気を失い、その場に崩れ落ちた。

「主人は亡くなったんだとわかり、その場で気を失ってしまいました。気がついたのは翌朝でした。その間の出来事は何も覚えていません。気を失った私は隣室に運ばれて、点滴を打たれてそのまま眠り続けていたそうです。そのときに一晩中、私の手をずっと握りしめてくださっていたのが、三菱電機の大久保副社長夫人のみさ子さんでした。奥様はずっと見守ってくれてたんです。私が目を覚ますと、奥様は『リキさん、亡くなったのよ』って……。それで、『お腹の赤ちゃんは大丈夫だからね』って言ってくださった」

　このとき敬子夫人は、妊娠七カ月の身重の体であった。みさ子夫人に「赤ちゃんは大丈夫だから」と言われても、お腹の赤ちゃんは動いていない。心配になって、「何日か後になって、お医者さんに診てもらった」という。「先生に『大丈夫です』と言われたんで、ああ、よかったなと……」。

　気を失い目が覚めて、みさ子夫人から夫の死を知らされたとき、「ああ、あれは夢ではなかったんだ。本当にあの人は死んでしまったんだ」と思い、それは「深い悲しみというよりは、言葉では言い表わせない虚しさ」であった。

スマートフォンを見ながら取材に応じる敬子夫人。東京ドームホテルのティーラウンジで（2023年２月27日撮影）

　夫が柩に納棺され、お通夜の日を迎えても、敬子夫人は「夫の死」の現実を受け入れることができなかった。

「私ね、友達に後で聞いたんですけどね、お通夜のときに『私も死ぬーっ！』て、大声で言ってたんですって。『私も一緒に死ぬわよ！』って、お通夜のとき。それで、同期のお友達が来て、『敬子さん、自殺でもしたら大変だから』って、周りにある薬だとか、主人が使っていた睡眠薬とか、いっさい捨てたんですって。わーって飲んだら、何になるか、どうなるかわからないし……。『死にたい』『死にたい』って言ってたんですって。

それ聞いて、『私、そんなこと言ったの⁉』って、思ったくらいですからね。本当に、ま、そういうこともありました。スミマセン、こんな、涙流しちゃって」

敬子夫人はこう言って、ハンカチを取り出し目に当てた。

敬子夫人と力道山との生活は、結婚式から数えて一九三日であった。「あまりに短いものでしたが、私には一生忘れられない何十年以上にも感じられるほど中身の濃いものでした」と、敬子夫人は言う。

一九三日間を共に暮らした思い出については、こう綴っている。

《結婚した当初は驚きの連続と毎日の変化に慣れることに精一杯でしたが、徐々に力道山という人が理解できると、さらに彼への思慕が強くなっていきました。周りには怖い人でも、私には優しいジェントルマンで、もう一度結婚できるなら「力道山あなたと今度は一日でも長く暮らしたい」と心の底から今も思い続けています。男の優しさ、厳しさ、人間としての強さ、弱さを併せ持った素晴らしい人で

東京ドームホテルで取材を終えてのち撮影（2023年２月27日）

した。』（『夫・力道山の教え』）

夫亡きあと、心の支えになっていたのは、忘れ形見の長女・浩美であった。

《主人はとても楽しみにしていたお腹の子供の顔を見ることもなく、私たちにあっさりと別れを告げて黄泉の国に旅立ってしまったのです。》（前掲書）

「私に」ではなく、「〝私たち〟に別れを告げて」と書いている。力道山が息を引き取ったとき敬子夫人は「茫然自失の状態になっていた」というが、その敬子夫人に生きる気力を与えてくれたのは、夫の死後三カ月経って誕生した女の子であった。力道山の本名は百田光浩である。夫の名を一字取って、娘には「浩美」という名を与えた。夫の死後、必死に生きてきて、時には「死にたい」と思ったこともあったという敬子夫人。浩美は常に敬子夫人の〝希望〟であり続けた。力道山に対しては「こんな素晴らしいプレゼントを残してくれて感謝しています」と綴っている。

敬子夫人は二二歳で夫・力道山と死別しながら再婚することもなく、今は力道山の菩提を弔いつつ社会貢献活動に従事、講演活動を行いながら東京・水道橋の『闘魂ＳＨＯＰ』で週に二日、勤めている。

力道山の忘れ形見・浩美さんは、結婚して田村姓になり、長女・衣里と、長男・圭を生んだ。田村圭は慶應義塾高校に進み、高校野球でピッチャーとして活躍。二〇〇八年夏には甲子園にも出場し「力道山の孫」として話題を呼んだ。

第6章　力道山年譜――出生、角界入り、自らマゲを切り廃業

涙を流すほど「出生」のことについては苦しんでいた

本章では力道山の生い立ちから、角界に入ってから廃業するまでの戦績、プロレスラーとしての戦歴などについて見てみたい。出生を語るには、その前に、敬子夫人の次の言葉を引用しておきたい。

「(昭和三十八年)一月七日に婚約したんです。婚約した後に、主人は日韓交流のあれで韓国に呼ばれて、行きましたでしょう。そのとき、『これ内緒にしてくれ』と言われて。極秘、シークレットで行ってましたからね。

そのあと帰ってきてから、『僕は韓国で生まれたから』って初めて言ったんですよ。私は『へぇー、そうなんですか』って、のん気なもんでね。私は、韓国であろうと（北朝鮮であろうと）関係ありません。私はあなた、百田光浩と結婚したんですから』って、『問題ないわよ』って言ったら、そのとき主人は泣いたんですよ」

力道山の「涙」を見て、敬子夫人は思ったという。

「きっと涙を流すほど出生のことについては、苦しんでいたのだと思います」

《力道山にとっては自分の出生を話すことはたいへんな勇気がいることだったと思います。これまで日本人としてやってきて、ファンの期待を裏切ってはいけないという一念だけに……。心のなかでは自分は日本人ではない、その葛藤に毎日悩まされ続けていたのでしょう。》（『夫・力道山の慟哭』）

力道山同様、日本と韓国（北朝鮮）二つの祖国を持ち「自分は本当は日本人ではない、その葛藤に毎日悩まされ続けていた」著名な格闘家・武道家がもう一人いる。極真カラテの創始者・大山倍達氏である。大山氏は生前、五〇冊ほどの著書を世に送り出しているが、著者の略歴はすべて「大正12年東京生まれ」となっている。海外向けにJapan Publications.Inc.（日貿出版社）から発行された『The Kyokusin Way』のAbout the Author（著者全著作）には、「who was born in 1923」とあり、出生地は記されていない。韓国

力道山年譜

大正13年（1924年）	**11月14日** 長崎県大村市の農家百田巳之助と妻たつの3番目の子供として力道山こと百田光浩は生まれる。一説には朝鮮咸鏡南道生まれといわれているが本稿では、今までの記録を尊重し、あえて長崎県大村市生まれとする。
昭和15年（1940年）	**2月** 大村第2小学校を卒業すると先代・玉の海の父親である蔭平氏の紹介で二所ノ関部屋に入門。 **5月** この年の5月場所に初土俵。当時の同期生には出羽錦、国登、清水川、信夫山、時津山、出羽湊といった力士たちがいた。
16年（1941年）	**1月** この年の1月場所では序ノ口で5勝3敗。 **5月** この年の5月場所では序二段で6勝2敗。
17年（1942年）	**1月** この年の1月場所では三段目で8戦全勝で優勝。 **5月** この年の5月場所では幕下で5勝3敗。

人も読むであろう本であるから、あえて「東京生まれ」とは書けなかったのであろう。大山氏が七〇歳で他界したとき、平成六（一九九四）年六月に青山葬儀所で行われた国際空手道連盟極真会館葬の「葬儀次第」の出生地には、「韓国全羅北道金堤に生まれる」となっていた。これが大山氏の本当の出生地である。韓国名は「崔永宜」である。しかし、これを以て大山氏は「嘘を言っていた」と断ずることはできないであろう。その責任はむしろ、当時の日本人にあったからである。

《国籍がどこであるかなど意に介することなく娘の「友人」を温かく見守り続けていた智弥子の母・藤巻榮子は、やがて大山倍達の口から「私は一二歳で韓国の親元を離れて日本にやってきました」と知らされることとなる。その一言で榮子は大粒の涙を流し、「辛いことが多かったでしょうね」とやさしい言葉をかけてあげたという。のちには義理の母になる榮子の前で、大山倍達は畳に

18年（1943年）	**1月**　この年の1月場所では幕下で5勝3敗。 **5月**　この年の5月場所では幕下で5勝3敗。
19年（1944年）	**1月**　この年の1月場所では幕下で3勝5敗と初めて負け越す。 **5月**　この年の5月場所では幕下で5戦全勝で優勝。 **11月**　5月場所の好成績で十両にあがり11月場所では7勝3敗。
20年（1945年）	**6月**　この年の6月場所では十両で3勝4敗。 **11月**　戦後初めての11月場所では十両で8勝2敗。
21年（1946年）	**11月**　この年の11月場所から入幕して9勝4敗。
22年（1947年）	**6月**　この年の6月場所では幕内で9勝1敗。 **11月**　この年の11月場所では幕内で6勝5敗。
23年（1948年）	**5月**　この年の5月場所では幕内で8勝3敗。 **10月**　この年の10月場所から小結となって6勝5敗。

両手をついて深々と頭を下げるのだった。

「……だって、一二歳で出たっていうんですから、韓国をね。そのことを大山が言うと、うちの母は涙をポロポロポロポロこぼしてね。『一二歳から出たら辛いこと多かったでしょうね』と言ってね。もう、(大山は)深く頭を下げてましたよもう、『そうです』と言って、辛かったらしいですよ。一人で親元を離れてきてね」》(基佐江里著『大山倍達の真実』、気天舎)

大山氏の妻・智弥子夫人の証言である。智弥子はミス東京に選ばれ、ちなみに俳優の藤巻淳は実弟である。テレビドラマ『ザ・ガードマン』に出演し、映画『けんか空手 極真無頼拳』で千葉真一扮する大山倍達と戦う空手家を演じた。

昭和のスーパースター力道山は、「長崎県大村市」に生まれ、本名は「百田光浩」である、というのが通説となっていた。しかし、力道山の死後、

24年(1949年)	**1月** この年の1月場所では小結で8勝5敗。 **5月** この年の5月場所から関脇となって3勝12敗。 **10月** この年の10月場所では前頭2枚目まで落ちて8勝7敗。
25年(1950年)	**1月** この年の1月場所から小結に返り咲いて10勝5敗。 **9月11日** この年の5月場所では関脇に返り咲いたが、その年の9月場所が始まる前の9月1日の東神奈川の土俵を最後に巡業から別れる。そして11日の番付発表の前夜、日本橋浜町の自宅でみずからマゲを切って、11日には引退を声明。その月のうちに新田新作氏(後援者)の口ききで新田建設の資材部長の職についた。
26年(1951年)	**10月15日** この年の秋に在日シュライナー宗教団体の招きでプロボクサーの元世界ヘビー級チャンピオン、ジョー・ルイスとプロレスラーの前世界チャンピオン、ボビー・ブランズを始めドクター・レーン・ホール、アンドレ・アドレー、ケーシー・ベーカー、オビラ・アセリン、ハロルド坂田、ジノ・バクノンらが来日。そしてブランズの薦めで力道山と柔

刊行された出版物のほとんどは力道山の出生地に触れ、生まれたのは「長崎県大村市」ではなく「朝鮮半島出身」であるとし、本名は「金信洛」であるとしている。

　ノンフィクション作家の牛島秀彦氏は、力道山の生涯を徹底取材し、『力道山物語〈深層海流の男〉』を徳間書店から刊行した。同書の中で、長崎県に住む小方寅一氏を訪ね「百田光浩」に関する日本統治期に発行された朝鮮の戸籍抄本と、日本での除籍原本を見せてもらったとし、力道山の戸籍抄本や除籍原本を公開している。小方氏とは、大正の末期に朝鮮に渡り、警察官講習所で訓練を受けたのち警部補になり、「日本に行って相撲取りになりたい」と切望する金信洛と二所ノ関親方の橋渡しをした人物である。

　戸籍抄本には、

「戸主　金村恒洛　出生　明治参拾九年九月　父亡金錫泰　母　巳　金村光浩（参男）父　亡金錫

	道家の遠藤幸吉などが東京・芝の水交社で練習を開始した。**10月28日**　東京・両国のメモリアル・ホール（現在〈昭和58年〉の日大講堂）でボビー・ブランズを相手にデビュー第1戦を行い、10分1本勝負で時間切れ引き分けとなった。11月から一行についてまわり各地で試合を行う。
27年（1952年）	**2月3日**　単身ハワイに渡り、ブランズの紹介で名コーチの沖識名に本格的なトレーニングを受ける。**2月17日**　ホノルルのシビック・オーデトリアムで海外遠征の第1戦をチーフ・リトル・ウルフと行い8分40秒に体固めで破る。**6月10日**　ハワイにおける修行を終えて米本土へ入る。**6月12日**　サンフランシスコのカウ・パレスで米本土第1戦をアイク・アーキンスと行い見事に快勝。**6月26日**　サンフランシスコのカウ・パレスで対戦したレオ・ノメリーニに国外で初の敗戦。
28年（1953年）	**3月6日**　1年にわたる米国修行を終えて帰国。総試合数は約200戦で負けはタッグマッチで敗れた2試合を含めて5。シングルでは前記の

泰　母　巳　出生　大正一三年一一月　本籍　咸鏡南道浜京郡龍源面新豊里参拾七番地（以下略）」

（『力道山物語』）

とあり、除籍原本には次のように記されていた。

「本籍　長崎県大村市二百九十六番地　百田光浩就籍の届出により昭和弐拾六年弐月拾九日本戸籍編製　昭和弐拾五年拾壱月弐拾壱日附許可の審判により就籍届出昭和弐拾六年弐月拾九日受附　東京都中央区日本橋浜町三丁目十九番地に転籍百田光浩届出昭和弐拾七年壱月九日中央区長受附同月拾六日送付本籍消除　父　百田巳之助　母　亡たつ　長男出生　大正拾参年拾壱月拾四日」（同上）

すなわち力道山は、父・金錫泰、母・巳の三男であり、日本側の記録では「百田巳之助、たつを両親とした長男」である、ということである。そして本籍は「長崎県大村市」だということだ。

戸籍抄本や除籍原本に記載されていることがわかったうえで、力道山の出生、来歴について書い

ノメリーニとタム・ライス、フレッド・アトキンスにそれぞれ敗れた。

7月30日　日本プロ・レスリング協会設立の発会式を兼ねて東京・日本橋浪花町に完成した力道山道場の道場開きが行われた。

10月29日　ホノルルのシビック・オーデトリアムで行われていた世界選手権者ルー・テーズへの挑戦者決定トーナメント戦に出場して決勝戦でボビー・ブランズを破り挑戦権を獲得。同トーナメント戦には力道山を始め、ボビー・ブランズ、フランク・バロア、トミー・オトー、アル・ロビック、バット・カーチス、サミー・バーグ（サムソン・ヘラクレス）、ロッキー・ムシアシアロの８人が参加した。

11月6日　日本でプロレス国際試合を行うため外人レスラー来日折衝の目的から渡米。

12月6日　ホノルルのシビック・オーデトリアムで世界チャンピオンのルー・テーズに挑戦。試合は61分３本勝負で行われ、１本目は43分０秒にバック・ドロップから体固めでテーズが先取。２本目は力道山の試合放棄で王座奪取は成らなかった。

29年（1954年）

2月12日　ハワイから帰国。

た他の書籍を改めて見てみよう。最も「真実」を語っているのは石川輝氏の『今なぜか力道山　真相・最強不滅の空手チョップ』（リイド社）ではないかと思われる。

《敗戦で打ちのめされた戦後の日本が生んだ超ヒーロー。日本にプロレスを植えつけ、成長させ、大繁栄をもたらした原点の男、力道山。力道山はたしかに戦後の格闘技界、いな、すべてのスポーツを通じての英雄である。英雄には神秘がつきまとう。神秘の男であって初めて英雄になれる、ともいえよう。》

と、こう前置きをしてのち石川氏は言う。

《まず、その生い立ちである。

「力道山はれっきとした日本人だ」

「いや朝鮮の生まれだ」

二つの説がある。

実は、このどちらも正しいのである。》

石川氏は明治三十七（一九〇四）年東京生まれ。

2月21日　ベンとマイクのシャープ兄弟を呼んでの国際試合第3戦の東京・蔵前国技館で木村政彦とタッグを組んで世界タッグ選手権に挑戦。1本目は24分57秒にベンが木村をフォールして先取。2本目は0分55秒に力道山がマイクを倒して1－1。3本目は場外乱闘となってカウントアウトの引分けとなる。

2月27日　大阪府立体育会館で再び木村と組んでシャープ兄弟に挑戦。1本目は33分17秒にベンが木村を足取り固めに破る。そのまま時間切れとなり1－0でシャープ兄弟が王座防衛。

3月6日　東京・蔵前国技館で木村と組んで3度シャープ兄弟の世界タッグ選手権に挑戦。1本目は33分3秒にベンが木村を体固めに決める。そしてまたもそのまま時間切れとなり、王座獲得の野望は消えた。

8月8日　東京体育館で遠藤幸吉とタッグを組んでハンス・シュナーベル、ルー・ニューマン組の保持する太平洋岸タッグ選手権に挑戦。1本目は力道山が3分34秒にシュナーベルをフォール。2本目は7分9秒にニューマンが体固めで遠藤を倒し、3本目には1分50秒でシュナーベルが体固めで同じく遠藤をフォール。

慶應義塾大学経済学部を卒業し、国民新聞を振り出しに大毎（大阪毎日新聞）、読売新聞、東亜新報（北京）、時事新報、産経新聞、共同通信など記者生活五十余年。日本のアマボクシング界の草分けで、大正十四（一九二五）年の第一回全日本選手権から四回連続フェザー級チャンピオンになり、昭和七（一九三二）年のロサンゼルスオリンピックの日本チーム・コーチを務めた。『今なぜか力道山』を刊行した当時は日本アマボクシング連盟顧問。連載物として企画した「リキ放談」を『サンケイスポーツ』の創刊号から連載し、まとめ上げたのが本書である。この連載のための取材にあたって著者は力道山から「万事、おまかせしますよ。わしのことを一番よく知っているのはアンタだから、なんでも思う存分、書いてくださいヨ」と言われたという（著者「あとがき」より）。

　力道山は石川氏に全幅の信頼を寄せていた。力道山の生い立ちについて記した、石川氏の以下の

	30年（1955年）
2－1で日本組の王座奪取は不成功。 **9月10日**　大阪府立体育会館で遠藤幸吉と組んで再びシュナーベル、ニューマン組の王座に挑戦。1本目は20分5秒に遠藤が反則勝ち。2本目は12分25秒に力道山がシュナーベルを体固めに決め、2－0で太平洋岸タッグ選手権を獲得した。 **9月21日**　東京体育館で遠藤幸吉とタッグを組みシュナーベル、ニューマン組の挑戦（リターン・マッチ）を受ける。1本目は12分23秒にシュナーベルが遠藤を体固め。2本目は9分15秒に遠藤がシュナーベルを体固め。3本目は8分13秒に力道山がニューマンをエビ固めに決め、2－1で太平洋岸タッグ選手権の初防衛に成功した。 **12月22日**　日本選手権の座を賭けて東京・蔵前国技館で木村政彦と対戦。試合は61分3本勝負で行われ、1本目は15分49秒にレフェリー・ストップで力道山の勝ち。2本目になっても木村は立ち上がれず試合放棄で力道山が初代の日本選手権者に決定。	**1月28日**　大阪府立体育会館で山口利夫の挑戦を受けて日本選手権の初防衛戦を行う。61分3本勝負で、1

結論に異論を挟む余地はない。

《これによって力道山の生い立ちに関しては、ほぼ明白になった。

世間の一部ではいろいろと取沙汰しているが、これくらいハッキリとした証拠は他にはないはずである。

結論は、力道山はたしかに血筋は朝鮮の人である。太古の昔、日本に高度の文化を伝授してくれた朝鮮の人である。

すなわち、力道山は朝鮮の人であって、日本人なのである。

力道山が生まれた大正13年当時、不幸なことではあったが朝鮮は日本の統治下にあった。だから力道山は、日本人として生まれたわけである。

ちょうどハワイや米太平洋岸で生まれた日本人の2世、3世が、血筋は日本人であってもアメリカ人であるのと同様である。

そして、のちに内地人の養子になって入籍した。

本目は23分59秒に逆エビ固めで力道山が先取。2本目は6分31秒に山口がリングアウトで敗れ2—0のストレートで初防衛に成功。

3月27日　東富士とともにハワイへ出発。

4月17日　ホノルルのシビック・オーデトリアムで東富士とタッグを組んでボビー・ブランズ、ラッキー・シモノビッチ組が保持するハワイ・タッグ選手権に挑戦。1本目は18分25秒に力道山がシモノビッチを体固め。2本目は6分25秒にシモノビッチが東富士を体固め。3本目は9分26秒に東富士がブランズを体固めに決め2—1で王座を獲得。

7月2日　サンフランシスコから東富士とともに72戦全勝の記録をみやげに帰国。

7月28日　東京・後楽園球場の特設リングで、ジェス・オルテガ、バット・カーチス組が保持する中米タッグ選手権と東富士とともに保持するハワイ・タッグ選手権を賭けたダブル・タイトル戦を行う。1本目は19分12秒にカーチスが東富士を体固め。2本目は7分52秒に力道山がカーチスを体固めでフォールしたが、3本目にオルテガが鉄柱で負傷したため、1分12秒に負傷引分け。双方が防衛

この時点で力道山は、名実ともに日本人になったのである。
だから力道山は日本人である。
なによりも本人が、日本人として行動した。あくまで日本人プロレスラー力道山だった。外国でのリッキー・ドウセンだったのである。》（『今なぜか力道山』）

上記の引用文の冒頭に「これによって力道山の生い立ちに関しては、ほぼ明白になった。」とあるが、これは、財団法人日本相撲協会に保存されている記録のことを指す。その記録とは、次のようなものであった。

《力道山
○本籍＝朝鮮咸鏡南道浜京郡龍源面新豊里37
○生年月日＝大正13年11月14日
○家族＝父、金錫泰（早く死亡）母、巳の3男、本名は金信洛
○二所ノ関部屋入門＝昭和15年2月（正確な日

に成功した。

8月1日　大阪扇町プールで再びダブル・タイトル戦を行う。1本目は27分31秒に東富士がカーチスを体固めでフォール。2本目は17分0秒にオルテガがエビ固めで東富士をフォール。そのまま時間切れ引分けとなり、決着はつかず。

9月13日　「プロレス東洋選手権確立」と「東南アジア選手権大会」出場のため東富士とともにシンガポールに出発。

10月7日　単身帰国。

11月9日　名古屋市の金山体育館で東富士と組んでタイガー・ジョキンダー、サイド・サイプシャー組の挑戦を受けてハワイ・タッグ選手権試合を行う。結果は2－1で力道山組が3度目の王座防衛に成功。

11月12日　平塚市体育館で遠藤幸吉とタッグを組んでキング・コング、サイド・サイプシャー組の挑戦を受けて太平洋岸タッグ選手権試合を行う。結果は2－1で力道山組が2度目の王座防衛を果たす。

11月15日　東京・蔵前国技館で行われたアジア・タッグ王座決定戦トーナメント決勝でハロルド坂田とのチームでキング・コング、タイガー・ジョキンダー組と対戦。1本目は31

は不明）
○入門の理由＝年寄二枚鑑札の二所ノ関・玉ノ海がスカウト
○初土俵＝昭和15年５月（同期の初土俵は、時津山、出羽錦、清水川、国登、信夫山、出羽湊）
○番付＝16年１月場所は西序ノ口20枚。朝鮮・力道山昇之助とあり、この場所は５勝３敗
○百田家へ入籍＝16年、長崎県大村市出身の玉ノ海の世話で、同市農業・百田巳之助の養子となり入籍。以後、協会の人別帖は、百田光浩となる
○優勝＝17年１月場所、三段目51枚目で全勝優勝す
○幕下＝17年５月場所は58枚もとんで東幕下34枚目となり、５勝３敗
○北京場所＝17年は満州国の建国慶祝のため３班に分かれて、満州各地を巡業。その中の１班の横綱・双葉山、横綱・羽黒山、大関・前田山、関脇・名寄岩の一行は、７月26日から31日までの４

31年（1956年）	
分55秒に力道山がジョキンダーを体固め。２本目は９分53秒にコングが坂田をリングアウトに破り１−１、だが場外で坂田が失神したため試合続行不可能となり、コング組が王座を獲得。 **11月20日**　大阪府立体育会館で東富士と組んでキング・コング、ダラ・シン組とハワイ・タッグ選手権を賭けて対戦。１本目は30分２秒にシンが力道山を体固め。２本目は16分２秒に力道山がシンをエビ固め。そのまま３本目は時間切れ引分けとなり、力道山組が４度目の王座防衛に成功。 **11月22日**　東京・蔵前国技館で行われたアジア・ヘビー級選手権王座決定トーナメント決勝戦で３戦無敗のまま、２勝１分のキング・コングと対戦した。試合は７分６ラウンド制で行われたが、決着がつかないため60分延長。そして30分50秒にカウントアウトでコングを倒し、アジアのシングル選手権を獲得した。	**1月28日**　世界一周遠征に出発。セントルイスでルー・テーズの世界選手権に日本で挑戦する話を決定させる。 **4月19日**　単身帰国。

日間、北京場所を開く。力道山も参加。》（前掲書）

鈴木庄一氏が力道山に代わって書いたという『力道山　空手チョップ世界を行く』（恒文社）には、力道山の本籍地や生年月日などの記述はない。同書には〝出生地〟についての記述はないが、敬子夫人は自著『夫・力道山の慟哭』のなかで「主人には2つの戸籍があります」とし、「長崎県大村市」と「朝鮮咸鏡南道浜京郡龍源面新豊里」の二つを挙げている。そして、「朝鮮咸鏡南道」の地理的位置についてはこう説明している。

《力道山の出身地・咸鏡南道は朝鮮半島の北東に位置して、いまでいうと北朝鮮になります。もともと主人の一家は現在の韓国・慶州で生まれ、その後に咸鏡南道に移り住んだと聞いています。当時は日本が植民地支配をしていましたから、半島には北、南という国境もなく一体だったわけです。》

4月26日　東京・蔵前国技館で遠藤幸吉とタッグを組んでシャープ兄弟の保持する世界タッグ選手権に挑戦。1本目は36分3秒に遠藤がベンを腕取り固め。2本目は8分30秒にベンが遠藤をエビ固めに決め1－1。3本目はベンのヒザ蹴りを顔面に受けて力道山が大流血。レフェリー・ストップがかけられてシャープ兄弟が王座死守。

5月2日　大阪府立体育会館で東富士とタッグを組んで再度シャープ兄弟の世界タッグに挑戦。1本目は17分38秒に力道山がマイクを体固め。2本目は4分48秒にマイクが力道山を体固めに決め1－1。3本目はそのまま時間切れ引分けとなり、シャープ兄弟が王座を防衛。

5月4日　大阪府立体育会館で遠藤幸吉と組んで3度シャープ兄弟の世界タッグ選手権に挑戦。1本目は34分39秒に力道山がベンをエビ固め。そのまま時間切れとなり、1－0で力道山組が悲願の世界タッグ獲得。

5月19日　札幌市の中島スポーツセンターでシャープ兄弟が力道山、遠藤幸吉組の世界タッグに挑戦（リターン・マッチ）。1本目は32分47秒にベンが遠藤を足取り固め。そのまま今度は逆に時間切れで逃げら

また、敬子夫人は、生年月日については諸説あるとし、「私は戸籍に書いてある大正13年11月14日生まれと思っていました」が、「相撲協会の記録にあったとされる大正12年7月14日。小学校時代の級友の証言による大正11年生まれという説も」あるという。石川輝氏が示した相撲協会の記録には「生年月日＝大正13年11月14日」とあるが、敬子夫人の著書にある「相撲協会の記録にあったとされる大正12年7月14日」という説は、年号も月日も一致していない。どちらが正しいのか？

先に記した牛島秀彦氏が、長崎県大村市を訪ね、小方寅一氏に見せてもらった戸籍抄本には「出生大正一三年一一月」であったというから、「大正13年11月14日生まれ」が正しいのか。

ちなみに、敬子夫人の著書にある「小学校時代の級友の証言による『大正11年生まれ』……」という説については、文藝春秋社刊『Number70』に井出耕也氏が書いた「追跡！力道山」のなかに、

32年（1957年）	
1月12日　東富士、豊登らと沖縄遠征へ出発。那覇でアデリアン・バイラジョンの挑戦を受けてアジア選手権（シングル）を行い、2―1で初防衛に成功した。 **2月15日**　豊登とともにハワイへ出発。 **4月30日**　セントルイスでルー・	れ、王座は再びシャープ兄弟の手へ戻った。 **6月7日**　東京・蔵前国技館のシリーズ最終戦で最後のチャンスをかけて遠藤幸吉とのタッグでシャープ兄弟の世界タッグに挑戦。1本目は34分39秒にベンが遠藤を体固め。2本目は11分25秒に力道山がベンを首固め。3本目も力道山が奮起し、マイクをカウント2まで持っていったところで時間切れとなり、王座獲得は成らなかった。 **9月2日**　東京・田園コロシアムでタム・ライスの保持する太平洋沿岸選手権（シングル）に挑戦。1本目は25分39秒に逆エビ固めでライスが1本。2本目は6分21秒に逆エビ固めで力道山が取り1―1。しかし、ライスは2本目に右ヒザの関節が抜けて立てず、試合放棄となり2―1で太平洋沿岸選手権を獲得した。

こんな〝記録〟がある。東京・五反田駅前で焼き肉店を経営する陳濵根氏（力道山と一緒に小学校に通ったという）の証言だとして、「力道山は私より一歳上だ。大正11年生まれだよ。これは絶対に間違いない」と語ったという。

敬子夫人の著書には、こう書いてある。

《ある人は「どう見ても亥年の性格。大正13年生まれは子年だから、1歳上じゃないの」とか、私の伯母もなぜか主人が亡くなったときに「41……厄年ね」とか言ってました。当時は日本でも朝鮮でも、よく1年くらい年をサバよんだって言います。子供が生まれて1年後に出生届を出すことも珍しくなかったそうです。

私は力道山から結婚前に「40歳までに結婚したい。40歳までに相手が見つからなければ一生独身でいる」とよく聞かされていましたので、大正13年生まれを信じて疑いませんでした。主人から年齢のことについて特別な話はありませんでしたの

	33年（1958年）
テーズとの世界選手権試合の契約に調印した。 **5月16日** 単身帰国。 **10月7日** 東京・後楽園球場特設リングでルー・テーズの世界選手権に挑戦。61分3本勝負で行われたが、ノーフォールのまま時間切れ引分け。 **10月13日** 大阪の扇町プールでルー・テーズの世界王座に再度挑戦。1本目は15分0秒にテーズがバックドロップから体固め。2本目は10分40秒に力道山が体固めで1－1。3本目は6分53秒に両者リングアウトで引分けに終わり、世界王座奪取ならず。 **10月24日** 東富士、吉村道明、ビル・サベージらと台湾遠征。 **10月31日** 台湾から帰国。	**7月6日** ロサンゼルスでルー・テーズの世界選手権に挑戦するため単身渡米。 **8月22日** ロサンゼルスのオリンピック・オーデトリアムでルー・テーズの保持するインターナショナル選手権に挑戦。1本目は25分過ぎにテーズがフライング・ボディ・シザースから体固めで先取。2本目は空手チョップの乱打から体固めを

で、私も気にせずにいました。》（『夫・力道山の慟哭』）

　力道山には三人の兄と、三人の姉がいた。六人兄弟姉妹の末っ子で、《主人は三男三女の6人兄弟姉妹で、末っ子の三男として生まれ育ちました。》と、敬子夫人は書いている（『夫・力道山の慟哭』）。兄弟姉妹の名前は、長女・金因女（インニョ）、長男・恒洛（ハンラク）、次女・久任（クイム）、次男・公洛（コンラク）、三女・乙福（ウルボク）、そして六人目が三男の信洛（シンラク）であると、『もう一人の力道山』の著者・李淳馹氏がルビを付して紹介している。

　父親である金錫泰の家業はどのようなものであったか。『Number70』で井出耕也氏が取材した「追跡！力道山」によると、力道山の父・金錫泰は漢学者であった。また、李淳馹氏の著書には《父、錫泰は、もともと家の地相や墓の地相を見る風水師であったが、数年前より下半身を患い、

9分少々に決め1－1。3本目は場外に落ちた力道山に対してテーズがリング内から攻撃を加えたため、1分少々に反則勝ち。2－1でインターナショナル選手権を獲得した。

8月31日　ホノルル経由で帰国。

10月2日　東京・蔵前国技館でドン・レオ・ジョナサンの挑戦を受けてインターナショナル選手権の初防衛戦を行う。1本目は39分49秒に体固めで先取。2本目はそのまま時間切れ引分けとなり初防衛に成功。

10月31日　東京体育館で再度ドン・レオ・ジョナサンの挑戦を受けてインターナショナル選手権を行う。1本目は21分34秒にリングアウトで力道山が先取。2本目はジョナサンが試合放棄をしたため2－0で2度目のタイトル防衛に成功した。

11月7日　芳の里をつれてブラジル遠征に出発。

12月17日　ブラジルから単身帰国。17戦16勝1分の好成績を残した。

34年（1959年）

1月9日　後楽園ジム（旧）でタニー・ミルスとアジア選手権（シングル）をかけて対戦。2－1で2度目の防衛に成功した。

1月22日　名古屋市の金山体育館でラッキー・シモノビッチとアジア選

ずっと寝たきりの生活を送っていた。》とある。

風水師をしていたというが、錫泰が「寝たきりの生活を送っていた」ことについては後述する。

錫泰は、農業を営んでいた、という説もある。

力道山から聞いた話だとして、石川輝氏はこう記している。

《わしの家は農業を営んでいたが、わしがまだオムツをしているころに父は病死した。大正15年だから、わしはまだ満2歳にもなっていなかったので、父の印象は全くない。

わしは母の細腕ひとつで育てられた。母はまだ3人の子供を抱えて、朝早くから田畑を耕し、夜はおそくまでわらじ作りの内職をしていた。

わしは子供ごころにこの母の苦闘する姿をみて、早く大きくなって母をらくにしなければ……と思っていた。》（『今なぜか力道山』）

先に見た、日本相撲協会に保存されている記録の中に「家族＝父、金錫泰（早く死亡）」とあるから、

手権（シングル）をかけて対戦。2－1で3度目の王座防衛を果たす。

3月24日　第1回Wリーグ戦の参加外人人選のため渡米。

4月17日　7人の外人と契約して帰国。

5月21日　第1回Wリーグ戦開幕。

6月15日　東京都体育館で行われる第1回Wリーグ決勝戦で、ジェス・オルテガと対戦。試合は3ラウンド8分1本勝負で行われ、2回0分35秒に体固めを決め見事優勝。

7月21日　大阪府立中央体育館でエンリキ・トーレスとインターナショナル選手権をかけて対戦。1本目は7分52秒に片エビ固めでトーレス。2本目は11分14秒に逆腕取固めで力道山が取り1－1。決勝の3本目は場外乱闘となり無勝負。1－1の引分けで3度目の防衛に成功。

8月7日　東京・田園コロシアムでミスター・アトミックとインターナショナル選手権をかけて対戦。1本目は12分21秒にバックドロップから体固めで1本先取。2本目は4分53秒に同じく体固めに決め2－0のストレートで4度目のタイトル防衛を果たす。

35年

1月15日　大阪府立体育会館でジ

「わしがまだオムツをしているころに父は病死した」という話には信憑性がある。しかし、李淳馹氏の『もう一人の力道山』に記されている「風水師」にまつわる以下の記述を読むと、「早くに死亡」という〝記録〟には疑問が残る。風水師を生業にしていた錫泰は、病に臥す身となったが、「高齢」になるまで生きていた。後述するように、老いたその父親を介護していたのは「末っ子の光浩だった」という記述も見られるからである。

《山を歩き、丘陵の形や川の流れを観察しては、方位と照らし合わせながら吉相を見る。祖先を大事にする朝鮮では、古くから墓を選ぶにあたって風水が重視された。よりよい墓の地相を探すため、長い間にわたって山々を歩いたせいかもしれない。錫泰は自分で歩くことはほとんどできなかった。ただ、彼自身の高齢もその病の原因の一つであることも確かだった。》

では、「農業を営んでいた」というのは事実で

（1960年）

ム・ライトとインターナショナル選手権をかけて対戦。1本目は21分25秒にライトがカウントアウトで先取。2本目は4分42秒に体固めで返し1―1。3本目は11分56秒に反則勝ちでライトが取り2―1でライトの勝ちとなったが反則勝ちであるため、タイトルは移動せず、危機一髪のところで力道山が、5度目の防衛に成功した。

1月30日　東京体育館でジム・ライトとインターナショナル選手権をかけて再び対戦。1本目は17分7秒に片エビ固めで先取。2本目は8分20秒にニードロップからの体固めでライトが返し1―1。3本目は4分50秒にリングアウトで取り6度目の防衛に成功した。

2月25日　第2回Wリーグ戦の参加外人選とブラジル遠征の目的を持って米国へ出発。

4月10日　ブラジルから長沢秀幸、それにスカウトした新人の猪木完至を連れて帰国。現地では17戦全勝の成績をあげた。

4月15日　10名の外人選手を呼んで第2回Wリーグ戦が東京都体育館で開幕。

5月13日　東京体育館で行われた第2回Wリーグ決勝戦でレオ・ノメ

はなかったのかというと、あながちそうとも言えない。病気がちだった錫泰に代わって、母親・巳は米を売って生計を立て子供たちを育てていたという〝説〟もあるからである。

《実際的な仕事にはあまり向いていない父親にかわって母親が米を売って生計をたてていた。母親は美しい人だったらしい。六日ごとに霊武の駅前に市が立ち、母親はこの市で米を売った。》（「追跡！力道山」）

井出耕也氏が、東京・五反田駅前で焼き肉店を経営していた陳濵根氏から聞いた話だという。母親・巳が売っていた米が、自作米であるかどうかは不明である。牛島秀彦氏の『力道山物語』には、「金一家は、京城で精米所をやっていた」という記述もある。

「日の丸の小旗」を手に来日

金光浩（金村光浩）は、どのような少年時代を

リーニと対戦。時間無制限3本勝負で行われ、1本目は8分58秒に体固めで1－1。3本目は5分27秒にカウントアウトで力道山。2－1でWリーグ2度目の優勝を果たした。

5月16日　東京体育館でサニー・マイヤースとインターナショナル選手権をかけて対戦。1本目は2分8秒にアトミックドロップから体固めでマイヤースが先取。2本目は28分25秒に力道山が羽交い締めをかけられたまま体固めに決め1－1。3本目はそのまま時間切れとなり、1－1で7度目のタイトル防衛に成功。

6月2日　昭和31年11月22日に初代アジア・タッグ選手権者になったキング・コング、タイガー・ジョキンダー組が、その後まったく防衛戦を行わないため、ルールによって新たにトーナメント戦を開いて空位になっている王座を決定することになった。日本側2チーム（力道山と吉村道明組、豊登と遠藤幸吉組）、外人側2チーム（フランク・バロアとダン・ミラー組、サニー・マイヤースとグレート東郷組）でトーナメントが行われ、決定戦は力道山、吉村組対バロア、ミラー組の間で争われることが決定。大阪府立体育会館で行われた決定戦61分3本勝負は、1

送っていたのか。本章に掲載した「力道山年譜」には、昭和十五年二月に長崎県大村市の「大村第2小学校を卒業」とあるが、これは事実とは異なるようだ。

先述した牛島秀彦氏が長崎県大村市を訪ね、大村大2小学校はどこを探しても見つからず、「地元の人に尋ねても、そんな小学校は聞いたことがない」と言われているからである。ただ、大村市の教育委員会の一人から聞いた話だとして、次のような証言も得ている。

《「そういやあ、西大村小学校が、戦時中に大村第二国民学校と言いよったかもしれんなァ。力道山の出身校てですか？　そりゃこっちでは判りまっせんたい」と言った……。》（『力道山物語』）

牛島氏は「ならば」と、西大村小学校を訪ねることにした。

《西大村小学校へ行って、チェックすると、戦時中は「大村第二国民学校」と呼ばれており、「大

本目10分39秒にバロアが吉村を体固めに決め1本。2本目は逆に吉村が1分11秒にバロアをフォールして1―1。3本目は2人がかりで吉村を場外に落とした外人組はさんざん殴っておいてからカウントアウト寸前にリング内に戻り5分14秒に吉村はカウントアウトとなり、2―1でバロア、ミラー組がアジア・タッグ選手権を獲得した。

6月7日　名古屋の金山体育館で力道山、豊登組がバロア、ミラー組の保持するアジア・タッグ選手権に挑戦。61分3本勝負で行われた試合は、1本目13分0秒に力道山がバロアを体固めに決め1本先取。2本目は同じく力道山が2分7秒でミラーを空手チョップから体固めに決め、2―0のストレートで力道山組が王座を獲得した。

6月25日　札幌・中島スポーツセンターでダン・ミラーとアジア・ヘビー級選手権をかけて対戦。ミラーを2―1に破って同タイトルの4度目の防衛に成功。

7月4日　東京・新宿体育館でサニー・マイヤース、ダン・ミラー組が力道山、豊登組の保持するアジア・タッグ選手権に挑戦。2―1で力道山組が初防衛に成功した。

村第二小学校」といえば、当校以外にはないという返事。校長、教頭を含めた先生方が、該当学籍簿を全部ひっくりかえして判明したことは、力道山＝百田光浩なる生徒が、入学または在籍した記録は、まったくないという事実だ。》（前掲書）

と言いつつ牛島氏は、こんな取材メモも添えている。

《ただ同校出身の玉の海梅吉（力道山の力士時代の親方。現ＮＨＫ相撲解説者）が、戦後、母校に土俵を寄付したさい、十両だった力道山が、親方の付人として、土俵開きに同行していたらしいという話は出た。》（前掲書）

第11章でも詳しく述べるが、力道山は敬子夫人に「私は朝鮮で生まれた」と告白しているのだから、この際、大村市の小学校に在籍していたか否かはさておき、来日するまでの金信洛の少年時代について見てみよう。

小学校時代の信洛はかなり足の速い少年であっ

7月9日　東京・田園コロシアムにおいてサニー・マイヤースが再度力道山の保持するインターナショナル選手権に挑戦。61分3本勝負で行われた試合は、1本目29分35秒にエビ固めでマイヤースが1本先取。2本目は4分24秒に体固めで力道山が取り1－1。3本目はあやまってマイヤースがタックルでレフェリーを吹っ飛ばしたため、7分14秒、反則負けとなり2－1で力道山が8度目の王座防衛に成功。

8月26日　ローマ・オリンピック見物をかねて欧米へ遠征。遠征中、世界的なボウリング運動用具の製造会社のブランズウィック社と契約し、東京の渋谷に建設中の「リキ・スポーツ・パレス」の一角をボウリング場にすることを声明。

9月21日　アメリカでカーチス・イヤウケヤ、テキサス・マッケンジーの2選手と契約して帰国。

9月30日　東京・台東体育館でリッキー・ワルドーが力道山の保持するアジア選手権（シングル）に挑戦。1本目はエキサイトした両者が場外で殴り合ったためカウントアウト（注・当時両者はカウントアウトは1－1にならずスコアは0－0としていた）。再び1本目からスタート

た。毎年秋に行われる運動会では常に一着でゴールを走り抜けた。小学校三年生の体育の授業で、一〇〇メートルを一三秒四で走ったとき、ストップウオッチでタイムを計っていた担任の先生は「これはおかしい、時計が狂っているのかな。もう一度走ってみろ」と、やり直しを命じた。二回目を走ったら一三秒二になった。先生は首をひねり「もう一度」と命じた。信洛少年は歯を食いしばって必死になって三度目を走り抜けた。一三秒ちょうどになった。、先生は「君はオリンピックの選手になれるぞ」と信洛少年を褒めた。このことから信洛少年は、オリンピックの選手になることを夢見るようになったという。一方で、何度も「もう一度」と走ることの「やり直し」を命じられたことは、忘れられない「くやしい思い出」として信洛少年の頭に残ることとなった。この忘れられない思い出を力道山から聞き出したのは日本のアマボクシング界の草分け、新聞記者生活五十

した一戦は、怒った力道山がレフェリーの沖をリング下に叩き落としたため1本を失う。2本目は力道山が豪快なバックドロップを決め、1分16秒に1－1とした。3本目はそのまま時間いっぱいに戦ってゴング。1－1の引分けで5度目の防衛に成功。

10月19日　東京・台東体育館でテキサス・マッケンジー、リッキー・ワルドー組が力道山、豊登組の保持するアジア・タッグ選手権に挑戦。2－0のストレートで力道山組が2度目の防衛に成功。

11月8日　名古屋の金山体育館でカーチス・イヤウケヤ、リッキー・ワルドー組が力道山、豊登組の保持するアジア・タッグ選手権に挑戦。2－0のストレートで力道山組が3度目の防衛に成功。

11月14日　大阪府立体育会館でカーチス・イヤウケヤ、テキサス・マッケンジー組が力道山、豊登組の保持するアジア・タッグ選手権に挑戦。2－1で力道山組が4度王座を死守した。

11月15日　大阪府立体育会館でリッキー・ワルドーが再度、力道山の保持するアジア選手権（シングル）に挑戦。2－1で力道山が6度目の王

余年の実績を持つ石川輝氏である（『今なぜか力道山』で記す）。

また、信洛少年は力が強く、女の子や自分より年下の子供をいじめたりすることはなく、弱い者いじめをする者に対しては、「たとえ相手が上級生であっても敢然と向かっていった」という。力道山から聞いた話だとして、石川氏はこんなことを書いている。

《……気がついた時には相手はみな逃げ去っていた。

このとき、わしは左の耳の根元を約2センチも切り、血がふき出して困った。「おふくろに叱られる。またおふくろに心配をかける」とわしは、ベソをかきながら家路へ向かった記憶がある。

わしはこの時のことを、いまでもときどき夢にみるのだ。》（『今なぜか力道山』）

信洛少年の怒りが爆発するときは、決まって年上の、強い子に限っていた。

座防衛に成功。

12月3日 東京・台東体育館でリッキー・ワルドーが3度力道山の保持するアジア選手権（シングル）に挑戦。2—0のストレートで力道山が7度目の王座防衛に成功した。

12月16日 東京体育館でカーチス・イヤウケヤが力道山の保持するインターナショナル選手権に挑戦。61分3本勝負で行われた試合は、1本目6分13秒にイヤウケヤが場外に転落してカウントアウトで1本を失う。2本目はゴングが鳴ってもイヤウケヤが起き上がれず、0分20秒に試合放棄となり、2—0のストレートで力道山が9度目の王座防衛に成功した。

36年（1961年）

2月1日 大阪府立体育会館でハワイ・タッグ選手権者のラッキー・シモノビッチ、ロード・ブレアース組対アジア・タッグ選手権者の力道山、豊登組のダブル・タイトル戦61分3本勝負が行われた。1本目はシモノビッチがドロップ・キックから体固めで14分12秒に力道山をフォール。2本目は力道山が9分16秒にブレアースを体固めに決め1—1。3本目は怒った日本組が暴走しすぎたため4分39秒に反則負け……2—1

力道山を語るとき、長兄・恒洛が「シルム」という朝鮮相撲の強い男であったことは誰もが漏らさず書いている。シルムは、農村で働く人々が「豊年」を祈願して執り行う行事である。日本の相撲に見るような土俵はなく、相手を倒すことのみで勝ち負けが決まる。モンゴル相撲に近いような格闘技であるという。体も人一倍大きかった恒洛は、このシルムで向かうところ敵なしであった。優勝した者には牛や、豪華な賞品が用意されていたが、恒洛はこれを独占していた。ハンサムで、性格もよく、男の中の男だったようだ（李淳馹著『もう一人の力道山』）。

ちなみに、次兄・公洛は、ソウルで開業医を営む親戚の家に奉公に出され学生生活を送っていた。

三男の信洛であるが、兄・恒洛ほどではないにしても、信洛もシルムの選手として注目される存在であった。小学校六年生のときには、大人の大

でシモノビッチ組の勝ちとなったが、2フォールを奪っていないので力道山組は5度目の防衛に成功。

2月5日　東京・台東体育館でラッキー・シモノビッチ、ロード・ブレアース組が力道山、豊登組の保持するアジア・タッグ選手権に再度挑戦。1本目は17分42秒に力道山がブレアースをフォール。2本目は7分18秒に豊登がレフェリーストップでシモノビッチをギブアップさせ2－0のストレートで力道山組が6度目の王座死守を果たした。

3月21日　第3回ワールド・リーグ戦開催準備のため単身渡米。現地では9人のレスラーと契約した。

4月7日　午後9時30分羽田着の飛行機で帰国する予定だった力道山は遅れて11時16分着で無事に帰国。

5月1日　第3回ワールド・リーグ戦が東京体育館で開幕。

6月2日　蔵前国技館でグレート・アントニオが力道山の保持するインターナショナル選手権に挑戦。時間無制限3本勝負で行われた試合は、1本目4分0秒に力道山がアントニオを場外に落としカウントアウトで1本。2本目は1分28秒に体当たりにくるアントニオを自爆させ、体固めで力道山が取り、2－0のスト

会の予選を通過するほどに強くなっていた。そして、このシルムの選手として恒洛とともに大会に出場したことが、信洛の運命を大きく変えることとなる。日本に渡って金信洛改め百田光浩となり、大相撲の力士「力道山」が誕生することになったのだった。

　力道山が生前、原稿に目を通して発行された『力道山　空手チョップ世界を行く』には、少年時代の記録はなく、「さらば相撲界」という見出しをつけて昭和十五（一九四〇）年五月に「二所ノ関部屋に入門した」ところから〝自叙伝〟は始まっている。生まれた年（一九二四年）から逆算すると一五歳六カ月で角界入りしたことになるが、朝鮮から日本への橋渡しをしてくれたのは、朝鮮の駐在所で警部補をしていた小方寅一と、小方の義父にあたる百田巳之吉であった。百田は長崎県大村市で、二所ノ関部屋に所属する同郷の力士・玉ノ海梅吉の後援会幹事を務めていた。

レートで10度目の王座防衛に成功した。

6月7日　名古屋市金山体育館でジム・ライト、アイク・アーキンス組が力道山、豊登組の保持するアジア・タッグ選手権に挑戦。61分3本勝負で行われた試合は1－1の引分けで力道山組が7度目の防衛に成功した。

6月29日　大阪府立体育会館でミスターXと第3回ワールド・リーグ決勝戦で対決。61分3本勝負で行われた試合は、1本目6分17秒に頭突きの連続でXが難なくフォール。2本目奮起した力道山は1分0秒に空手打ちからハンマー投げで1－1。3本目はXが力道山を体固めに決めたが、場外からジム・ライトが力道山の足を引っぱったため、Xが5分22秒に反則負け。2－1で力道山が3年連続優勝をとげた。

7月3日　東京・台東体育館でジム・ライト、アイク・アーキンス組が再度、力道山、豊登組の保持するアジア・タッグ選手権に挑戦。61分3本勝負で行われた試合は2－1で力道山組が8度目の王座防衛を果たした。

7月19日　札幌・中島スポーツセンターでジム・ライトが力道山の保持

百田巳之吉が初めて金信洛を見たのは、一九三八年五月に行われたシルムの大会においてであった。大会は信洛が生まれた龍源に近い町で行われ、この大会には兄・恒洛とともに兄弟揃って出場した。恒洛は三十代、信洛は十代での出場である。恒洛は下馬評どおり圧倒的な強さで優勝し、商品の牡牛二頭を獲得した。弟・信洛も負けていなかった。最年少での出場でありながら三位決定戦まで進んだ。そして、周りの予想を覆し強豪選手に勝って三位に入賞しカンモクと言われる朝鮮木綿を獲得した。

このシルムの大会には、二人の日本人が観戦に来ていた。朝鮮在住で相撲好きの小方寅一と、長崎県大村市から来た百田巳之吉である。玉ノ海梅吉の後援会幹事を務めるほど相撲好きだった百田は、信洛の戦いぶりを見て「この若者を日本に連れていき鍛えてやれば必ずものになる」と、小方に頼み込んで信洛を説得するために「小方家」に

するアジア選手権（シングル）に挑戦。61分3本勝負で行われた試合は2－0のストレートで力道山が8度目の防衛に成功。

7月21日　東京・田園コロシアムにおいてミスターXが力道山の保持するインターナショナル選手権に挑戦。61分3本勝負で行われた試合は、1本目13分55秒に力道山が〝足殺し〟からカウントアウトでXをKO。2本目は左スネを痛めたXが戦意を失ったため、0分20秒に試合放棄。2－0のストレートで力道山が11度目の防衛に成功。試合後、約束によってXの覆面を取り、ビル・ミラーであることが判明した。

7月30日　東京都渋谷区大和田町にリキ・スポーツ・パレス完成。常打ち興行場とトレーニング施設が完備。

9月11日　プロ・ボクシング界進出をめざす力道山はプロ・ボクシングのオーナークラブと会合し、ヘビー級ボクサーの養成を声明。

9月13日　馬場、鈴木、芳の里ら渡米中の日本選手を視察のため単身渡米。

9月28日　米国から帰国した力道山はヘビー級ボクサーの招聘を声明した。

11月7日　大阪府立体育会館でゼブ

呼び寄せた。

牛島秀彦氏はシルムの大会を「朝鮮相撲」の大会と呼び、『力道山物語』のなかで次のように書いている。

《当時、朝鮮では、端午の節句には、相撲大会が開かれていた。小方が、警部補のときは、六抬というメンタイの漁場にいたが、端午の節句の相撲大会のとき、百田巳之吉も渡鮮して見物した。

一等には、牛二頭、二等は牛一頭、三等はカンモク（朝鮮布）……というふうに豪華賞品があり、朝鮮角力の力士たちは、大熱戦を展開した。そのときの優勝力士は、金恒洛。弟の金光浩は、三等だった。

金恒洛はともかく、当時十五歳だった金光浩の隆々たる体格を見て、相撲狂の百田巳之吉は、玉の海の率いる二所ノ関部屋へなんとかして入れて、後援会幹事としての実績をあげようと思った――。巳之吉は、それまで、地元から、玉の松、

ラ・キッドが力道山の保持するインターナショナル選手権に挑戦。61分3本勝負で行われた試合は、1本目9分28秒にゼブラをカウントアウトに破り力道山が1本先取。2本目は血ダルマのゼブラがあやまって場外に転倒し、またもカウントアウト……2—0のストレートで力道山が12度目の王座防衛に成功。

11月9日 名古屋市金山体育館でゼブラ・キッド、ドン・マノキャン組が力道山、豊登組の保持するアジア・タッグ選手権に挑戦。61分3本勝負で行われた試合は1本目14分45秒にゼブラが暴走しすぎて力道山に執ような攻撃を加えたため反則負け。2本目は力道山がマノキャンに水平打ちを決め、3分23秒、体固めに破り2—0のストレートで力道山組が9度目の王座防衛を果たした。

11月18日 公約通り米国のヘビー級ボクサー4名が来日。20日には公開練習を行う。プロ・ボクシング協会から興行について条件などが提出されたが、のちに円満解決した。

12月14日 東京・台東体育館にてロッキー・ハミルトン、リッキー・ワルドー組が力道山、豊登組の保持するアジア・タッグ選手権に挑戦。61分3本勝負で行われた試合は、1

十勝岩、小海山などをスカウトした実績もあった。》

金光浩は「金信洛」の誤りである。金信洛が「百田光浩」になるのは、来日して角界入りしてのち〝改名〟した名前だからである。

と思っていたのだが、牛島氏の『力道山物語』には続きがあった。金信洛は「大日本帝国の人民」たることを余儀なくさせられた朝鮮人の一人として、昭和十四（一九三九）年に制度化された、「創氏改名」（朝鮮人名から、日本人名へ）により名実ともに「日本人」になった。《金光浩も、「皇国臣民ノ誓詞」を読まされ、名前も金村光浩になっていた。》のである。そして、金村光浩は「日本人」になっても、「力士」になったことで徴兵を免れたのであった。

《……「大日本帝国の国技」の力士になる――という胸を張った堂々たる大義名分のもとに、工作がほどこされた。すなわち、軍司令官も進んで協

	本目13分41秒に外人組が反則を取られ日本組が1本先取。2本目はハミルトンに集中攻撃を浴びせた力道山が6分30秒に体固めに決め、2―0のストレートで力道山組が10度目のタイトル防衛に成功した。
37年（1962年）	**1月19日**　大阪府立体育会館でロニー・エチソンが力道山の保持するアジア選手権（シングル）に挑戦。61分3本勝負で行われた試合は、1本目14分0秒に体固めで力道山。2本目6分47秒に体固めでエチソン。3本目は1分56秒に体固めで力道山が取り、2―1で9度目の王座防衛。**1月21日**　東京・台東体育館でロッキー・ハミルトン、ロニー・エチソン組が力道山、豊登組の保持するアジア・タッグ選手権に挑戦。61分3本勝負で行われた試合は、1本目21分20秒にエチソンが力道山を体固めに決め1本。2本目は3分40秒に外人組が反則勝ちとなり、スコアの上では2―0のストレートでハミルトン組の勝ちとなったが、2フォールしていないため、力道山が11度目の防衛を果たしたことになる。**2月2日**　東京・両国の日大講堂でロッキー・ハミルトン、ロニー・エチソン組が力道山、豊登組の保持す

力し、「金村光浩は、あくまでも、国技・大相撲の力士として皇威を発揚すべし」という美名のもとに、将来ともの「徴兵」は免除された。
そうこうするうちに、大相撲・玉の海一行が、朝鮮巡業にやって来て、親方・玉の海も「金村光浩」の体つきを見て、即座に入門OK。話はトントン拍子に進み、玉の海の実父・陰平虎松（捕鯨船に乗り込んでいて、相撲狂だった）が門司港まで「有望力士・金村光浩」を出迎えて、東京・二所ノ関部屋まで連れて行くことになった。》（筆者注：「陰平」とあるのは「蔭平」の誤りか）

金信洛が来日するまでの経緯について牛島氏はこう説明しているが、「玉の海の実父・陰平虎松」が門司港まで出迎えに行ったとする、次の一文は重要である。

《そのさいの目印は、日の丸の小旗。「皇民・金村光浩」は、意気揚々と胸をはり、日の丸の小旗を打ちふりながら、夢にまで見た〝内地〟の土地

るアジア・タッグ選手権に再度挑戦。61分3本勝負で行われた試合は、1本目6分23秒に日本組が反則勝ち。2本目5分12秒にエチソンが力道山を体固め。3本目9分0秒に力道山がエチソンを体固めに決め、2－1で力道山組が12度目の防衛に成功した。

2月3日 東京・両国の日大講堂でリッキー・ワルドー、ルーター・レンジ組が力道山、豊登組の保持するアジア・タッグ選手権に挑戦。61分3本勝負で行われた試合は、1本目10分30秒にワルドーが豊登を体固め。2本目5分3秒に豊登がワルドーを逆エビ固め。3本目9分45秒に再びワルドーが豊登を体固めに決め、2－1でワルドー、レンジ組がタイトルを獲得した。

2月15日 東京・日大講堂で力道山、豊登組がリッキー・ワルドー、ルーター・レンジ組の保持するアジア・タッグ選手権に挑戦。61分3本勝負で行われた試合は、1本目29分38秒に力道山がレンジを逆エビ固め。2本目は力道山の逆エビで足を痛めたためレンジがやむなく試合放棄。2－0のストレートで力道山、豊登組が王座を奪回した。

2月21日 第4回ワールド・リーグ

を踏んだ。》（『力道山物語』）

「次の一文は重要である」というのは、信洛が持っていたという「日の丸の小旗」のことである。これは、生まれ故郷を離れる信洛に、小方寅一が持参させた「小旗」だった。

大相撲・玉の海一行が、朝鮮巡業にやって来て、信洛が来日するまでに「話しはトントン拍子に進んだ」とあるが、しかし、すんなりと〝日本行き〟が決まったわけではなかった。当時、信洛は寝たきりになった父親・錫泰の介護をしており、「君がいなくなったらお父さんはどうなるんだ！」と、兄・恒洛から叱りつけられた。仕事ができない夫に代わって野良仕事や精米所、物売りなどで生計を立てていた母親の巳からも「家族を捨てて日本に行くのか!?」と猛反対された。信洛は、母や兄の言いつけを守って父親の面倒をみることにした。それでも、「日本に行って相撲取りになりたい」という夢は持ち続けていた。

戦開催準備と世界タイトルへの挑戦をかねて単身渡米。

3月29日　現地時間28日にロサンゼルスのオリンピック・オーデトリアムでWWA世界ヘビー級選手権者のフレッド・ブラッシーに挑戦。2時間3本勝負で行われた試合は、1本目13分25秒にKOで力道山。2本目20分12秒にリングアウトで力道山が取り2―0のストレートでWWA世界チャンピオンとなる。

3月31日　WWA世界チャンピオン・ベルトをみやげに力道山が帰国。

4月21日　第4回ワールド・リーグ戦が東京体育館にて開幕。

4月23日　東京体育館でフレッド・ブラッシーが力道山の保持するWWA世界ヘビー級選手権に挑戦（リターンマッチ）。61分3本勝負で行われた試合は、1本目13分3秒に体固めでブラッシー。2本目5分3秒に体固めで力道山。3本目は32分24秒に体固めで同じく力道山が取り、2―1で初防衛に成功した。

5月24日　東京体育館でルー・テーズと第4回ワールド・リーグ決勝戦で対決。試合は61分3本勝負で行われ、1本目12分33秒にエビ固めでテーズ。2本目2分13秒に体固めで力道山。3本目は4分49秒に体固め

一九三九年、病に臥せていた父親が他界した。信洛は「日本に行きたい」と母や兄に懇願したが、許してもらえなかった。母・巳が反対した理由は「人前で裸になって見世物になる商売を息子にやらせたくない」ということと、「どうしても（末っ子の）可愛い息子を手元に置いておきたい」からであった。

家族が反対する一方で、小方寅一は、なんとしても百田巳之吉の願いを叶えてあげたいと思い、また「日本に行きたい」と切望する信洛の熱意にほだされて、部下の巡査部長や恒洛の親分格にあたる地方議員を動かして、母親を説得するよう側面攻撃をかけていた。が、この計らいは裏目に出ることになる。母・巳は、「結婚させてやれば日本に行くことを諦めてくれるだろう」と、花嫁を探すことに奔走したのである。そして、三男・信洛の、結婚式を挙げるところまで漕ぎ着けたのだった。

で力道山が取り、2－1で4年連続優勝を果たす。

6月4日 大阪府立体育会館でバディ・オースチン、マイク・シャープ組が力道山、豊登組の保持するアジア・タッグ選手権に挑戦。61分3本勝負で行われた試合は、1本目17分43秒に両軍カウントアウトで1－1。2本目1分11秒にシャープが体固めで力道山を制し、2－1でオースチン組が王座を獲得。

6月18日 広島県体育館で力道山、豊登組がバディ・オースチン、マイク・シャープ組が保持するアジア・タッグ選手権に挑戦。61分3本勝負で行われた試合は1本目14分34秒に豊登がオースチンを体固め。2本目4分54秒にシャープが豊登を体固め。3本目は11分24秒に日本組が反則勝ちとなり、2－1で勝ちはしたが反則勝ち含みのためタイトル奪回はならず、オースチン組の初防衛が成功した。

7月1日 大阪府豊中市大門公園で力道山、豊登組は再度、バディ・オースチン、マイク・シャープ組の保持するアジア・タッグに挑戦。61分3本勝負で行われた試合は、1本目16分18秒に力道山がオースチンをカウントアウト。2本目2分45秒に力道だが、信洛青年は母親の言うとおり結婚式は挙げたが、「日本へ行き大相撲の力士になる」ことを諦めたわけではなかった。結婚したばかりの花嫁を置き去りにして、救いを求めて小方寅一宅へ転がり込んだのである。そして、小方の計らいで、列車に揺られて朝鮮半島最南端の港町・釜山に向かったのであった。手荷物は、わずかばかりの身の回りの品と、「日の丸の小旗一つだった」という。なぜ「日の丸の小旗」を持っていたのかについては、李淳馹氏が次のように書いている。

《……日本で出迎えるはずの百田の顔を忘れてしまった信洛に、目印にと小方が持たせたものだ。》

（『もう一人の力道山』）

これほどまでにして信洛青年の〝人生〟を取り持った小方であったが、力道山が三八歳で不慮の死を招いたとき、こんな想いが胸を抉るのであった。

「わしはなあ、リキの奴を朝鮮からつれて来たこ

山がシャープをエビ固めに決め、2—0のストレートで力道山組が王座を奪還した。

7月3日　米国でWWA世界王座の防衛戦を行うため出発。

7月26日　現地時間25日、ロサンゼルスのオリンピック・オーデトリアムでフレッド・ブラッシーが再度、力道山の保持するWWA世界王座に挑戦。時間無制限3本勝負で行われた試合は、1本目27分23秒に体固めで力道山。2本目は噛みつかれたため力道山の出血がひどくなりレフェリーストップ。3本目も力道山の試合放棄という形がとられ、2—1でブラッシーがタイトル奪回。

8月9日　WWA世界王座を失った力道山が傷心の帰国。

9月14日　東京体育館においてスカル・マーフィ、ゴリラ・マコニー組が力道山、豊登組の保持するアジア・タッグ選手権に挑戦。61分3本勝負で行われた試合は1本目の19分19秒に大乱闘となり、力道山が右胸鎖関節脱臼となり、試合は0—0のまま無勝負となってタイトル防衛記録も変わらず。

10月5日　札幌市中島スポーツセンターにおいてスカル・マーフィ、ゴリラ・マコニー組が再度アジア・タッ

とが、はたしてよかったとか、悪かったとか判らんとですよ。あのままそっとしとったら、あがな非業の最期を遂げずにすんで、純朴な朝鮮の精米所の主人で、安楽に暮らしとれると思うと……」

牛島氏が取材のため長崎の小方寅一宅を訪ねたときに聞いた言葉である。当時小方は八〇歳になっていた。小方老人はタバコの火を、タバコ盆でもみ消しながらこうも言ったという。

「リキが死んでからは、未亡人の敬子と私が、万事相談役の大野伴睦先生と、児玉誉志夫先生とのパイプ役でしたから、裏の裏まで何でん知っとる……」

生まれ故郷をあとにした青年・金信洛が関釜連絡船に乗船したのは、太平洋戦争が勃発する前の年、昭和十五（一九四〇）年の二月だった。

下関に着いた船の上で、日の丸の小旗を見つけたのは蔭平虎松であった。二所ノ関部屋の親方・玉ノ海の実父である。

グに挑戦。選手権者は力道山、豊登組であったが豊登が左足首ネンザで出場不可能となり、ピンチヒッターとして吉村道明が出場した。61分3本勝負で行われた試合は、1本目13分17秒に反則勝ちで日本組。2本目は3分36秒に吉村がマーフィを体固めに決め、2－0のストレートで初防衛に成功した。

11月5日　沖縄の那覇市でチーフ・ビッグ・ハート、アート・マハリック組が力道山、豊登組の保持するアジア・タッグ選手権に挑戦。61分3本勝負で行われた試合は、1本目カウントアウトで日本組。2本目は豊登がハートを体固めに決め、2－0のストレートで力道山組が2度目の王座防衛に成功。

11月9日　沖縄那覇市でムース・ショラックが力道山の保持するインターナショナル選手権に挑戦。61分3本勝負で行われた試合は、1本目10分12秒にカウントアウトで力道山。2本目は1分58秒に体固めで力道山が取り、2－0のストレートで13度目の王座を守る。

38年（1963年）

1月7日　東京・赤坂のホテル・ニュー・ジャパンにおいて田中敬子さんとの婚約を正式に発表。

昭和十五（一九四〇）年二月、力道山は晴れて相撲部屋への入門を果たした。『甦る怒濤の空手チョップ Super Hero 力道山』（日本スポーツ出版社）に収録されている「力道山年譜」には、

《昭和15年2月　……先代・玉の海の父親である蔭平氏の紹介で二所ノ関部屋に入門。

5月　この年の5月場所に初土俵。当時の同期生には出羽錦、国登、清水川、信夫山、時津山、出羽湊といった力士たちがいた。》

とある。

昭和十五年二月に入門し、新弟子検査を受けたのは同年五月であった。力道山の新弟子時代を知る小島貞二氏は、元力士で『日本プロレス風雲録』（ベースボール・マガジン社）、『大相撲名力士100選』（秋田書店）などの著書を持つが、小島氏によると力道山とともに新弟子検査を受け合格したのは「八九名」だったという。「彼が力士だったころ、私も力士であった。彼は二所ノ関部屋で、

1月29日　力道山、豊登組の返上で空位となったアジア・タッグ選手権をめぐって力道山、吉村道明組とジェス・オルテガ、トニー・マリノ組が大阪府立体育会館で対決。61分3本勝負で行われた試合は、1本目10分45秒に両者カウントアウトで1－1。2本目は2分45秒に力道山が反則勝ちとなり、タイトルの移動はなく、コミッショナー預りとなった。

2月9日　東京体育館においてジェス・オルテガが力道山の保持するインターナショナル選手権に挑戦。61分3本勝負で行われた試合は、1本目9分50秒に力道山が反則勝ち。2本目4分39秒にオルテガが反則勝ち。3本目は3分15秒に力道山が体固めに決め、2－1で14度目の防衛が成功した。

3月4日　東京・台東体育館で空位のアジア・タッグ王座をめぐって力道山、吉村道明組対ジェス・オルテガ、トニー・マリノ組が対決。61分3本勝負で行われた試合は1本目13分22秒にオルテガが吉村を体固め。2本目は4分32秒に力道山がオルテガを体固め。3本目は外人組がカウントアウトとなったが、2フォールしていないため、またもタイトルは預りとなった。

私は出羽海部屋。私のほうが二年ほど、土俵の先輩に当る」という小島氏は、入門時の力道山の体型についてこう語っている。

《その当時の若者にはいまのような肥満児はおらず、力道山の体はさほど大きくないが、胸が厚く、上下の均衡が取れ、見るからにファイトあふれる風貌が目立った。

序ノ口（西の中軸）に名がのったのは、その翌場所（当時は年二タ場所）の十六年一月で、番付には「朝鮮　力道山昇之助」とある。》（『力道山以前の力道山―日本プロレス秘話―』、三一書房）

序ノ口では「力道山昇之助」という名で土俵に上がった。「力道山」というこの四股名は玉ノ海親方が付けたものだった。「相撲とは力の道なり」という意味を持つ。力道山は、自らを相撲の道に導いてくれた百田巳之吉の養子になって「百田光浩」という名で戸籍をつくり、力道山の本名は百田光浩となったのだった。

3月6日　第5回ワールド・リーグ戦開催準備のため米国へ出発。
3月17日　渡米修業中だったジャイアント馬場を連れて帰国。
3月24日　東京・蔵前国技館で第5回ワールド・リーグ戦開幕。
4月17日　沖縄那覇市でヘイスタック・カルホーンが力道山の保持するインターナショナル選手権に挑戦。61分3本勝負で行われた試合は、1本目9分33秒に体固めでカルホーン。2本目3分28秒に体固めで力道山。3本目はカルホーンがカウントアウトとなり、2―1で15回目の王座防衛に成功。
4月24日　大阪府立体育会館でパット・オコーナーが力道山の保持するインターナショナル選手権に挑戦。61分3本勝負で行われた試合は、1本目13分18秒にエビ固めで力道山。2本目9分58秒に片足固めでオコーナー。3本目は3分1秒に体固めで力道山が取り、2―1で16回目の王座防衛に成功。
5月6日　空位になっているアジア・タッグ選手権をめぐって力道山、豊登組とキラー・コワルスキー、フレッド・アトキンス組が61分3本勝負で対決。1本目12分26秒に力道山がアトキンスを体固めに決め1本。

力士時代の力道山の戦績について見てみよう。以下、戦績については日本スポーツ出版社刊『甦る怒濤の空手チョップSuper Hero 力道山』収録「力道山年譜」ならびに、『力道山　空手チョップ世界を行く』（恒文社）を参考に加筆・引用したものである。

昭和十六年一月場所、序ノ口で五勝三敗。五月場所、序二段で六勝二敗。十七年一月場所は三段目で八戦全勝で優勝。五月場所、幕下で五勝三敗。力道山は百田巳之吉に養子入籍したため、昭和十七年五月場所から相撲協会人別帳には「長崎・百田光浩」と改められた。

昭和十八年一月場所、幕下で五勝三敗。五月場所、幕下で五勝三敗と一場所も負け越すことなく上位へと進んでいった。十九年一月場所、幕下で三勝五敗と初めて負け越す。これは、戦時下にあって勤労報告隊としての作業中に鉄塊を持ち上げようとして誤って落とし、左の手首を痛めたため力

2本目3分37秒にコワルスキーが豊登を体固め。3本目1分0秒に力道山がアトキンスを体固めに決め、2ー1で力道山組がアジア・タッグ選手権を獲得。

5月17日　東京体育館でキラー・コワルスキーと第5回ワールド・リーグ決勝戦で対決。時間無制限3本勝負で行われた試合は、1本目5分1秒に体固めで力道山。2本目7分30秒にリングアウトでコワルスキー。3本目5分50秒に逆片エビ固めで力道山が取り、2ー1で力道山が5年連続優勝を果たす。

5月21日　名古屋市金山体育館でキラー・コワルスキー、フレッド・アトキンス組が力道山、豊登組の保持するアジア・タッグ選手権に挑戦。1本目7分46秒に力道山が反則勝ち。2本目5分56秒に力道山がアトキンスを体固め。2ー0のストレートで力道山組が初防衛に成功した。

5月24日　東京体育館でザ・デストロイヤーの保持するWWA世界ヘビー級選手権に挑戦。時間無制限1本勝負で行われた試合は、28分15秒にレフェリーストップとなり、引分けで王座獲得はならなかった。

6月5日　東京・赤坂のホテル・オークラにおいて田中敬子さんと結婚式

を出し切れないのが原因であった。「体を張って勝負する人間は、元手の体を大事にしなければならないとつくづく思った」と力道山。この反省を生かし同年五月場所では、幕下で五戦全勝して優勝する。五月場所が好成績であったため、十九年十一月場所では十両に昇進し七勝三敗の成績を収めた。

　力道山が「朝鮮の出身」であることを相撲部屋ではどのように見ていたのか。「別に仲間うちで差別の目で見るようなことはなかった」と小島氏は言う。

《「備前　力道山光浩」とかわったのは、次の場所（十六年五月）序二段中軸に上ったときで、結局、これが力士時代、プロレス時代を通じてのフルネームとなるわけであるが、途中、三段目のころ「力道山信洛」と書かれたこともある。下っ端力士の番付は、えてして番付書きの独断ミスが、そのまま罷り通る場合が少なくない。私の場合も、

をあげる。

6月7日　羽田から世界一周の新婚旅行に敬子さんとともに出発。

7月3日　25日間にわたる新婚旅行から帰国。

8月10日　東京・田園コロシアムでサニー・マイヤース、ドン・ジャーディン組が力道山、豊登組の保持するアジア・タッグ選手権に挑戦。1本目19分24秒にマイヤースが豊登を体固め。2本目10分48秒に豊登がマイヤースを体固め。3本目7分14秒に外人組が反則勝ち。2－1で外人組の勝ちだが反則含みのためタイトルは移動なく、力道山組が2度目の防衛に成功した。

9月3日　名古屋市金山体育館でサニー・マイヤース、ドン・ジャーディン組が再度、力道山、豊登組の保持するアジア・タッグ選手権に挑戦。1本目22分48秒に力道山が反則勝ち。2本目7分23秒に力道山がマイヤースを体固め。2－0のストレートで3度王座を死守。

9月30日　横浜市文化体育館でサニー・マイヤース、リー・ヘニング組が力道山、豊登組の保持するアジア・タッグ選手権に挑戦。61分3本勝負で行われた試合は、1本目14分28秒にカウントアウトで日本組。2

届けは「貞二」であるが、番付には「定次」と書かれたこともある。力道山の場合の「信洛」も、その伝かもしれない。

力道山が朝鮮出身であることを、新しい発見のように書く人もいるが、相撲界ではみんな知っていたことだ。当時、朝鮮はおろか、台湾、あるいはアメリカからの力士も少なくなく、別に仲間うちで差別の目で見るようなことはなかった。

力道山と咸陽山（出羽海部屋の巨漢）の二人は、朝鮮出身では超有名力士として、その出世競いが注目されていた。》（前掲書）

とはいえ、力道山本人はこんなことを語っていることも付け加えておかねばなるまい。プロ野球のレジェンドで広島県出身で韓国籍を持つ張本勲氏が力道山に「いじめに遭った」ことをふと漏らしたことがあった。それを聞いた力道山、「それくらいのことで音を上げるな。俺なんかどれだけ……」と、張本氏を一喝したという。力道山も「い

本目5分51秒にマイヤースが力道山を体固め。3本目10分12秒に力道山がマイヤースを体固めに決め2―1で力道山組が4度目の防衛。

10月31日　福岡市宮崎神宮外苑でバディ・オースチン、イリオ・デ・パオロ組が力道山、豊登組の保持するアジア・タッグ選手権に挑戦。61分3本勝負で行われた試合は、1本目15分32秒に力道山がパオロを体固め。2本目26分30秒にオースチンが豊登を体固め。3本目は1―1のまま時間切れ引分け。力道山組が5度目の王座防衛を果たした。

11月4日　広島県体育館でバディ・オースチン、イリオ・デ・パオロ組が再度、力道山、豊登組の保持するアジア・タッグ選手権に挑戦。61分3本勝負で行われた試合は、1本目20分12秒に豊登が反則勝ち。2本目2分25秒に豊登がパオロを体固め。2―0のストレートで力道山組が6度目の王座防衛に成功。

11月5日　大阪府立体育会館でバディ・オースチンが力道山の保持するインターナショナル選手権に挑戦。時間無制限1本勝負で行われた試合は、14分48秒に力道山がバックドロップから体固めにオースチンを倒し、17度目の王座防衛に成功した。

じめ」に遇っていたのである。
違う話になるが、力道山は入門したばかりのころ兄弟子たちに袋叩きにされたこともあったようだ。それは二所ノ関部屋一行が巡業のため、千葉県八街で相撲の勧進元を務めていた鈴木福松宅を訪ねたときのことだった。相撲好きの鈴木福松は千葉県内に広い落花生畑を持つ大地主で、八街の駅前に居を構え、近所には映画を上映する小屋も持っていた。力士たちはこの小屋に寝泊まりしていたが、力道山だけは一人、勧進元の家で寝ることになった。勧進元の息子（坊ちゃん）順に気に入られ、順の部屋で寝ることになったのである。これに映画小屋で寝ていた兄弟子たちは怒った。「入門したばかりのくせして何だ！」と言って、兄弟子みんなに殴られたのである。力道山は自分の意思で〝優遇〟されたのではないのであり、順に言われるがまま坊ちゃんの部屋に寝たのであった。力道山はなぜ殴られているのか訳がわからず、

12月2日 東京体育館でザ・デストロイヤーが力道山の保持するインターナショナル選手権に挑戦。61分3本勝負で行われた試合は、1本目17分40秒に体固めでデストロイヤー。2本目3分26秒に体固めで力道山。3本目7分33秒にカウントアウトで力道山が取り、2－1で力道山が18回目の王座防衛に成功。

12月4日 大阪府立体育会館でザ・デストロイヤーが再度、力道山の保持するインターナショナル選手権に挑戦。時間無制限1本勝負で行われた試合は、21分25秒に両者カウントアウトで引分け。力道山が19度目の王座防衛を果たす。

12月6日 名古屋市金山体育館でザ・デストロイヤー、バディ・オースチン組が力道山、豊登組の保持するアジア・タッグ選手権に挑戦。61分3本勝負で行われた試合は、1本目は30分6秒に日本組が反則勝ち。2本目はそのまま時間切れ引分けとなり、1－0で力道山組が7度目の王座防衛に成功した。

12月7日 静岡県浜松体育館における試合を最後に秋の国際試合が終了。

12月8日 東京・赤坂のキャバレー、ニューラテンクォーターにて暴漢に

黙って耐えるしかなかった。見かねた福松の妻、順の母が兄弟子たちに「悪いのはうちの息子ですから」と誤ってその場は収まったが、「耐える力道山の姿」はその後も順の心に焼き付いて、離れることがなかった。順の妹・きみ江さんからこの話を聞きだしたのは、『もう一人の力道山』の著者・李淳馹氏である。

　この一件があったからというのではないが、勧進元である鈴木福松は、まだマゲも結えない散切り頭の力道山に向かってこう言ったという。

「日本にはお前の帰る家はないだろう。ならばこの鈴木の家を自分の家だと思っていつでも帰って来い」

　力道山の心に刺さる言葉だった。以来、力道山は福松を「お父さん」と呼び、福松の妻を「お母ちゃん」と呼ぶようになった。そして、八街の鈴木家をたびたび訪ねるようになった。力道山だけでなく鈴木福松は、「朝鮮人の面倒をよく見る人」

刺される。

12月9日　聖路加国際病院外科部長の上中省三氏の手によって東京・赤坂の山王病院にて手術を受け、経過は良好だった。

12月15日　午後9時50分―腸閉そくをおこし再手術もむなしく死去。39年にわたる生涯を閉じた。

12月20日　東京・大田区の日蓮宗大本山・池上本門寺にて葬儀。戒名は「大光院力道日源居士」。この夜、東京・渋谷のリキ・スポーツ・パレスにおいて〝力道山追悼試合〟と銘打って、豊登、吉村道明、芳の里、遠藤幸吉の4人を中心とする新路線で初めて試合が行われた。

ここに掲載した「力道山年譜」は、株式会社日本スポーツ出版社が発行したゴング9月号増刊『甦る怒濤の空手チョップSuper Hero力道山』(編集・小柳幸郎氏／発行人・池正義氏)より転載したものです(一部改変＝西暦は、編集部で追記)。

　転載にあたっては元『ゴング格闘技』編集長・舟木昭太郎氏(現「株式会社UPPER」代表取締役)の許可をいただきました。

であったという。

力道山は玉ノ海親方の言うことをよく聞き、稽古熱心な力士であった。力道山は、昭和十六年一月場所で初土俵を踏んだときの番付表には「朝鮮・力道山昇之助」という名で記載されていた。そして、翌十七年五月場所の相撲協会人別帳には「長崎・百田光浩」と改められた。なぜ出身地を「長崎県大村市」とし、名前を「百田光浩」に変えたのかについては次のような事情があったようだ。

《力道山は、親方や先輩力士に対しては、とにかく従順で、礼儀正しかった。大兵肥満の力士は、尾籠な話だが、オシリまで手がとどかないので、便所にも付人がついて行って始末をする。玉の海の付人だった力道山は、そういったことも、いっこうにイヤがらずにやった。

猛稽古にも堪えて、素直に先輩や、親方の言をとり入れて、決してネを上げることがなかった。玉の海は、力道山の将来を有望と見て、何といっても国技の力士が、朝鮮出身じゃまずかろうというので、タニマチ（後援者）で地元の後援会幹事でもあり、力道山スカウトにも一役買った百田巳之吉に頼んで、長崎県大村市出身という依頼工作をなした。

力道山のルーツは、このようにしてまず人工的に固められた。》（牛島秀彦著『力道山物語』）

文中「玉の海の付人だった力道山」とあるが、これは先代の二所ノ関親方（横綱玉錦）が昭和十三年の暮れに巡業先で客死し、小結だった玉の海梅吉が現役力士でありながら親方として二役を務めていたことによる。親方は力道山を有望力士として身近に置いて「かわいがって」いたことがわかる。力道山をかわいがるのも、当然のことではあった。力道山の兄弟子たちはすべて、先代の二所ノ関親方が育てた弟子（玉ノ海の弟弟子）で、玉ノ海はその弟子を引き継いだだけだった。力道山だけが玉ノ海親方の第一号の弟子だったのである。

二所ノ関部屋には力道山の親友が一人いた。同期で入門した横浜出身の浜勇（はまいさみ）という力士である。体は小さいが根性のある力士だったが、幕下で部屋を去っていった。唯一、胸襟を開くことのできた友人が去り、力道山がどんなに寂しい思いをしたかは想像に難くない。浜勇の本名は川崎で、部屋を去っても力道山と川崎の交友関係は続いていた。のちに力道山がプロレスラーになり、力道山物語『怒濤の男』（日活）が封切られることになるが、力道山主演のこの映画に「浜勇（川崎）」は友情出演している。力道山が「どうしても浜勇を……」と頼み込んで出演させたであろうことは容易に察しがつく。

力道山が十両に昇進したのは昭和十九年十一月で七勝三敗であった。十両に昇進したときの喜びについては、力道山の次男・百田光雄氏が『初めて明かす父の実像、父への愛』の中で次のように書いている。

《大いちょうにマゲを結い、紋付にハカマをつけたときの嬉しさは、十両になったものでなくてはわからない。あのときは本当に嬉しかった。ところが、この前の年におフクロが死んじゃったんだよ。早く一人前の力士になってくれ、と口癖のようにいっていたおフクロに子の晴れ姿を見せられなかったのは今考えても本当に残念だ。》

父親・力道山が「友人に語った」言葉だという。力道山が相撲取りになることを反対していた母親であったが、巳は「早く一人前の力士になってくれ、と口癖のようにいっていた」と語っている。かわいい息子が単身日本に渡り、相撲取りになってからは、「力道山」に声援を送っていたようだ。

昭和二十年の六月場所では十両で三勝四敗と負け越した。戦前から戦中にかけての力道山の力士生活はここで一区切りがついた。東京の大空襲により両国の国技館は被災し、各相撲部屋は焼失していた。二所ノ関部屋は杉並区高円寺の真盛寺に移り敗戦の玉音放送を聞いた。

力道山は自身の相撲人生を振り返り、「私の本当の力士生活は戦後の場所から始まった」と言っている。来日してからほどなくして戦争が始まり、戦時中は力士の生活も「勤労報国隊」の奉仕活動などで十分な稽古も積めず、物資も乏しかったからである。

同年十一月の戦後初めての場所では十両で八勝二敗。二十一年十一月場所から念願の入幕を果たして九勝四敗と勝ち越した。

力道山は大相撲秋場所で待望の幕内力士となった。このころから弟弟子たちに対する稽古が厳しくなり、若い衆は力道山の付人になるのを嫌がっていたという。その稽古が厳しかったあまり、弟弟子である若乃花（のちの横綱）が力道山の太股に噛みついたという話は有名である。戦後、二所ノ関部屋が高円寺の真盛寺に借り住まいをしていたころには、こんなこともあった。このころ力道山は「インディアン」と言われていた大型バイクで場所入りしていたのだが、ある夜のこと、オートバイで真盛寺に戻ってくると二人の若い衆が荷物を担いで寺の境内から出ていこうとしていた。弟弟子の若乃花と琴ケ浜であった。「稽古が辛くて夜逃げするつもりだな」と思った力道山は、何も聞かず二人をぶん殴って部屋の中へ引きずり込んだ。「そんな弱気でどうするんだ！　いったんやると決めたら死ぬまでやるんだ」と力道山。この一件があってから力道山は二人に目をかけるようになり、若乃花と琴ケ浜も実の兄のように力道山を慕うようになった。

若乃花はのちに横綱になり、琴ケ浜は大関になった。『力道山　空手チョップ世界を行く』の巻頭グラビアには、プロレスラーになった力道山が二所ノ関部屋を訪ね、回し姿の若乃花と談笑（？）している写真が掲載されている。談笑というより、説教している兄弟子・力道山の話を若乃花が神妙な顔つきで聞いているような写真だ。タイトルには「交友」とある。

「交友」の中には、力道山の道場を訪ねたプロ野球界のレジェンド金田正一や、同じくプロ野球選手で力道山を「兄さん」と呼んでいた森徹、また力道山を「おにいちゃん」と呼び慕っていた美空ひばりとのツーショットの写真もある。珍しいのは横綱大鵬と腕相撲をしている力道山、それをホームラン王の王貞治が笑って見ている写真だ。大鵬が笑って腕を立てているのに対し、力道山は「これゃ、かなわねーや」といった顔つきで写っている。横を向いているのは誰を見ているのか。

交遊録といえば、敬子夫人の著書『夫・力道山の慟哭』には、日活の俳優・石原裕次郎とバーベキューを楽しんでいる写真も収められている。キャプションには「力道山と石原裕次郎、森徹らの友情写真」とある。力道山も石原裕次郎も「昭和のスーパースター」だ。

平幕で横綱や大関を相手に優勝決定戦

昭和二十二年の六月場所は幕内で九勝一敗の成績だった。

十両在位三場所、平幕在位五場所、三役在位六場所だった力道山が、最もその存在感を示したのは昭和二十二年六月、明治神宮外苑で行われたこの夏場所であった。九勝一敗をあげ優勝のチャンスが巡ってきたのである。千秋楽を終えて、横綱羽黒山、大関の前田山と東富士、前頭八枚目の力道山がともに九勝一敗で優勝を争うことになった。平幕の力道山は横綱羽黒山と対戦することになり、ほとんど互角に渡り合った。どちらともわからないような体勢のまま、羽黒山の「うっちゃり」で両者は土俵下に転げ落ちた。軍配は羽黒山に上がり、物言いはつかず優勝をさらったのは横綱羽黒山だった。敗れはしたもの、力道山の大健闘をたたえる万の観衆の拍手と歓声は神宮の森に木霊した。

「優勝決定戦では私一人が平幕だったから敗れても悔いはなかった」と力道山は言う。

大相撲には「技能賞、敢闘賞、殊勲賞」という三賞制度があるが、この制度が制定されたのは昭和二十二年十一月場所からである。本制度は、同年六月場所での力道山の健闘が下地になったと言われている。

力道山の得意技であるが、上突っ張り、上手投げ、吊りなどで、「上突っ張りというより、張り手を切り札にしていた」と力道山は語っている。千代の山を張り手一発で土俵上に張り倒したこともあった。この「張り手」は、プロレスラーになってからの力道山の必殺技になっていく。

昭和二十二年十一月場所では六勝五敗。二十三年五月場所では八勝三敗と勝ち越し、殊勲賞を受賞した。同年十月場所から小結となって六勝五敗。二十四年一月場所では小結で八勝五敗と勝ち越したが、関脇に昇進した五月場所では三勝一二敗と大きく負け越した。「力士になって以来、最も不振の場所だった」という。

大敗した理由は、肺臓ジストマに罹患したことにあった。医師からは出場を止められていたが、「たとえ死んでも休場はしない」ことを力士の身上としていた力道山は、医師の忠告を押し切って出場した。しかし、「この肺臓ジストマは私の力士としての生命を縮めてしまった」と力道山。肺臓ジストマに罹ったのは好物の「カニを食べたから」だという。

《肺臓ジストマは好物のカニを食べたときに感染したらしい。この病気は肺結核に似た症状でセキやタンが出て、はき気をもよおし、微熱が続き食欲もなくなり、いちじるしく体力を消もうする。

柳橋の明治病院に約二カ月ほど入院した。力士というものは相撲をとっていなければならないと、悲しかった。三十貫（113キロ）近くあった体重は二十六貫（97キロ）まで減ってしまった。》（『力道山　空手チョップ世界を行く』）

知人がアメリカから取り寄せてくれた特効薬エチメンの注射液と、クロロキンの服用によって病状は何とか回復した。

昭和二十四年十月場所では番付は大きく下がり前頭二枚目まで落ちたが、八勝七敗と勝ち越した。この場所では、同じ二所ノ関部屋の弟弟子である若乃花（のちの横綱）や神若（のちの芳の里）が幕内に上がってきた。この場所の一四日目から蔵前の仮設国技館で取り組みが行われるようになり、二所ノ関部屋も高円寺の仮住まいから両国に戻ることができた。力道山は二十五年一月場所から小結に返り咲いて一〇勝五敗。肺臓ジストマの影響で体力が十分に回復せず、「気力で補って場所を務めた」という。立ち合いに張り手を多く使ったことから「ジャーナリズムから批判された」が、勝つためには「そうするしかなかった」という。

同年五月場所で関脇に返り咲く。

が、西の関脇に再び返り咲いた力道山であったが、昭和二十五（一九五〇）年九月場所の番付が発表される十一日の夜、力道山は菜切り包丁で自らマゲを切って一〇年間の力士生活に別れを告げたのであった。

家人の寝しずまった自宅の台所でマゲを切る

《私は五月場所を打ちあげたあと二所ノ関部屋の一行と北海道、東北の巡業に出て、九月一日の東神奈川の土俵を最後に巡業と別れた。そして十七日を初日に大阪阿倍野仮設国技館でふたをあける二十五年九月場所の番付が発表される十一日の前夜、日本橋浜町の家人の寝しずまった自宅の台所で、自分の手でマゲを切った。》（『力道山　空手チョップ世界を行く』）

なぜ、マゲを切ることになったのか。「その理由については触れたくない」と言いつつ力道山は、しっかりと「その理由」についてこう説明している。

《マゲを切ることが力士にとってその前途にどんな苦難があるかは知っている。前場所を一つにしろ勝ち越し、大関を目前にする地位にある関脇がマゲを切って廃業するには相当なわけがあることはだれもがわかろう。

しかしその理由についてはふれたくない。しかし一ついっておきたいことは、私が裏切られたことと、協会の冷たい仕打ちに対してふんがいしていたことは事実である。終戦後で協会の運営の苦しかった時代であるが、肺臓ジストマにかかって死ぬか生きるかの境にある人間になんの保障もない。

また二十四年の一月場所の番付のことだが、私は前の場所東の小結で六勝五敗と一つ勝ち越しながら西の小結に下げられた。兄弟子の神風関は、前場所前頭筆頭で八勝四敗の成績から私より上の東の小結に進んでいる。このとき私は高砂部屋の二階で武蔵川、楯山の両親方にものいいをつけた。私の正義感がどうしても黙っていられなかったのだ。番付だけが楽しみで精進する力士にとって、こうした仕打ちはあまりにもひどい。》（前掲書）

と、こう書いてのち力道山は、「あえて私の廃業の直接の動機を知りたいなら、その責任は協会にあるといいたい。」という言葉で結んでいる。「協会の冷たい仕打ち」というのは、生活苦で親方に借金を申し込んだところ「断わられた」からであることは、力道山を知る人にとっては周知の事実となっている。

力道山はマゲを切る前に、日ごろお世話になっている新田建設の新田新作社長にだけは相談したという。新田社長は怒って、こう一喝した。

「リキ、お前はマゲがあるからこそ世間が信用してくれるのだ。マゲのない力道山など、世間じゃ相手にしてくれないぞ！」

しかし、力道山はもう後には引けなかった。「菜切り包丁が」マゲを切り落としたときは、「涙がとめどなく流れた」という。

『力道山　空手チョップ世界を行く』には、紙名は明らかではないが、昭和二十五（一九五〇）年九月十二日付の新聞記事が写真版で載っている。『力道、引退を声明』とあり、力道山が手鏡を持ち「マゲを切る」姿が、デッサン風に描かれている。引退した《「表面の理由は肺臓ジストマのため……」とあるが》という写真説明が付されている。

「マゲを切っている姿」は、ふみ子さんや長男・義浩が見ていた

力道山の力士生活は、昭和十五（一九四〇）年五月から二十五（一九五〇）年五月までの一〇年間であった。「私の今日あるのは、一〇年間世話になった相撲社会がバック・ボーンになっている」と力道山は言うが、力道山を陰で支えていたのは生活を共にしている「ふみ子」であった。マゲを切ってからは「妻と別れ二人の男の子を手元に置き、あらゆることを酒で忘れさせようとしながら、余計にそのことばかりが頭にのしかかる重苦しさ、寂しさ……」とは、力道山が『空手チョップ世界を行く』の中で語った言葉である。

マゲを切ったときのことだが、力道山が台所で菜切り包丁でマゲを切る姿は、長男・義浩や「妻・ふみ子」に見られていた。百田光雄氏の著書から以下の文章を引用しておきたい（文中では、ふみ子さんのことは「文子母」になっている）。

《兄にも、父がマゲを切ったときの印象は強く残っている。

九月十日の夜、父が包丁を持って洗面所へ入っていったのを見て、兄は文子母や父の友人のボハネキと一緒に、父のあとについていったという。

父は鏡の前へ立って、しばらく、鏡に映った自分の顔をジッと見つめていた。それから、いきなりバサリと包丁でマゲを切ったのである。文子母が、アアアッ、といった。ボハネキのノドがゴクリと鳴った。まだ四歳だった兄には何が何だかわからなかったが、父が異常に緊張していることだけはわかったそうだ。父はザンバラ髪になって無言で鏡の前に立っていた。身動きひとつしなかった。文子

母は震えていた。やがて、父はポツリといった。

「このアタマじゃ、しょうがねぇ」

兄と文子母が父といっしょに表へ出て床屋を捜しにいった。すでに深夜である。床屋は一軒も開いていなかった。しかし、父は一軒の床屋を叩き起こして整髪させ、文子母の話によると、その夜のうちに新田新作氏のところへ、相撲はやめました、と挨拶にいった。

話を聞いた新田さんはこういってくれたそうである。

「マゲを切ったら、親方に詫びを入れるのも難しいだろう。しようがないから、ほとぼりが冷めるまでうちで仕事をしろ」

あの夜のことを思い出すと今でも兄はスロー・モーション映画でも見ているような気分になるという。父は意地で相撲界と決別したといっていい。だが、それからの父は多難だった。》（『父・力道山』）

「鏡の前に立って」とあるから、先の新聞記事に見るような「手鏡」は使わなかったということになる。

確かに、土俵を下りてからの力道山は多難な日々を送っていた。新田社長の計らいで新田建設に勤め、「資材部長」という肩書をもらって月に五万円という当時としては破格の給料をもらってはいたが、給料はすべて飲み代に消えた。飲むと必ず大暴れをし、酔っぱらったあげくオートバイを飛ばし暴走することも度々であった。

この時期の力道山の荒んだ生活ぶりについて、友人で、のちに力道山の秘書になった吉村義雄氏はこう書いている。

《……ほとんど毎晩のように酒を飲んでは荒れていました。ときどきわたしも呼び出されて相手をしましたが、力道山の飲み方は、酒を楽しむというよりは、心の憂さをはらすために盃をあおるというふうで、決していい酒ではなかった。あの体だしまだ若かったですから、泥酔するようなことはありませんでしたけどね。力道山にとって、辛い時期だったんです。

それにしても、力道山の人生において、新田新作さんは、非常に大きな存在でした。新田さんがいなかったら、後のプロレスラー・力道山はなかったはずです。》（『君は力道山を見たか』）

酒を楽しむというよりは、心の憂さをはらすために盃をあおる日々……。力道山は、マゲを切ってからは「妻と別れ二人の男の子を手元に置き」と言っているが、石川輝氏が著した『今なぜか力道山』の「力道山年表」には、《昭和33年3月1日、フミ夫人突然家出す。》となっている。マゲを切った昭和二十五（一九五一）年八月からは八年も経過していることになるが、いろいろなお家事情があったのであろう。

別れた妻・小沢ふみ子は、内縁の妻であった。兄・義浩とともに『父・力道山』を著した百田光雄は力道山の次男であるが、ふみ子さんのことを「文子母」と呼んでいる。産みの親は京都に住む「綾」という名の芸者さんであった。ふみ子さんは育ての母である。産みの親である綾さんから、義浩と光雄を引き取り、のちに長女・千栄子も引き取ってふみ子は三人の子供たちを育てたのであった。そして力道山が、昭和三十八（一九六三）年六月に入籍して盛大な結婚式まで挙げてリキ・アパートで暮らすようになったのが田中敬子さん、敬子夫人なのだった。百田光雄氏は敬子夫人のことを「敬子母」と呼んでいる。

敬子夫人と暮らすようになってから力道山は、別れることになった小沢ふみ子さんのことについても、隠さず教えてくれたという。ふみ子さんが入院していることを知り、敬子夫人に向かってこう言った。

「彼女は正式に入籍こそしなかったが、一番苦しいときによく子供たちのことを世話してくれた。今は喘息で入院しているようだが、いつか機会があったら会ってやってくれないか」

敬子夫人は義浩と光雄を連れて喜んで会いに行った。ふみ子さんは「あなたが敬子さんね、よく知っていますよ」と温かく迎えてくれ、義浩と光雄に再会できたことを「とても喜んでいた」という（『夫・力道山の教え』）。

力道山には、千栄子や義浩や光雄のほかにもう一人、女の子がいる。日本に行き相撲取りになりたいという信洛（力道山）を思い留まらせるために、母親・巳が選んでくれた朴信峰との間に生まれた娘である。力道山は故郷・龍源に花嫁を「置き去り」にして日本に渡ったのであったが、のちになって信峰と再会している。信峰は健康で丈夫な女の子を産んだ。「英淑（ヨンスク）」と名付けた。金英淑すなわち力道山の長女は、朴明哲氏と結婚し、朴氏は二〇一〇年に北朝鮮の体育相になった。また、力道山の孫娘パク・ヘジョンは北朝鮮の女子重量挙げを世界レベルに引き上げた名指導者として知られる。二〇〇二年の釜山アジア競技大会では、北朝鮮の重量挙げ監督としてエントリーし話題を呼んだ。

西洋相撲であるプロレスに活路を見出す

力道山の力士としての通算成績は一三五勝八二敗一五休（出場回数二一七）、幕内在位一一場所。

最高位は関脇であった。

大相撲に見切りをつけて自らマゲを切ってから一年後、力道山はプロレスとの出会いを経験する。昭和二十六（一九五一）年九月のことで、九月八日にはサンフランシスコ講和会議で対日平和条約・日米安全保障条約調印式が行われている。力道山はこのころ、新田建設の新田新作会長（明治座会長）の計らいで資材部長として東京・立川の進駐軍キャンプで労務者の現場監督をしていた。一度は見切りをつけた大相撲への復帰も頭をかすめたが、それが許されるはずもなく酒浸りの日々を送っていた。そんなときに耳慣れない新興スポーツ「プロレス」に出会ったのである。米軍軍属のボハネキというアメリカ人と親しくなり、ボハネキとともに銀座のクラブ『銀馬車』に飲みに行き日系二世のプロレスラー、ハロルド坂田に出会ったのであった。

この〝出会い〟については、一説がある。力道山と坂田の肩と肩がぶつかり、「この野郎！」と詰め寄る力道山に坂田が「ユーはクレイジーか？」と応じ、逆上した力道山が得意の張り手をかませた。たいていの男はこの一発でふっ飛ぶのだが、二世風の坂田は違っていた。力道山の必殺技をヒラリとかわすと、力道山の腕を関節に極め、そのまま締め上げた――というのである。このときことを力道山は「俺はこの男に殺されるかもしれないと感じた」と、後日語ったと言われる（『力道山物語』）。

坂田はハワイ出身で、AAUの重量挙げ全米代表でオリンピックのメダリストからプロレス入りしたレスラーだった。ボディービルダーとして「ミスター・ワイキキ」にもなっており、来日した当時はレスラーとしては中堅クラスだった。のちにはトシ・トーゴーを名乗り、グレート・トーゴーと組んでNWA世界タッグ・チャンピオン（一九五五年）にもなっている。

肩と肩がぶつかったとして力道山に絡まれ、腕を締め上げたハロルド坂田であったが、事は思わぬ方向に展開した。喧嘩がとりもつ縁で力道山は、プロレスラーの道に入っていくことになるのである。坂田は、ＧＨＱ（連合軍総司令部）のウイリアム・マーカット少将を会長とする在日トリイ・オアシス・シュライナース・クラブ（旧水交社：旧海軍将校および同相当官の親睦団体）の招聘により九月十九日、ボビー・ブランズら七人の外人レスラーの一人として来日していた。ボビー・ブランズら一行は、進駐軍慰問と日本の身体不自由児の救済基金募集の慈善興行を目的としていたが、その目的はもう一つあった。日本でプロレスの興行を打つことにより、日本をそのマーケットに置くという計画もあったのである。

坂田は力道山に言った。

「ユーはいい体をしている。一度、俺たちが練習しているところを見に来ないか？」

坂田の誘いを受けて力道山は、米軍キャンプ慰問を目的に来日していたシュライナース・クラブに出かけることになる。そこで目にしたプロ・レスリングを見て、酒浸りの日々を送り、鬱屈していた力道山の未来に光がさした。このときの喜びを力道山はこう語っている。

《私は周囲の人たちのすすめで自分自身もできるなら相撲界に復帰…のあまい考えももったが、それが消えてもさびしくはなかった。というのは私のエネルギーのはけ口となる新しいスポーツが私の前に出現していたからだ。》

『力道山　空手チョップ世界を行く』から引いたものである。さらに、同書において力道山はこうも言う。

《シュライナース・クラブの道場を訪れる前、私はハロルド坂田が泊まっているプライベートルームで二人のりっぱな身体をした日本人と会った。

一人は遠藤幸吉(四段)、もう一人は坂部利行君(六段)だった。たがいに初対面の名乗りをあげたが、聞けば二人はプロ・レスリングに弟子入りしようと、坂田に相談のためやってきたという。プロ柔道が解散したあと、遠藤は横浜で働くかたわら柔道の教師をし、坂部は木村政彦(七段)、山口利夫(六段)らとともにハワイに柔道をもって遠征し、プロ・レスリングを実際に見て知識をもっていたし、坂田とは知り合いの間柄で、遠藤を誘っての弟子入りということだった。「まあいっしょにやってみよう」ということで、プロ・レスリングの門をたたくことになる。》

力道山は、シュライナース・クラブの道場を訪ねる前に二人の日本人「遠藤幸吉(四段)と坂部利行君(六段)」に会ったという。ここでは一つ訂正をしておかねばならない。「坂部利行君」というのは誤りで、これは柔道の「坂部保幸六段」のことである。

力道山はシュライナース・クラブの道場で、遠藤幸吉や坂部保幸のほかに、ハロルド坂田の紹介により、ボビー・ブランズ、アンドレ・アドレー、オビラ・アセリン、ドクター・レーン・ホール、ケーシー・ベーカーの五人のレスラーを知ることができた。坂田を含め六人のレスラーである。『空手チョップ世界を行く』には、この六人のレスラーの写真が横並びで掲載されている。

一行のリーダー格であるボビー・ブランズは、力道山に向かって言った。

「リキドーザン、君のことは坂田から聞いた。りっぱな身体をしているじゃないか。私が今回来日した一つの目的は、日本人からプロレスラーになるりっぱな身体の持ち主をスカウトすることにある。

君なら大丈夫、やれるだろう。私たちの練習を見てごらん」

国技・大相撲に見切りをつけた力道山だったが、西洋相撲であるプロレスに活路を見出した。

シュライナース・クラブの道場は掘っ立て小屋で、木の床にロープを張り巡らせただけのお粗末な練習場であった。ブランズに促され力道山は裸になり、ブランズに組みついていった。腕を引っ張ればするりと抜けられる。押し倒そうとしてみたがびくともしない。小手投げを打ってみたが、受け身をとられてヒラリと立ち上がる。柔道四段の遠藤幸吉も横浜のシーメンズ・クラブで「レスラー」を名乗る相手と試合をし、同様な経験をしているが、力道山の繰り出す技はことごとくブランズにかわされ歯が立たなかった。次第に呼吸は弾み、全身汗びっしょりとなり、くたくたになった。坂田が見ている前で〝試合〟をしていたのだが、次第にスタミナが切れて息が上がっていく力道山を見て坂田はニヤニヤしていた。道場破りのつもりでブランズに挑んでいった力道山であったが、元関脇・力道山のプライドははかなく消えた。

〈プロレスというのは、大変なものだな……〉

しかし、その敗北感がまた「勝ち」にこだわる力道山の闘志を掻き立てるのであった。

道場には、遠藤幸吉も坂部保幸もいた。ブランズの手ほどきを受けながら、力道山と遠藤は、プロレスの技と呼吸の使い方を学んでいった。坂部はなぜか、翌日から姿を見せなくなっていた。

プロレスラーになるべく決意し、パンアメリカン航空機で羽田を発つ

昭和二十六（一九五一）年九月十六日に日本上陸を果たしたブランズら一行のプロレスの初興行が

行われたのは、九月三十日であった。東京・両国のメモリアルホールにおいて行われた。同ホールは、大相撲の元両国国技館の焼け跡を復旧したばかりの会場であった。

メイン・エベントを張ったのはアンドレ・アドレー対レイン・ホールであった。広い館内であったが、観客はパラパラで、大半は進駐軍関係者であった。が、リングサイドの最前列の席には、元読売巨人軍の藤本英雄投手と並んで観戦する一人の力士の姿があった。あの力道山である。『鈴木庄一の 日本プロレス史（上）』には観戦中の力道山の写真が掲載されているが、なぜかその頭には大相撲の名残のチョンマゲがのっている。一年前にマゲを切っているにも関わらず、である。理由はともかくとして、リングを見つめる力道山の眼差しは真剣そのものだ。

鈴木庄一氏は縁あって、ブランズら一行の興行の関係者に選ばれていた。ブランズは鈴木氏に、こう言ったという。

「日本人にはプロレスラーになるのに素晴らしい素質を持ったものがいる。それは、日本の国技の相撲、柔道といった格闘技の経験者がいるからだ。私は日本人をスカウトしてプロレスラーにしたい。そして、きっと世界チャンピオンをつくってみせる」

レスラーでありながらプロモーターとしての才覚も持っていたブランズが白羽の矢を立てたのは、力道山と遠藤幸吉であった。

力道山がプロレスの初マットを踏んだのは昭和二十六年十月二十八日である。メモリアルホールの四度目の慈善興行で、わずか一二日間のトレーニングをしただけのプロの舞台。対戦相手はプロレスの手ほどきをしてくれたボビー・ブランズであった。一〇分一本勝負のエキシビションマッチである。

ゴングが鳴る。首投げ、小手投げ、ブランズに教わったばかりのボディースラム。ハンマー投げ。真似事だけのトーホールドなどの技を出す。相撲時代の得意技である張り手などもバンバン出した。息が上がりそうになりながら一〇分間持ちこたえて、やっと引き分けに漕ぎ着けた。

（ブランズは内心、よくやったリキドーザンと、褒めてくれていたに違いない……。）

が、控え室に戻った力道山は、見栄も外聞もなく、大の字になって伸びてしまったのだった。ようやく我を取り戻して靴の紐をほどいたのは一〇分も経過してからだった。鈴木庄一氏は、グロッキーになって伸びてしまっている力道山を見届けたただ一人の記者だった。のちになって、ある酒の席で、鈴木氏は力道山に「リキさんも初めて試合をしたあとは伸びて、見ていられなかった」と口を滑らせたことがあった。聞いた力道山は、鈴木氏に向かってこう釘を刺したという。

「あの時のことを見ている人は、あなたくらいのものじゃないか。二度と人前で言ってくれるなよ」

力道山はこの初陣を経験したあと、同年十一月からブランズ一行について回り、各地で試合をするようになった。

そして、翌二十七（一九五二）年二月三日、単身ハワイに渡り、ブランズの紹介で名コーチ・沖識名のもとで本格的なトレーニングを受けることとなる。プロレスラーを目指し、渡米修行に出発する力道山の壮行会が催されたのは二十七年二月一日、場所は東京の目黒雅叙園であった。記者として壮行の宴に招かれたという鈴木庄一氏は、当日の出席者の顔ぶれを次のように伝えている。

《……大麻唯男、楢橋渡、酒井忠正氏らのほか力道山とゆかりのある人には、相撲協会の出羽ノ海理事長、横綱の東富士、千代の山などの顔があった。そのほか二年後、力道山が米国からプロレスラーを招いて初めて日本で本格的国際試合を行う時の興行の中心人物となる新田新作、永田貞雄、松尾国三氏ら総勢百数十人が集まり励ました。私もその席に招かれた。》(『鈴木庄一の日本プロレス史(上)』)

宴の司会を務めたのは元・小結の九州山（本名：大坪義雄）であった。出羽ノ海部屋で力道山とは部屋は違うが、力士としては力道山の先輩であり、日本プロレスリング協会の設立に協力し、専属レフェリーとして活躍した。

壮行会の司会を務めたときの印象として九州山は、「盛大なものだった」と言いつつ、内心はヒヤヒヤものだった心情についてこう語っている。

「ところが挨拶となると、壮行会だというのに、『相撲の大関にもなろうという、前途有望なものが何故にアメリカの、それも海のものとも、山のものとも知れないプロレスなるものを、やりに行くのか』という、皮肉めいた批判まがいのものが飛び交って、さすがに困ったもんだった」

冷や汗をかきながら九州山はこうした〝来賓挨拶〟の数々を聞いていたが、一人だけ溜飲を下げるような祝辞を述べた来賓がいた。のちに日本プロレスリング協会会長を務めることになる楢橋渡氏である。

《……楢橋先生が挨拶に立たれた。楢橋先生は、そりゃ世界各地をずいぶん歩いてこられた方だ、プロレスというものがどういうものなのか、よく知っておられたんですよ。

だから、言うことがちょっとちがう。

「たとえいっとき、日本の横綱になろうとも、世界に力道山の名が響くわけではない。しかし、プロレスというのは、いまやアメリカでは大変な人気スポーツ、近いうちに世界中に普及することだろう。

したがって、プロレスの王者になるということは、日本の力道山ではなく、そのまま世界の力道山になれる、ということなのだ」》

ジャイアント馬場監修でＫＫダイナミックセラーズから発行された『甦る怒濤の男　力道山』に収録されているインタビュー記事である。九州山は嬉々と胸を躍らせて、こう言葉をつなぐ。

《この、胸の中にうごめいていた不安が一掃されるような素晴らしい挨拶に、リキさんはいっそうレスラーになることを固く決意したというわけですな。》

プロレスラーになることを固く決意し、楢橋渡氏の祝辞に励まされて力道山がパンアメリカン航空機で羽田を発ったのは昭和二十七（一九五二）年二月三日だった。

第7章　プロレスに転向──単身アメリカへ渡り凱旋帰国

ハワイで沖識名に学び初戦をチーフ・リトル・ウルフに勝つ

プロレスへの期待と、不安と希望を抱いて力道山は単身アメリカへ渡った。最初に降り立ったのはハワイである。ホノルルの空港で迎えてくれたのはボビー・ブランズとハワイのプロモーター、アール・カラシックだった。数人の新聞記者や初老の日本人もいる。ブランズの紹介によりその日本人は「オキ・シキナ」（沖識名）という沖縄出身の日系人であることがわかった。本名は識名盛男で、かつては相撲出身のプロレスラーとして活躍していた。ホノルルのＹＭＣＡジムでプロレスラーのトレーナーをしており、ハロルド坂田は沖識名のコーチを受けてレスラーになったのだという。力道山も沖のコーチを受けてトレーニングに励むことになるのだが、力道山はポーカー・フェイスで茫洋とした沖に「言い知れぬ親近感を感じた」という。沖は日系新聞で「相撲上がりの力道山がハワイに来る」という記事を読み、興味を持って自ら力道山のコーチを買って出たとのことだった。

カメラマンがフラッシュをたき、新聞記者からいくつかの質問を受けた。力道山が大相撲出身であることに記者たちは興味を示しているようだった。

力道山は『だるまホテル』というアパート式のホテルを宿舎に、翌日からのトレーニングに備えた。このホテルにはハワイ出身の日系人レスラー、ハロルド登喜がいた。日本名は登喜輝房と言い、一九四〇年にボクシングの全オワフ島フェザー級チャンピオンを獲得してのち、プロのボクサーになり、一九四四年からはプロレスに転向した。このハロルド登喜は、のちに「昭和巌流島の決闘」と謳われた力道山対木村政彦のレフェリーとして来日することとなる。来日してからは、リキ・ボクシングジムのトレーナーも務めている。力道山とケンカ別れをして、トレーナーは解任されているが……。

ホテルからYMCAのジムに通い、沖識名のコーチを受けることが力道山の日課となった。本格的なトレーニングを開始することになるのだが、のちにはレフェリーとして日本のプロレスファンにすっかり馴染みになる沖は、茫洋とした表情からはおよそ想像もつかない鬼の扱きに似た苛酷なトレーニングを力道山に課した。

腹筋運動にスクワット、兎跳び、バーベルを使ってのトレーニング等々……。スクワットは一日に五〇〇〇回というノルマだった。ジム内でのトレーニングが終わると、ホノルルの海岸でのロードワーク。砂にめり込む足を引きずって走るロードワークは、相撲上がりの力道山にとっては「かなりきついものだった」という。これを徹底的に繰り返し行うことで、足腰が鍛えられた。日々、苛酷なノルマを課せられたが、力道山は歯を食いしばって頑張った。

また、プロレスには美しく投げられる、受け身をとることも大事だ。投げられ方の練習を積み、キックやパンチを浴びたときの豪快な倒れ方も身につけねばならない。力道山は、この手の練習を苦手にしていた。「プロレスの技を教えて欲しい」という力道山に向かって、沖は言った。

「プロレスの技？　そんなものは実戦で覚えればよい。相手がお前にやったのと同じことをやり返せばいいのだ。それよりプロレスでは、敵の攻撃を長く耐え抜く基礎体力をつけるほうが肝心ヨ」

プロレスラーでもあった沖識名は、こう言って力道山を締め上げた。これに耐え抜いた力道山は、短期間のうちにプロレスの技をマスターし、レスラーらしい身体に仕上がっていく。自著の中で力道山は次のように語っている。

《相撲とプロ・レスリングのけいこのちがい…相撲のけいこの場合は自分がぶつかっていけば、兄弟子が負かしてくれた。ところがプロ・レスリングはそういうわけにはいかない。人のやるのを見て研究し、いろんな人にぶつかってわざをおぼえなければ一人前になれない。

相撲はスパルタ式で鍛えあげればできるけれど、レスラーの場合は、自分でやる気にならないとできない。人に教わってやることは簡単だが、自分から進んでやるというのはなかなかできることではない。たとえば腕を太くするには、バーベルをもって自分一人でやらなければ太くなるものではない。》

（『空手チョップ世界を行く』）

これは、沖識名に教わったプロレスのトレーニング法であった。ジムでのトレーニングは大体三時間ぐらい。それもみっちり実の入ったトレーニングであり、ワイキキの砂浜では「毎日八〇〇〇メートルを走った」という（前掲書）。

努力の甲斐あって、ハワイ入りして二週間目には早くも力道山のマッチ・メークが組まれた。空港で迎えてくれたハワイのプロモーター、アール・カラシックの計らいで、シビック・オーデトリアムのリングに上がることになった。相手は「狼酋長」ことチーフ・リトル・ウルフ。外人レスラーとしては小柄の選手だった。

記念すべきその日は一九五二（昭和二十七）年二月十七日の夜。「力道山年譜」の中にもしっかりと刻まれている。「日本人の面目にかけて戦うぞ」と、体中がぞくぞくしたと力道山は言う。「どうしても勝つんだ」と闘争心を駆り立ててリングに上がろうとする力道山に、沖トレーナーは言った。

「楽な気持ちで行け。君の体力と腕力があれば大丈夫だ」

その声を聞くと、体がコチコチに堅くなった。東京で戦ったボビー・ブランズとの初試合のときとはまた「別な緊張感であった」という。力道山は着物スタイルのガウンを沖トレーナーに渡しリングに上がった。日系の観客が声援を送っている。ゴングが鳴った。

ヘッドロックでチーフを締め上げたことだけは覚えているが、あとはもう無我夢中だった。チーフが拳を振って殴りかかってきた。応戦する力道山、得意の張り手で渡り合い、張り飛ばした。この一撃でチーフは怯えた表情をし、めちゃくちゃに攻め立ててきた。反則技であったが、ラフファイトなら力道山も負けてはいなかった。

チーフとの初戦を振り返って力道山は言う。

《ブランズ、アセリン、坂田らと対戦したときは私が新弟子ということもあって、彼らは教えるレスリングをしたので反則はやらなかった。しかしきょうの相手はちがう。

なんでもやってやろうという気持ちだろう。だがチーフが乱暴を働きかけたことは、私の闘志にアブラを注いだ。こっちは殺し合いじゃ負けないという自負心がある。

張って、なぐって、投げとばした。そしてリングにはい上がろうとするのを何度もけりとばして落っことした。

私のレスリングには攻撃があって守備はなかった。チーフは〝ウルフ〟（狼）のようなどんよくな闘争心はかけらもなくなり追いつめられた泥棒猫のようにい縮した。》（前掲書）

力道山は、体固めでチーフに勝った。フォールのタイムは八分四〇秒であった。日本でブランズと戦って一〇分で大の字になって伸びたのに対し、チーフとの対戦では息が上がることはなかった。二週間にわたる沖トレーナーのマンツウマン猛特訓の成果であった。

チーフと戦った力道山のファイトはストロング・スタイルであった。そんな力道山に沖トレーナーは試合が終わったあと、こう忠告した。

「リキドーザン、プロレスリングは強いだけがすべてではない。お客さんに見せることも大事なことヨ」

お客さんに見せるということが、「手加減とかスタンド・プレーを意味する」ものであることを力道山は「ようやくわかるようになった」が、それでも〝妥協する試合〟を力道山は好まなかった。どの試合でも死力を尽くして戦い、そして勝った。

「打倒ルー・テーズ」を胸に秘め米本土へ渡る

自らの信条とする「プロレスとはどのようなものであるか」について、力道山はこう語っている。

《私はショーマン・シップたっぷりのレスラーを嫌う。これは私が勝負本位の全力ファイト…ストロング・スタイルのレスリングを信条としているし、十二年間のレスラー生活を通じて金科玉条としている。だからこそファンの方々が私を支持してくれるのだろう。私のこの考えはあやまっていなかったと思う。

プロ・レスラーの体力のことについてよく聞かれるが、普通の人がリングで一時間もあばれたらあばれられるものでもないが…もしあばれたなら死んでしまうだろう。力士がリングに上がって五分間もやったらへばってしまうだろう。私にしても〝ファイブ・ミニッツ・パースト〟（五分経過）といわれるまでには大変なトレーニングをつんでのことで〝ファイブ・ミニッツ〟から〝トゥエンティ・ミニッツ〟（二十分経過）までの間が一番苦しい。》（前掲書）

ハワイでの力道山の三戦目の相手は〝キラー〟の異名を持つカール・デビスであった。力道山はデビスにも勝った。「殺し屋」を名乗るだけに相当の暴れん坊だったが、力道山にとってデビスは「意気投合できる相手だった」という。リングを下りるとがらりと人間が変わり、言葉の不自由な力道山に何かと親切にしてくれた。気の合った者同士、力道山は初めてデビスとタッグ・チームを組み、シビック・オーデトリアムで試合をすることになった。昭和二十六（一九五二）年三月十四日、ボビー・ブランズ、ラッキー・シモノビッチ組の保持するパシフィック・コーストのタイトルに挑戦したのである。二対一で勝ってタイトルを奪取、太平洋岸タッグ選手権を奪取したのであるが、これは力道山がレスラーとして初めて獲得したチャンピオンベルトであった。プロレスの師であるボビー・ブランズには恩返しをしたことになる。

チーフ・リトル・ウルフに始まり、ハワイ滞在中の力道山の対戦相手は、バット・カーチス、カール・

デビス、マック・レディ、ボビー・ブランズ、ラッキー・シモノビッチ、アル・コステロらであった。力道山が試合でショートタイツではなく黒いロングタイツをはくようになったのは、シビック・オーデトリアムで戦ったこのアル・コステロ戦からであった。その理由については、足を長く見せるためだとか、大相撲の力士時代に力道山の稽古が厳しく弟弟子の若乃花に太股を噛みつかれて傷ができた、その傷を隠すためだとか〝都市伝説〟が流れているが、真偽のほどは定かではない。力道山著『空手チョップ世界を行く』には、シビック・オーデトリアムで戦ったアル・コステロ戦の写真が掲載されており、そのキャプションには「このとき、はじめて黒タイツをはいた。」とある。なぜ黒いロングタイツをはいたのかについての説明は、ない。コステロ戦までは何度もショートタイツでリングに上がっていたのだから、「今さら、わざわざ傷を隠す」必要もなかったのではないか。第一、力道山の太股に傷があるのを見た人がいたのであろうか……？

ともあれ、力道山の黒のロングタイツはアル・コステロ戦以来、得意技である「空手チョップ」同様、力道山のトレードマークになっていく。

伝家の宝刀「空手チョップ」は、こうして生まれた

力道山を「力道山」たらしめた最大の武器、力道山の代名詞とも言うべきプロレスの技は〝空手チョップ〟であった。相手の頸動脈・鎖骨あたりを狙って打ち振る「袈裟斬りチョップ」、腕を水平に振って相手の胸板に叩き込む「水平チョップ」あるいは「逆水平チョップ」。特に水平チョップは、伝家の宝刀とも言えるフィニッシュ・ホールドであり、相手レスラーは巨体を揺らしながらマットに沈ん

でいくのであった。

力道山の「空手チョップ」はどうして生まれたのか。力道山は力士時代、「張り手」を得意技にしていた、あの千代の山を張り手一発で土俵上に張り倒したこともあった。力道山のフィニッシュ・ホールドである空手チョップは、この張り手を土台にしてつくられたものである。そのきっかけをつくったのは沖識名の次の一言にあった。

「リキよ、プロレスラーはね、自分の得意技、決め手がないとダメよ。一流レスラーは皆、得意技を持っている」

なるほど、得意技か。ルー・テーズには、バック・ドロップという伝家の宝刀があった。これをやられると、どのレスラーも立ち上がることができない。また、フットボール上がりのレオ・ノメリーニは、フットボール仕込みのタックルを売り物にしていた。これをもろに食えば、鍛え抜かれたレスラーの肋骨にもヒビが入るほどの威力があった。ザ・デストロイヤーには必殺技の足4の地固めがある。ジン・キニスキーにはコブラ・クローがある。フレッド・ブラッシーには、これを得意技と言っていいのかわからないが「流血の噛みつき」がある。

では、俺には何があるか。相撲時代に得意としていたのは、強烈な上突っ張りと張り手、そしてブチかましだった。考えあぐねた末、力道山の頭にひらめいたのは「手刀」であった。

力道山が自らの得意技を「手刀」から「空手チョップ」に〝昇華〟させるに至った経緯については、タッグパートナー遠藤幸吉氏が著した『プロレス30年 初めて言います』に、かなり詳しい説明がある。

《相撲では、懸賞金をもらうときに手刀を切る。これは形だけだが、稽古のとき、手慰みに手刀の練習をすることがある。

それに、その頃アメリカでは、極真会館大山倍達の〝ケンカ空手〟が流行の走りであった。先輩のグレート東郷も、空手に似たチョップを使っていた。東郷だけではない。ケオムカはじめ、日系レスラーのほとんどがこの〝空手〟を売り物にしていた。

（よし！　ワシは〝手刀チョップ〟で行こう！　空手とはひと味違う、ワシ独自のチョップを開発しよう！）

日本には、古武術の一つとして〝柔術チョップ〟というのが昔からあった。

力道山のは、これに張り手を加味していた。力道山は相撲出身だから、柔術チョップといっても初めはあまりうまくいかない。なにしろ経験がないのだからあたり前だ。そこで張り手と手刀のチャンポンになった。

張り手では、相手のアゴや頬を張って押す。それだけでもかなり威力がある。

（張り手はほぼ水平に張り出される。そうだ！　手刀を水平に振ってみたらどうか？）

これがヒントだった。こうして生まれたのが力道山の水平打ちだ。》

新しい技はこうして生まれたが、その技も威力がなければ意味をなさない。力道山はハワイでロードワークをやりながら、椰子の木があればその幹に、コンクリートの壁があればその壁に、手刀を打ち振って掌を鍛えた。力道山独特の修行であった。結果、右手の側面は石のように固くなった。

雑誌や書籍などに掲載されている力道山の拳を写真で見ると、空手家のような隆起した拳胼胝（けんだこ）が見られる。袈裟斬りチョップも水平打ちも、逆水平チョップも拳を使うわけではないから、なぜ拳を鍛えていたのであろうか。つまりは力道山の「手刀」は、それ自体が丸ごと石のように固い武器になっていたわけだ。だから、威力を発揮する。

ジャイアント馬場が監修した『甦る怒濤の男 力道山』の中に、「人間、力道山の素顔を語る！」として、百田義浩氏と百田光雄氏が「父・力道山」について語ったインタビュー記事が載っている。昭和五十八（一九八三）年八月にダイナミックセラーズから刊行された書籍で、長男・義浩氏も次男・光雄氏もプロレスラーとして取材を受けている。その中に、プロレス論とともに、力道山がどうして拳を鍛えていたのかについての〝証言〟が載っている。

以下は、義浩氏のコメントである。

「それから殺し技っていうのか、おやじの空手チョップとか、今で言えばテリー・ファンクのローリング・レッグホールド、スタン・ハンセンのウエスタン・ラリアート、まあ決め技ですね。それを待ち望んでいるのは、今も昔も観客の意識としては変わらないわけですよ。その技を出せば、勝つチャンスは八〇％から九〇％はあるでしょう。そこにみんな期待するんだし、そこが本来プロレスの見せ場になるわけですよね。

なんかプロレス論みたいになりますけど、その決め技を、開始早々出したら、それで試合は終わりになっちゃう。お客さんもつまらない。そこがアマチュアとプロの違いなんですよ。

おやじの場合も、自分の体力と鍛えた自信でもって、相手といろいろかみあいながら、空手チョップを出すタイミングをね、計って戦っていた。いつ出せば相手がいちばんダメージを受けるか、お客さんが喜ぶか、そのタイミングが非常に上手だったと思うんですね。それに本当に鍛えてましたからね、体を。」

次に、光雄氏である。力道山はどのようにして拳を鍛えていたのか。

「そう、鍛え方なんて俺たちが見ててふるえあがる程だったんですよね。今の空手家がね、巻きわら使って拳を鍛えるでしょう。おやじのは、あんな半端じゃないの。拳を机の上に置いてね、若いレスラーに丸太ん棒で殴らせたり、自分で木づちで叩き続けるわけ、思いきりね。掌の厚みなんて、俺たちの三倍はあったから。骨がいったん砕けて、また変なふうにくっついてね、タコの上にタコが重なってるから、人間の手とは思えない。下手な凶器よりも強いわけ。あれ一発やったら、間違いなくアウトだしね、それだけ自分の空手に自信はあったんだと思いますよ。」

光雄氏も言うように、力道山も自著の中で「どうやって掌と拳を鍛えたか」について次のように語っている。

《私は別に空手道を研究したわけではない。相撲の上突っ張りと張り手からヒントを得て、反則にならない加撃法（ナックルで打つパンチは反則）を考えたまでで、私はその効果を最大限に発揮するために掌の側面とコブシを鍛えた。サンドバッグを叩くのにはじまり、机でも、壁でも、自分の周囲にあるものはなんでもたたいてコブシを強くした。だからいくら鍛えたレスラーであっても、私は思い切ってなぐることができた。》（『空手チョップ世界を行く』）

こうして力道山の〝右手の側面〟は石のように固くなった。練習相手に試してみたところ、もの凄い威力で、試合で使ってみたら「一発で相手が吹っ飛んだ」という。しかし、観客に見せる〝プロレスの技〟としては、「これだけでは不十分」であった。相手にケガをさせてはならない。手刀を打つときに「大きな音」がしなければならない。目で見せて、耳で聞かせて、観客を納得させなければならない。ここから先はまた、プロレスラー遠藤幸吉の出番になる。

「どうしたら音が出せるだろうか？」

力道山は、パートナー遠藤幸吉に相談した。遠藤の頭に浮かんだのは、肩甲骨のところを狙って打つ、日本古来の柔術チョップであった。

「音を出すのであれば、肩甲骨のところを狙って打ってみたら？」

遠藤のアドバイスは功を奏した。

《水平打ちの掌をやや丸めて胸板を打つと、バッシーンという大きな音がした。

「遠チャン、これだこれだ！　これならプロモーターも喜んでくれるぜ」

プロモーターも、今までよりも危険がないと喜んでくれた。》（『プロレス30年　初めて言います』）

「力道山の〝空手チョップ〟は、こうして生まれた」と遠藤幸吉氏は言う。

《だから本来は〝手刀チョップ〟である。だがアメリカ人には〝空手〟も〝手刀〟も見分けがつかない。カタカナで言っても、三文字の〝カラテ〟と四文字の〝テガタナ〟では、〝カラテ〟のほうがずっと発音し易い。いつの間にか〝手刀チョップ〟は〝カラテ・チョップ〟になっていた。

初めのうちは、いちいち「ワシのは空手ではない、手刀だ」と説明していた力道山も、そのうち面倒くさくなったのか、〝空手チョップ〟に訂正を求めなくなった。》（前掲書）

「ワシのは空手ではない、手刀だ」と力道山は訂正していたというが、敬子夫人もまた、東京ドームでの筆者の取材に際し、次のように話していた。

「〝空手〟と言ったのでは、本当に空手を修行している人に対し申し訳ないと、主人は言ってました。主人には遠慮があったのだと思います」

力道山が空手チョップで外人レスラーをバッタバッタと薙ぎ倒し、フィニッシュホールドに持って行く。われわれは胸のすく思いでこれを見ていたのだが、敬子夫人は、こうも付け加えた。

「家に帰ってからは、大変でしたよ。痛い痛いと言って、手を冷やして……。私もそれを手伝ってました」

力道山は、敬子夫人に一度も、試合場に足を運び自分の試合を見せたことがなかった。

「(会場に行き) お弟子さんに頼んで、見たいから中に入れてくださいとお願いしたことがあるんですが、『先生 (力道山) に奥さんを絶対入れてはいけないと言われていますから』と言って、見せてくれなかったんです。だから私は、主人の試合を一度も見たことがないんです」

遠藤幸吉氏も、こう明かす。

《後年は、彼の右手は酷使され、やがて痛くて打てなくなったときなどは、肘から上腕部まで全部動員し、腕全体で打っていたことを、私は今でも昨日のように覚えている。》(前掲書)

プロレスの本場アメリカで、レオ・ノメリーニのタックルで初黒星

ハワイでの試合は毎週日曜日の夜、定期興行で様々なタイプのレスラーと対戦した。力道山が沖識名のもとを離れ、米本土へ旅立つのは昭和二十六 (一九五二) 年六月であるが、同年四月に力道山は懐かしい同志と再会することになる。日本のシュライナース・クラブでボビー・ブランズやハロルド

坂田のもと、共にプロレスの手ほどきを受けた遠藤幸吉が訪ねてきたのである。柔道代表で、空手代表の大山倍達とともにアメリカに行く途中、ハワイに立ち寄ったとのことであった。

遠藤幸吉とは久しぶりの再会であったが、「互いに負けずにやろうと誓い合っただけで別れた」ということ。力道山と別れた遠藤は、大山倍達七段とともに米本土に渡った。サンフランシスコ空港で二人を出迎えたのはグレート東郷であった。グレート東郷をマネージャーに「東郷三兄弟」を名乗り、アメリカ各地を転戦して回ることとなる。大山倍達は「マス東郷」、遠藤幸吉は「コウ東郷」の名で、空手や柔道のデモンストレーションをして回ったのであった。

力道山は、「遠藤と会えたのはいい刺激になったが、いささかのホームシックを覚えた」と言う。が、ホームシックになんか、なっている場合ではなかった。レスラーとしての血を湧き立たせる情報を、沖識名とカール・デビスから聞いたからである。それは、米本土にはルー・テーズとシャープ兄弟という強いレスラーがいる、という情報であった。聞けば、ルー・テーズはプロレスの神様と言われ、レスラーたちは彼を倒すことを目標にするほどの「不敗のワールド・チャンピオン」だとか。その戦いぶりは勝負一辺倒で、ストロング・スタイルの権化である、とも聞かされた。沖識名はさらに、こうも付け加えた。

「全身スジのような強靭な筋肉で、無類の闘志の持ち主。スピードのある技は比類を見ない」

これだけ聞かされれば、力道山の血が騒がないはずはない。このころの力道山の実力がどれ程のものであったかについては、遠藤幸吉がこう評している。

「私の耳には先着した力道山の輝かしい戦績が飛び込んでくる。シングル・マッチ、沖識名と組んだタッグ・マッチ、そして二対一の変則タッグ。これは、力道山一人で二人を相手にする三〇分試合。古いプロレス試合ではハンディキャップ・ゲームにあたる。新人としては破格の待遇である。これも『力道山なら客を呼べる』と判断したハワイのプロモーター、アール・カラシックの英断であった。そして、力道山はその期待に応えた」

さらに遠藤氏は、こうも言う。

「シングル・マッチもタッグ・マッチも、力道山はよく戦った。変則タッグでは、のちに世界チャンピオンになった警官上がりのラッキー・シモノビッチ、カール・デービス組を相手にドローにした。そして、一足飛びにアメリカ本土へ転戦である」

力道山は「打倒ルー・テーズ」を胸に秘め、沖識名に見送られてホノルルから米本土へと渡った。サンフランシスコ空港に着くと、一目でレスラー上がりとわかる白髪混じりの大男が迎えてくれた。プロモーターのジョー・マルコビッチであった。ハワイで面倒をみてもらったアール・カラシックの兄貴株にあたる人で、〝ワッフルイヤー（ワッフルのような耳）〟を持つマルコビッチは、セントルイスのサム・マソニック（NWA＝全米レスリング協会＝会長）と組み、太平洋岸のプロ・レスリング興行を牛耳るプロモーターのボスだった。そのマルコビッチが、笑顔で迎えてくれた。

「リキドーザン、ユーのことはカラシックから聞いた。なんでもすごいチョップを持っているそうじゃないか。これからはそのチョップを、ユーのフェバレット・テクニック（得意技）にしたらいい……」

こう言いながら握手してくれたジョー・マルコビッチが、一流どころのレスラーで彼の息のかからない者はないというほどのプロ・レスリング界の大立者であることを力道山は、のちに知ることとなる。ワールドチャンピオンのルー・テーズ、ワールド・タッグ・チーム・チャンピオンのシャープ兄弟、そしてのちにワールド・チャンピオンになったレオ・ノメリーニ、ボボ・ブラジル、ロード・レーンらは、すべてジョー・マルコビッチの〝配下〟にあるレスラーだった。彼らはすべて、来日したレスラーである。力道山は、マルコビッチとその一派との結びつきを深め持ち帰ったことにより、日本におけるプロ・レスの興行を成功に導く発端になったのだった。それは、プロレスでは先輩格にあたる木村政彦や山口利夫にはできない力道山の才覚でもあった。

力道山のタッグ・パートナーを務めた遠藤幸吉氏はこう話す。

「力道山はアメリカから帰国するとき、このマルコビッチから日本での（プロレス興行の）プロモート権に関するＮＷＡの〝お墨付き〟をもらってきたんですよ」

この「ＮＷＡの興行権」こそは、力道山がアメリカから持ち帰ったビッグプレゼントであり、それは米本土で連日のように体を張って戦い抜いた力道山への報酬でもあった。

アメリカ本土に渡ってから三日目の六月十二日夜、力道山は早くもサンフランシスコのカウ・パレスのリングに上がることとなる。記念すべき米本土での第一戦の相手はアイク・アーキンスというレスラーだった。アーキンスはその後来日し第三回ワールド・リーグ戦にも参加したレスラーである。

「ずいぶん荒っぽい試合をするな」というのがアーキンスに対する力道山の第一印象だった。「ケンタッキーの砲弾」という異名を持つことをのちに知ったのであるが、アーキンスには手ひどい攻撃を受けた。力道山はマルコビッチに指摘されたとおり「空手チョップ」で応戦した。水平打ちではなく手刀による肩口への連打でアーキンスは何度かマットに沈んだ。力道山はフォール勝ちで快勝し、自分のチョップの威力に自信を持った。

そして三日後には、早くも渡米二戦目を戦うこととなる。相手はスペインのマリオ・デ・ソウダというレスラーだった。体重一〇〇キロという軽量のレスラーだったが、試合前にプロモーターのマルコビッチから「マリオはダーティ・ファイターだから気をつけろ」と警告されたとおり、そのファイトぶりは荒々しく汚いものだった。しかし力道山は、相手がラフ・ファイトをすればするほど闘志がわいた。チョップと張り手をマリオの肩口と頬に叩き込んだ。リング内を逃げ回るマリオを見て、噂ほどでもないなと力道山は思った。優勢に試合を進めたつもりだったが、マリオとは決着がつかず引き分けに終わった。

二戦目が終わったところで、力道山は気持ちに少しゆとりが出てきた。サンフランシスコの市内見物に出かけることにした。多くの日系人がいることを知り、日本料理のレストランにも入った。「好物のカニのうまいのがあるのも私にサンフランシスコを好きな都市にさせた」という。

マリオ戦が終わったあと、「次の相手はプリモ・カルネラだ」とマルコビッチから知らされた。プロボクシングの元世界選手権者として知られ、身長二〇二センチ、体重一二八キロの巨体の持ち主だった。ボクサー上がりだから強パンチが売り物の、トップ・クラスの人気レスラーである。このレスラーと「メイン・イベントで戦え」とマルコビッチは言い、「六〇分三本勝負だ」と言った。「胸の動悸の高まるのをどうしようもなかった」と力道山は言う。

マルコビッチがこの対戦を組んだのには、彼なりの胸算用があった。

「カルネラなら、ユーのチョップの相手として不足はない。パンチかチョップか？　お客さんは喜ぶだろう」

マルコビッチの読みどおり、新聞も大々的に「ボクサーと日本力士の一騎打ち」と報じ、この売り文句がアメリカ人の好奇心を煽った。五〇〇〇人収容のウインター・ランドの試合場は超満員に膨れ上がった。『空手チョップ世界を行く』の中で力道山はこう書いている。

《私は相手がだれだってかまわない。大きな、タフな相手であれば、チョップも張り手も、投げつけることも思い切ってできる。どうしてフォールするかだけを考えればいい。

不足のない相手に、私は猛烈なぶちかませをくわせた。そしてすくい投げもうった。そのうえチョップを乱打した。カルネラがサザエのようなゲンコをふるってきても私はちょっともひるまなかった。》

しかし、一本目を取ったのはカルネラだった。太くて長い足でボディ・シザーズ（胴締め）を極められ、呼吸ができなくなり、ギブ・アップしてしまったのである。「寝技では長大な手足の持ち主を相手にしたら不利なのを知った」と力道山。

寝技で一本を取られた力道山は、二本目は立ち技で戦いフォールを取り一対一で、三本目はドローで引き分けた。

大物を相手に引き分けに持ち込んだことで力道山は満足した。そこへマルコビッチが思わぬ対戦カードを告げてきた。「プリモ・カルネラとタッグを組んでシャープ兄弟と戦え」と言うのである。戦う相手シャープ兄弟は、ワールド・タッグ・チーム・チャンピオンであった。「マルコビッチとは、こうした観客にアピールするようなカードを組み、選手を売り出す手腕にかけては右に出るものがないほどの敏腕家」であったと、力道山は自著の中で振り返っている。

兄の名はベン・シャープ、身長一九七センチ・体重一一二キロ。弟はマイク・シャープ、身長一九九センチ、体重一一九キロという体躯。シャープ兄弟が保持しているチャンピオンベルトは、一九五一（昭和二十六）年五月十六日、サンダー・ツァボー、プリモ・カルネラ組とシャープ兄弟組の間で争われ、シャープ兄弟が勝って初代チャンピオンになり保持し続けているものだった。カルネラにしてみれば、タッグの相手を変えての雪辱戦ということになる。

試合は六月十二日、サンフランシスコのカウ・パレスにおいて行われた。タイトル・マッチはウインター・ランドより広いカウ・パレスにおいて行われる。八〇〇〇人を収容する会場は超満員となった。シャープ兄弟はともに二メートル近い長身である。タッグの相手カルネラも二メートルを超える。長身の三人に比べ力道山だけが一人、首から下だけ低い。そんな取り合わせの中で、試合開始のゴングはなった。

さすがに世界一のチーム・ワークを誇るシャープ兄弟であった。「一対一なら負けない」と力道山は思ったが、「彼らは二人合わせて、三人にも四人にもなる力を発揮した」のであり、「血のつながる兄弟の呼吸というものはまったく恐ろしく」、こちらが有利に見えても「彼らは知らないうちに私たちを自分のコーナーに引きずり込んでいく」のであった。早いタッチでの繰り返しで、新手新手で攻めまくってきた。それでも強引に一人をニア・フォールまで持って行く。すると、もう一人がすかさずリングに入ってきて、味方を有利な態勢に持って行ってしまう。力道山はこの繰り返しに根負けしてしまった。

これに怒ったのはパートナーのプリモ・カルネラだった。コーナーから飛び出してきて、ボクサー上がりの鉄拳で相手を殴りつけた。反則技である。拳打ちの乱打でレフェリーはカルネラの反則負けを宣告した。

二本目は、力道山が空手チョップをベンとマイクに叩きつけ、ベンは額が割れて血だるまになるほどにダメージを受けた。拳で殴るのは反則であるが、手刀によるチョップは反則ではない。力道山はベンをフォールに持ち込み、一対一とした。あと一本取ればタイトルを奪取できる。しかし時間切れとなり、この試合は引き分けに終わった。

シャープ兄弟と互角に渡り合い自信をつけた力道山の次の相手は、プロ・フットボールとプロレスリングの二足の草鞋を履いているレオ・ノメリーニだった。プロモーターのマルコビッチは、フットボールのユニホームを着た巨体の持ち主の写真を見せながら力道山に言った。

「リキドーザン、これが、ユーの次の対戦相手だ」

レオ・ノメリーニは精悍な顔つきをしていた。マルコビッチの秘蔵選手で、一九五二年二月、ホンブレ・モンタナとチームを組み、不敗のシャープ兄弟を破って一度はワールド・タッグ・チーム・チャンピオンを獲得したレスラーであると知らされた。プロ・フットボールの選手としては、「アメリカで野球以上の人気を持つサンフランシスコ〝49〟の主将を務める花形選手」であるとも言う。

レオ・ノメリーニとの試合は一九五二年六月二十六日、サンフランシスコの会場カウ・パレスにおいて行われた。シャープ兄弟との試合のときより多い観客が詰めかけた。ノメリーニに対する声援は想像以上のものだった。「フットボールのスターの人気がそのままプロ・レスラーの人気に肩代わりしていたのだろう」と力道山は言う。どんなにノメリーニへの声援が激しくても、力道山は「どうにでもなれと半ば捨てばち的な気持ちでノメリーニに向かって行った」という。

試合の結果については、「力道山年譜」に短くこう記録されている。

《昭和27(1952)年6月26日　サンフランシスコのカウ・パレスで対戦したレオ・ノメリーニに国外で初の敗戦。》

「レオ」とは百獣の王・ライオンのことだ。ノメリーニはライオンの異名に違わぬ体力と馬力の持ち主であり、力道山のチョップを受けてもそれまでのレスラーのように簡単にのけぞったりはしなかった。試合開始五〇分を過ぎたあたり、力道山はノメリーニのクリス・フィック(足十字固め)からようやく逃れ、立ち上がった。そこに極め技のフライング・タックルが来た。一二三キロの体重をもろに喰らうことだけは避けることができた。しかし、二度目のタックルでリング下に落ちてしまった。ようやくリングに這い上がったが、レフェリーのカウントは「20」を数えていた。

一本目をリング・アウトで取られた力道山は、冷静さを失い前後の見境もなく興奮し、空手チョップを連打してノメリーニを追いかけた。しかし、タイムアウトで試合は終わったのであった。自著の中でノメリーニ戦を振り返って力道山は次のように書いている。

《それにしてもノメリーニのフライング・タックルは強烈だった。力士時代どんな強烈なぶちかましをくってもとばされたり、うしろにさがったこともなかったのに、ノメリーニにはロープを越してリングの下にたたき落とされた。しかもすぐには起き上がれないほどのショックを受けた。》(『空手チョップ世界を行く』)

このノメリーニとの敗戦を含め、力道山がアメリカで負けたのは約二〇〇試合を戦い三敗である。負けたのはノメリーニのほかに、ロサンゼルスで戦った赤サソリの異名をとるタム・ライスとフレッド・アトキンスだった。

ノメリーニに負けたあと組まれた対戦相手はシャープ兄弟との再戦であった。今度のタッグ・パートナーはプリモ・カルネラではなく、渡米第二戦で対戦したマリオ・デ・ソウダである。マリオが一本取られ、力道山が一本を返したが、このときも一対一で時間切れとなり引き分けに終わった。二戦を戦いシャープ兄弟に対しては、「二人のチームワークの見事さには敬服した」という。試合を離れてもジェントルマンで、孤児院を訪ねたり身体障がい者に思いを寄せ「〝助け合い運動〟の非常な協力者」と聞いて「シャープ兄弟がますます好きになった」という。このとき力道山は、「まさかシャープ兄弟を日本に呼んで試合をするとは思ってもいなかった」が、来日してからもシャープ兄弟は孤児院を訪ねたり、身体障がい者に寄付をしたりと、その人間愛にあふれた行動に力道山は感服した。

シャープ兄弟の出身地はカナダである。

シャープ兄弟と対戦したあと、力道山は、サンフランシスコから第三の試合地ロサンゼルスへと向かった。プロモーターはジョー・マルコビッチから、ロサンゼルスの有力プロモーター、ジェリエス・ストロンボーに引き継がれ、力道山は「戦う機械になって相手かまわずリングに上がった」。

ロサンゼルスでの第一線の相手はサンダー・ツァボーであった。四〇歳を超しているが、かつてはワールド・チャンピオンやパシフィック・コーストのチャンピオンにもなったレスラーであった。プロ・レスリング学校を経営して後進を指導しており、力道山はその学校を見学にも行ったという。アメリカやカナダで〝仕事〟をするレスラーの数は三〇〇〇人以上おり、毎年五〇〇人くらいが新弟子として入り、また五〇〇人くらいが消えていくとのことだった。

年齢も全盛期を過ぎたツァボーである。力道山はツァボーに勝ち、元チャンピオンを破ったことで力道山の株はさらに上がることとなる。そして、無敗の記録は続いた。ロサンゼルスは日系人が多い町であった。町に出ると日系人から「力道山」と肩を叩かれたり、アメリカ人からも「ヘイ、リキ」と声をかけられたという。当時のアメリカではテレビが普及しており、画面を通して「リキドーザン」の名前を知ったのだった。

力道山は、ロサンゼルスで経験した「テレビの普及」により「リキドーザンの知名度が上がった」、この事実を目の当たりにしたことにより「プロレスとテレビをドッキングさせる」ことこそが日本でプロ・レスリングの興行を成功させる鍵となる、ことに思い至ったのであった。

《後年私が日本でプロ・レスリングの興行をするとき、ちょうど発足したテレビとタイアップしなくてはプロ・レスリングは大衆の中にはいれないことを確信したのは、そうしたテレビとプロ・レスリングのファンの結びつきを知っていたからである。》（『空手チョップ世界を行く』）

昭和二十八（一九五三）年の正月を力道山は一人で迎えた。日系人の経営する日本料理屋で、たった一人で屠蘇を祝った。一人で寂しいというより「希望に満ちた正月だった」という。全米各地を転戦しプロ・レスリングに対してある程度の自信を得た。胸の内では「もしかしたらこの格闘技は日本でも受けるかもしれない……」と、ロサンゼルスの料理屋で一人、美酒に酔ったのであった。

このころ力道山は、アマ・レスリングの監督として渡米していた毎日新聞運動部記者・伊集院浩氏と会っている。偶然の出会いであったが、伊集院氏とは力士時代に知己を得ていた。ロサンゼルスでプロ・レスリングを見た伊集院氏は、力道山の「プロ・レスラー転向を喜び大いに勇気づけてくれた」という。「帰国したら日本にプロ・レスリングを普及させることに努力しよう」と、握手して別れたという。「伊集院さんは、その後の十数年私を蔭になり日なたになって盛り立ててくれた。この人には感謝しなくてはならない」と、力道山は語っている（『空手チョップ世界を行く』）。

ジェリエス・ストロンボーが、赤ら顔の獰猛そうなレスラーとの対戦を持ち込んできたのは、伊集院氏と別れた直後であった。「レッドスコーピオン（赤サソリ）」の異名を持つボクサー上がりのタム・ライスとの対戦である。「暴れ出したら手が付けられないレスラーだ」とのことだったが、力道山はこの試合に同意した。同意するも何も、プロモーターからの要請は厳命である。

タム・ライスとの試合は、オリンピック・オーデトリアムにおいて行われた。のちに、昭和三十三（一九五八）年三月二十七日、力道山がルー・テーズと対戦し、インターナショナル選手権を獲得した試合場である。ライスとの試合のレフェリーは、プロボクシングの元世界ヘビー級チャンピオン、ジャック・デンプシーであった。元世界王者とあって、デンプシーは戦うレスラーよりも人気があり声援も大きかった。

ボクサー上がりのライスは、パンチと肘打ちで攻めてきた。力道山も負けていない。チョップの乱打で応戦した。打ち合いでは敵わないとみたのかライスは、寝技に誘い込んできた。力道山も戦歴を重ねるうちに寝技にも動じなくなっていた。リスト・ロックでライスを攻め一気にフォールに持ち込もうとしたが、リスト・ロックを外された。と同時に力道山に馬乗りになり、ライス得意のボストンクラブ（逆エビ固め）に入ってくる。背骨が折れそうになった力道山、渾身の力を振り絞ってライスを跳ねのけ、空手チョップをライスの肩口に叩きつけた。肩口を狙ったのだがライスが避けようとしたため、喉にあたってしまった。ライスはダウンした。と、ここでレフェリーのデンプシーは力道山の「反則」を宣告し、力道山の負けとなる。不可抗力でたまたまチョップが相手の喉元に入り、しかもたったの一発で反則負け。力道山は納得がいかず激怒してレフェリーに食い下がったが、逆にノー・コンテストを宣せられ力道山の負けとなった。後味の悪い結果だった。「あの試合は今でも負けたとは思っていない」と、力道山は自著で書いている。

タム・ライスの次に対戦したのはフレッド・アトキンスだった。力道山は負傷による棄権でアトキンスにも敗退することとなった。その後、ロサンゼルスからサンジェゴ、オークランド、サクラメントと太平洋岸の各都市を転戦して回った。それぞれタイプが違う多くのレスラーと対戦して得た力道山の勝負哲学は、「勝つこと以外は考えない」ということだった。

《私はプロ・レスリングをショーといわれることを極端に毛ぎらいする。私は試合に生命をかけている。いかなる場合でも、勝つこと以外は考えない。これは私だけでなく、すべての弟子たちにもきびしく言っている。》（『空手チョップ世界を行く』）

日本を出発してから一年近くが経とうとしていた。この間、しばしば新田社長から励ましの手紙が届いた。「一人前のレスラーになったら帰りますから」と力道山は返信した。そして、そろそろ帰ってもいいかもしれないなと思ったころ、ハワイのアール・カラシックから連絡が来た、「ホノルルに来て試合をしろ」というものだった。ホノルルではカラシックのほかに、沖識名やハロルド坂田が迎えてくれた。

「リキドーザン、ユーのことは聞いている。素晴らしいレスラーになったな。身体もすっかりレスラーになった」

一年ぶりに再会した坂田の第一声だった。思えば、ハロルド坂田のお陰で今日がある。坂田の一言で恩返しができたような気がした。ホノルルには三週間滞在した。その間、週に一回はシビック・オーデトリアムで試合をしたが、アメリカ本土では一週間に平均六回リングに上がっていた力道山にとって、ハワイでの三週間は「息抜きのような毎日」だったという。

沖識名のもとで猛特訓をしたあと、ハワイを皮切りに二六〇を超す試合で、敗れたのは五回（シングルでレオ・ノメリーニ、タム・ライス、フレッド・アトキンス。あとはタッグ・マッチでパートナーが負けての敗退）、「いささか自慢してもよさそうな成績を残した」と力道山は言う。胸を張って帰国の日を待った。

力道山が書いた「ふみ子」さんや子供たちへの手紙。三十数本の映画にも出演

力道山は、渡米に際し千栄子、義浩、光雄の三人を「妻・ふみ子」に託しハワイ・ホノルルに向かったのだった。遠征先では、「子供」のことも気にかけていた。

《恩人であり、私のことをこの上なく心配してくれる新田さん、友人の東富士関、そして親しい友達、子供のこと…そんなことを思うと私の心はもう日本にとんでいた。》と、自著で記している。

渡米遠征中に力道山がどのような思いでいたのかについては、百田光雄氏が『父・力道山』の中で

次のように書いている。

《……この一年間、父は私たち兄弟にも文子母にも実にこまめに手紙を書いてよこしていたが、新田新作氏や永田貞雄氏などの後援者たちにも毎日のように手紙を書いて送ってきていた。

アメリカでの実績も試合経過までこまごまと書き送っていたし、NWAのライセンスを受けて日本での興行権を取得したときなどは、その報告と一緒にアメリカ各地のプロレスリングの試合場の見取り図からリングの設計図まで描いて送ってきていた。

そして、最後にこう付け加えていたのである。〝帰国は三月上旬になると思いますが、それまでに、どうか試合場を確保し、リングを完成しておいてください〟と。

新田氏をはじめとする後援者たちは、設計図どおりのリングを建設して、父の帰りを待っていたのである。》

百田光雄氏の『父・力道山』には、「文子母と兄にあてた手紙」、「文子母宛の手紙。父は家族や新田新作氏などにこまめに手紙を書いて送ってきた。」、「ハワイから兄・義浩にあてた手紙。小学校入学前の兄が読めるよう、かなを多用し漢字にはルビをふっている。」などとキャプションを付けて、手紙の写真版が掲載されている。

手紙の文面を少しだけ紹介すると、以下のようである。「義浩君へ」として、

《……よしひろは　みんなのゆふことを　きいているの　きかなけりゃ　だめよ。よしひろは　おにいちゃんですから　もうあと30（サンジュウ）ばん　ねたら一年生（イチねんせい）ですよ　がっこうから　かへるときは　はやく　いえへかへるのよ　そして　よるねるとき　ねしょんべんしてわ一

年生（いちねんせい）になれませんよ　まいにち　みっちゃんと　いっしょに　あそぶのですよ　ハワイはとてもあついです　おとうさんは　きょうも　およぎにゆきました　そして　かぬーといふふねにのりました……》

次も、「義浩君」宛である。

《ドウデスカ　お父さんは　れんしゅうで　まいにち　いそがしいのですよ　お前は　まゝの言ふことを　よくきいて　べんきょう　しなけりゃ　お父さんが　かへったらあたまが　われるぞ……　光雄にも　よく　いっておきなさい　べんきょうを　よくして　いゝこだと　おみあげを　たくさん買って上げます……お父さんが　てがみを　かゝないでも　お前は　まいにちでも　書きなさい

十二月三日夜十二時半　父より》

「ふみ子さん」には、「百田ふみ子様」として、体調を崩しているらしい妻への気遣いが見られる。

《お便り有り難う　一週間前　手紙を出したばっかりだよ　私は今世界選手権が後四日で　あるから練習又は新聞社　ラジヲ　ステーション（不明）大変忙しいです　忘れては居りませんから御安心ください　体の方はすっかり良くても氣をつけなさい　お前はもう一人前ぢゃ無いから氣をつけないと　あぶないよ　今こゝでお前にいかれたら私はあわれな物だよ　お前が居てくれる（から）こそこうして安心して外国を廻れるのだ　けっして道楽では無いよ

家で新聞は毎日を取れよ　僕は毎日新聞を色々と連絡取ってます　僕は今　レスリングだけぢゃ無く　日本の國際試合の事を一人で連絡取ったり契約取ったりしています　どうか安心して子供達と一諸（緒）のんきで居りなさい……》

また「ふみ子」さん宛には、こんな手紙も見られる。

《其の後元氣か　私はシカゴ又東部地方を廻って　先週同地へ歸って来たよ　お前の手紙が三・四枚来ておったが　前の事で少しおこって居るので返事を出すのを止め様と思ったが淋しいからつい俺の負だよ　私ももう問題のキャデラックも取って来たし何時でも日本へ歸れるよ　此のキャデラックは日本金で四百萬圓程する特別自動車です　しかし当地の親方が力お願いだからもう少し居てくれと言われて居ります　私は太平洋岸の選手権も取ったし　今最高のレスラーで居ります　今夜も前世界選手権保持者に勝ちました　でもあんまりこうふんした牲（せい）か　いかれた牲（せい）か知りませんが　寝られず苦勞して居ります　それから今当地の大会社から映画の事で私に色々な話が出て居ります　此の映画と言ふと私がスターになる分ぢゃありませんよ　当地ハリウッドのスターをいれて日本で色々なロケーションの事での會社です　これが實現すれば私は大変な立場に成り将来性のある話です　当地の何オク萬長者の話ですから　今の所九分通り出来て居ります》

ふみ子さんへの手紙に「今夜も前世界選手権保持者に勝ちました」とあるから、空手チョップなどを打ち振ったであろうその激戦のあとにホテルに帰り、力道山はこの手紙を認めたことになる。恐るべきスタミナであり精神力である。また、手紙の行間からは妻への愛や子供たちへの優しい心づかいが伝わってくる。

手紙の中に「当地の大会社から映画の事で私に色々な話が出て居ります」とあるが、日本に帰ってからも力道山には〝映画出演〟の話が各社から殺到した。

力道山が人気絶頂期にあったのは昭和二十年代後半から昭和三十年代後半までの一〇年間で、彼は文字通り「映画スター」でもあったのである。昭和二十九（一九五四）年〜昭和三十一（一九五六）年にかけての作品が最も多く、伊勢プロ、新東宝、日活、協同プロ、東映などの製作会社が名を連ねている。日活で製作した『力道山物語 怒涛の男』（監督：森永健次郎）では美空ひばりや河津清三郎と共演し、生前の最終作となったのは松竹大船で製作し南原伸二や井上信一郎らと共演した『激闘』（監督：岩城其美夫、一九五九年）であった。作品は三十数本に及んでいる。

日本でのプロ・レスリング興行の全権を委託され凱旋帰国し、日本プロレス協会を発足

米国で得た大きな収穫は、ＮＷＡ（全米レスリング協会）のサム・マソニック会長から「今後渡米するプロ・レスラーは力道山の承認がなくては入国を許可しない……」という、日本におけるプロ・レスリング興行の全権を委託される証明書を手にしたことであった。

新田氏に宛てた手紙には「どうか試合場を確保し、リングを完成しておいてください」と、念を押すように書き送っている。百田光雄氏の言うように、リングの試合場の見取り図からリングの設計図まで描いて送っていたのである。新田氏は力道山の要請に従い、リングをつくって待っていた。

力道山は帰国に際しては、ハワイで再会した遠藤幸吉とともにパン・アメリカン機に乗ってホノルルを発ったのであった。

力道山と遠藤幸吉は昭和二十八（一九五三）年三月六日の午後三時二十分、東京国際空港（羽田空港）に着いた。新田社長をはじめ藤田進、霧立登、赤坂小梅さんなど顔馴染みの芸能人、報道陣、知

人などが大勢で迎えてくれた。このときの歓迎ぶりについては遠藤幸吉氏の『プロレス30年 初めて言います』の中に詳細に綴られている。長い引用になるが、その全文を記そう。

《私と力道山は、久し振りに故国・日本の土を踏んだ。

私が一年振り、力道山は一年半振りの帰国であった。

パンナム機の小窓から覗く羽田空港の送迎デッキには、「祝凱旋」と書かれたノボリが何本となく立ち、歓迎の人波で埋まっていた。

報道陣も数十社が押し寄せ、タラップの下では、カメラマン同士が撮影にいい位置を争ってケンカ騒ぎだ。

ドアが開き、私たちが機外に姿を見せると、デッキの人波が揺れ、歓声がドッと上がった。まぎれもなく、私たちは英雄扱いだった。

しかし……。

林立するノボリや横断幕の文字は、その八割までが力道山のものであった。「遠藤幸吉」の文字はわずか二割……、それが厳しい現実であった。

いまさらながら〝元大相撲関脇〟の国民的英雄と、交友関係の広さを痛感させられたシーンだった。

私がさらに驚かされたのは、力道山の〝先見の明〟だった。

私も力道山もこの一年間に習得したプロレス技と〝プロレスの心〟という、でっかいお土産を胸にはずませながら帰国したのである。ところが、力道山は、日本でのプロモート権に関するNWAジョー・マルコビッチの〝お墨付き〟までチャッカリと持参していたのである。

〝お墨付き〟とは、「もし力道山が日本でプロレス興行をする場合、ＮＷＡは、外人プロレスラーの派遣等、全面的に支援する」という趣旨であった。

ハワイのアール・カラシックも署名を添えていた。

「これは、日本で興行をやっていいという唯一無二のライセンスだ。だから、日本でのプロレスの興行はオレが取り仕切る……」

力道山はこう宣言した。》

遠藤幸吉氏はこう書いているが、力道山は報道関係者とのインタビューで次のように答えている。

「私はＮＷＡから日本の責任者に推されたが、誰かプロ・レスリングに力を入れてくれる人があれば、その人に責任者になっていただき、私は側面から援助してプロ・レスリングを大いに発展させたい。アメリカではもちろんプロ・レスラーの発展は十分に希望が持てる……」

力道山は記者たちを前にこうも付け加えた。「私は、あくまでも真剣勝負をするレスリングを日本に広めたい」と……。

「誰かプロ・レスリングに力を入れてくれる人があれば、その人に責任者になっていただき……」という願いを聞き入れたのは、力道山の恩人・新田新作社長であった。新田社長はレスリングの練習場の建設用地として東京・日本橋浪花町に約五〇坪の土地を提供。また、新田社長の口利きで酒井忠正氏（横綱審議会会長）を発起人代表として日本プロ・レスリング協会の設立準備が進められ、レスリングの練習場の完成を機に昭和二十八（一九五三）年七月三十日に発会式が行われた。協会のメンバーは以下のとおりであった。

協会会長には元農林大臣で相撲協会の横綱審議会会長・酒井忠正氏、理事長には新田新作氏自身が収まり、常務理事に永田貞雄氏（日新プロ）、林弘高氏（吉本興業）。理事には財界から今里広記氏、興行界から松尾国三氏、永田雅一氏。政界から太田耕造氏、萩原祥宏氏。官界から国鉄総裁・加賀山之雄氏。そして吉田英雄氏、矢野範二氏、故壮四郎彦氏、顧問に大麻唯男氏、相談役には出羽ノ海秀光氏と、各氏が名を連ねている。

日本プロ・レスリング協会と力道山道場の発会式では、力道山と遠藤幸吉によりエキジビションマッチが行われている。酒井会長はじめ発会式に列席した諸氏に〝プロレスとはどんなものか〟を説明するつもりで「公開練習の軽い気持ちでリングに上がった」力道山であったが、組んでいるうちに試合同然の手加減なしのレスリングとなり、遠藤もまた熱い戦いで汗を流すことになった。〝模範試合〟が終わったあと、二人は「お互いに頑張ろう」とプロ・レスリングの未来を誓い合い握手して別れた。『空手チョップ世界を行く』には、力道山道場で行われた力道山と遠藤幸吉の模範試合の写真と、日本橋浪花町に完成した日本プロ・レスリング協会の発会式で酒井忠正会長が挨拶している写真が掲載されている。

プロ柔道を経て「プロのレスラー」になった木村政彦と山口利夫

ところで、この発会式が行われる前の七月十八・十九日には、アメリカから帰国した柔道の山口利夫六段が、大阪において元幕内力士の清見川と「プロレスリングの興行」をしていた。その情報を力道山も伝え聞いていた。

また、柔道の木村政彦も、山口利夫の誘いを受けて力道山より一足早くハワイに渡っている。それには以下のような経緯があった。

昭和二十四（一九四九）年の暮れ、木村政彦は熊本県警本部長から「貴殿を警視庁の柔道師範として推薦したいのだが、受けてもらえるだろうか」という依頼を受けた。木村にとっては、またとない福音であった。

昭和十六（一九四一）年に拓殖大学を卒業した木村は、武徳科の助手として同大学に残ることになった。在学中には大学学生戦士権優勝二回、昭和十二年から全日本選士権三連覇、十五年には天覧武道大会に優勝、十六年明治神宮大会に優勝という実績を残していた。学生時代のこの功績を買われて武徳科の助手となり、教授以上の給料を支給されていた。出身地である熊本の両親へ、毎月十五円くらい送金していたという。しかし、昭和十六（一九四一）年十一月に木村は拓大の助手を辞した。軍隊に入ることになっていたからだった。十二月八日、太平洋戦争が勃発。木村は甘木防空隊に入隊。二等兵から一等兵になった直後、「戦地に行きたい者は速やかに申し出るように」という掲示が出た。出陣する日や行き先は極秘だからわからない。「来るべき時が来たな」と木村は思った。初年兵全員が「出陣」に志願した。志願兵全員には五日間の特別休暇が与えられた。木村は熊本に帰り、両親の顔と故郷の山河を目蓋に焼き付けたのち軍隊に戻った。「戦地に行く」とは両親には告げなかったという。覚悟を決めて帰隊した翌日、大隊長から呼び出しを受けた。「戦地に本当に行きたいのか？」と問われ、「ぜひ行きたいです」と答えた。「それは困った」と、大隊長。「今度の戦場はソロモン群島なんだ」という。「われわれの作戦はまったく無謀なものだ。全員が海の藻屑と消えることになるだろう。どうだ、同じ日本のために尽くすつもりなら、戦場で無駄に散るより、君の柔道の才能を活かして国のために働くのが本当だとは思わんかね？」と、大隊長は諭すように言った。それでも木村は、「はい、自分は行きたいであります」と答えた。すると、急に大隊長の口調が変わり、叱りつけるようにこう言った。

「いいか、これは上官の命令だ。上官の命令は、これ天皇陛下の命令だぞ。行くことはならん！」

大隊長の命令とあらば、従うほかはない。「木村一等兵、出陣希望は取り下げますッ」と返事した。木村はソロモン島に行かずにすんだ。木村が乗り込むはずだった輸送船団は大隊長の予想どおり、ソロモン島に着く直前でＢ29の大編隊に発見され、無数の爆弾を浴びて炎上した。隊員五百数十名が戦死し、一名だけが火傷を負いながら生き残った。柔道を嗜んでいたという大隊長が木村の命を救ってくれたのであった。

まだ戦時下にある昭和二十（一九四五）年七月一日、木村は結婚の式を挙げた。木村、二九歳であった。八月十五日、敗戦を迎えた。十一月、ＧＨＱの方針で大日本武徳会は解散を命じられ、柔剣道界は火が消えたような様相を呈した。生きていくためには何でもしなくてはならない。木村は、米、芋、醤油の禁制品をトラックに満載して、深夜の道を博多へ向かって突っ走った。これといった定職はないから、闇屋をしてその日を食いつないでいた。用心棒を生業として生活の足しにしたこともあった。

昭和二十四（一九四九）年五月五日、東京・日本橋浜町の仮設国技館で行われた戦後二回目の全日本選手権大会は、昭和十六年の明治神宮大会で優勝して以来、木村にとっては八年ぶりに出場した大会であった。木村は稽古不足ではあったが、決勝戦まで進み、石川隆彦六段と対戦することになった。

延長二回を戦っても勝敗がつかず、「両者優劣なし、引き分けとして二人を優勝者とする」と、三船久蔵十段は異例の判定を下した。

その後木村は、牛島辰熊九段が始めたプロ柔道に関わり、次にはプロ・レスリングに転じて遠くブラジルまで遠征「出稼ぎ」に行くこととなる。

先に記した、熊本県警本部長から「警視庁の柔道師範として推薦したい」との要請を木村政彦が受けたのは昭和二十四（一九四九）年の暮れであった。主任師範という名誉ある役職で、勤務日は翌年の四月一日からとのことだった。鶴首して木村はその日を待った。

そんな折り、昭和二十五（一九五〇）年二月、師匠である牛島辰熊九段から「東京でプロ柔道を組織するから、ぜひ参加してほしい」という話が舞い込んできた。「海外にも進出して、彼の地においても柔道の道場を開きプロを育てる。そして日本と国際試合を定期的に行えば莫大な利益が上がるだろう」と言い、高野という土建業者がスポンサーになるという。警視庁の師範の話とプロ柔道の話―いずれにするか迷ったが、木村はプロ柔道の話に乗ることにした。プロ柔道の旗揚げ興行は昭和二十五年四月十六日に東京・後楽園の仮設道場で行われた。木村のほかに山口利夫や坂部保幸、遠藤幸吉ら選手は総勢二一名。決勝では木村と山口が争い、木村がプロ柔道の初代チャンピオンになった。協会との契約により木村の給料は一〇万円だった。ほかの選手は「三万円か四万円だった」という。最初の興行では満員の観客を集めたが、四、五カ月もすると客の入りが悪くなり、スポンサーが身を引き、給料の出ない日が続くようになる。

このころ木村は深刻な家庭事情を抱えていた。妻・斗美が肺病を患っており、熊本医大病院に入院していた。給料が入らないでは入院費が払えず、家庭も崩壊してしまう。木村は、崩壊が目に見えているプロ柔道協会を捨て、再出発の道を考えるようになった。

そんなある日、山口利夫がハワイの松尾興行社の社長を伴い木村の自宅に訪ねてきた。「ハワイ八島で柔道の興行をして回ってほしい」と松尾社長は言う。木村はこの話に乗り、契約書にサインした。話は決まり、木村と山口、坂部の三人はプロ柔道協会を脱退、牛島九段のもとを去ることになる。主力選手が去り、半年後に協会は潰れてしまった。

一方、逃げるようにして協会を飛び出した木村と山口と坂部の三人によるハワイでの柔道興行は成功し、行く先々で会場は超満員になった。三カ月の契約期間があっという間に過ぎた。

契約切れまであと三日に迫ったとき、ホノルルのプロレスのプロモーター、アール・カラシックが木村らの宿泊先に訪ねてきた。「シビック・ホールでプロレスをやらないか」という話だった。月に四回試合をして、日本円で四〇〇万円のギャラを払うという。坂部は首を横に振り渋ったが、木村と山口は即座に「ＯＫ」と言い契約書にサインした。

木村と山口がアール・カラシックの契約書にサインをしたのは、力道山が自宅で自らマゲを切り力士を廃業した年の話である。

《柔道からプロレスへ。真剣勝負の世界から百パーセント八百長の世界へ。私がこうして百八十度進路を変えることになったのは、ひとえにカラシックという男との出会いがあったからだ。人の出会いというのは、実におもしろい。人生を狂わせてもしまうし、未知の世界へと導くこともある。

プロレスの世界は、けっして私の肌に馴染みはしなかったが、とにかくこの仕事で得た金で、私は日本では買えない肺病の特効薬ストレプトマイシンやパスを買い求め、日本へ送り届けることができた。ギャラはよかったから、いくら高い薬でも十二分に買えた。この薬効があって、妻は命を取りとめたのである。》

木村政彦氏が自著『わが柔道』の中で述べた言葉である。

ハワイでの興行が終わってから木村と山口は、サンパウロ新聞社の招きでブラジルへ渡った。サンパウロ新聞社がプロレス興行に参入したのは、経営不振に陥っていたことから、起死回生の策としてプロレス興行に踏み切ったのだということを、木村と山口はのちになって知らされた。だがそれは、木村と山口にとってはさして問題になることではなかった。ブラジルでの興行は大成功に終わり、サンパウロ新聞社は経営難から立ち直った。木村政彦と山口利夫は意気揚々とブラジルをあとに帰国の途についたのだった。そして、力道山は、プロレスでは先輩格にあたるこの木村政彦と山口利夫をパートナーにリングに上がり、さらには「実力日本一決定戦」と銘打って雌雄を決しなければならないという運命に立たされるのである。

ルー・テーズとの初めての対戦で、バックドロップを喰って失神する

力道山が宿願のルー・テーズとの対戦を果たしたのは、日本プロ・レスリング協会を設立してから五カ月後の昭和二十八（一九五三）年十二月になってからだった。ルー・テーズへの挑戦権を得るにはまず、ホノルルのシビック・オーデトリアムで行われる「挑戦者決定戦」に勝ち抜かねばならなかった。「今度、シビック・オーデトリアムでルー・テーズへの挑戦者を決める」という吉報をもたらし

たのは、ホノルル在住の沖識名だった。力道山は、沖識名に「ルー・テーズと対戦できるよう取り計らってくれませんか」と頼んでいたのだが、沖はプロモーターにその依頼を伝えてくれていたのである。念願かなってようやく実現することになった〝プロレスの神様〟との対戦……。ホノルルに着いてから力道山は、沖識名から思いがけないことを聞くこととなる。なんと挑戦者決定戦に「力道山を出場させるよう指名してくれたのはルー・テーズだ」というのである。力道山は驚き、感激してこれを聞いた。レスラーとしての実力を認めてくれていると思ったからである。

一九五三年十月二十九日に行われた挑戦資格決定トーナメントには力道山、ボビー・ブランズ、フランク・バロア、トミー・オトー、アル・ロビック、バット・カーチス、サミー・バーグ、ロッキー・ムシアシアロらが出場した。力道山とボビー・ブランズが決勝戦まで勝ち進み、力道山がブランズを破ってルー・テーズへの挑戦権を得た。ブランズは力道山に言った。

「ルー・テーズとの試合は十二月六日に行われることになった」

力道山は対戦まで一切のことを忘れ、「打倒テーズ」のことだけを考え、対策を練った。作戦に手ぬかりはないという思いで対戦の日を待った。

試合当日、会場となったシビック・オーデトリアムは超満員の観衆を飲んだ。日系米人が大勢応援に来てくれている。力道山はいつになく緊張し、控え室を出た。

テーズは白いガウンを無造作にひっかけリングに上がった。ガウンを脱いだワールド・チャンピオンのテーズを見て力道山は驚いた。噂に聞いたとおり体全体が筋金入りのように見えた。「体重は私よりかなり軽いはずだったが、裸体で見るテーズは実に大きく、私にのしかかってくるように迫ってきた」と力道山。

ゴングが鳴り、力道山はリスト・ロックの取り合いからタックルをかませてみた。コンクリートの壁にぶつかったようで、強靭なその肉体にはじかれた。力道山は、それまで身につけたあらゆる技をかけてテーズを攻めてみたが、いつの間にかテーズに後ろに回られ逆襲される。ならばと、空手チョップでダメージを与えフォール寸前まで持っていったが、うまく交わされて決まらない。それでも攻勢に出てヘッド・ロックで締め上げたとき、絞められて守勢に回っていたテーズが力道山の体を持ち上げた。力道山が覚えているのはそこまでである。直後、失神してしまったからである。テーズの切り札のバック・ドロップを喰ってしまったのであった。この必殺技はボビー・ブランズからも教わり警戒していたのだが、いともあっさりと極められてしまったのである。この一本が致命傷となって力道山はテーズに負けた。善戦しながらも、完敗であった。しかし、試合が終わったあとテーズは「君はよく頑張った。二年ぐらいの経験でこれほど強いレスラーと対戦したことはない」という言葉をかけてくれた。この一言に感激して、力道山はリングを下りたのだった。

ワールド・タッグ・チーム・チャンピオン「シャープ兄弟」が来日

ルー・テーズとの初の対戦に前後して力道山は、米本土に渡っている。サンフランシスコ、ロサンゼルス、オハイオ、オクラハマ、テキサスと転戦して回っているが、米本土を再訪した大きな理由は、日本にプロ・レスラーを呼んで国際試合を行う計画を実現するためであった。そして、その白羽の矢を立てたのは、ワールド・タッグ・チーム・チャンピオンのシャープ兄弟であった。シャープ兄弟ほどの人気レスラーになると、スケジュールがいっぱいでプロモーターがなかなか手放さない。それでもシャープ兄弟は、力道山の熱意をくみ取ってくれて、来日を承諾してくれた。しかも、タイトルをかけて戦ってもいいという。力道山は日本プロ・レスリング協会の新田理事長に電話し、この吉報を伝えた。昭和二十九（一九五四）年二月十二日、タイトル・マッチのレフェリーを務める沖識名とともに力道山は三カ月ぶりに帰国した。

日本では、連絡を入れた新田理事長を中心に、常務理事の林弘高氏や永田貞雄氏が興行の準備をしてくれていた。

シャープ兄弟を迎えるにあたり力道山がタッグ・パートナーとして選んだのは、木村政彦と山口利夫であった。二人はともにアメリカにおいて、シャープ兄弟と対戦した経験を持っていた。昭和二十五（一九五〇）年と二十七年に海外遠征を行い、サンフランシスコとオークランドでシャープ兄弟と三度対戦している。一勝二敗の成績だったが、シャープ兄弟の実力と手の内は知り尽くしている二人だった。力道山は木村と山口に、「国際試合」と銘打って力道山と組んで行う「世界タッグ選手権に参加してくれるよう」呼びかけて承諾を得ていた。

試合が行われるのは昭和二十九（一九五四）年二月十九日だが、木村政彦は力道山が来日する四日前の二月八日には郷里・熊本県から上京し東京・日本橋浪花町の力道山道場でトレーニングを開始していた。山口利夫も大阪から上京し道場に合流、木村とともにトレーニングを始めた。力道山は、柔道界出身のこの二人の協力を得ることができたことで「国際試合の意義を高めることができた」と喜んだ。興行においても「成功した」と安堵し、沖識名とともに帰国したその日からトレーニングに入った。その力道山に木村は言った。

「プロ・レスリングでは柔道の締めが許されないのでやり難いが、リキさん、力を合わせてシャープ兄弟のタイトルを奪いましょう」

思いは力道山も同じであり、山口や木村とともにトレーニングに汗を流しながら試合当日を待った。

シャープ兄弟とボビー・ブランズの一行は、試合二日前の二月十七日に羽田空港に着いた。当日は雨が降っていた。空港には報道陣が詰めかけた。シャープ兄弟はカウボーイ・ハットをかぶっていたが、記者たちは二メートルの体躯を持つ二人の巨体に度肝を抜かされた。

「三度タイトルマッチをやるために日本に来た。ワールド・チャンピオンの面目にかけても試合には勝つ」

報道陣のカメラのフラッシュを浴びながらベン・シャープとマイク・シャープはこう答えた。来日した翌日には、ブランズとともに力道山道場で練習を公開した。シャープ兄弟の動きは、その名のとおりスピードがあり実戦さながらのスパーリングだ。唖然として見ている報道関係者に向かって、ボビー・ブランズがシャープ兄弟に代わってこう解説した。

「兄弟はいつでも、どの試合でも作戦を必要としないほど呼吸がぴったり合っている。日本の気候は寒いが、カナダ生まれの兄弟は寒いほどコンディションが良いと見える」

言われてみれば確かにそうだ。シャープ兄弟はタッグを組んで強豪レスラーを相手にチャンピオンベルトを保持し続けている。力道山は、木村とも山口ともコンビを組むのは初めてだ。「木村君との初めてのコンビで呼吸が合うのかな……」、しかし、ここまで来たらあとは野となれ山となれだ。

シャープ兄弟を迎えての、初めての国際試合は東京・蔵前国技館において行われた。

第8章　シャープ兄弟を迎え、日本で初めてのプロレス国際試合

専門家が選んだ「力道山感動の名勝負ベスト10」

株式会社日本スポーツ出版社が昭和五十八（一九八三）年九月に刊行したゴング九月号増刊『甦る怒濤の空手チョップSuper Hero 力道山』に、巻頭企画として「力道山感動の名勝負ベスト10」が収録されている。第一位から第一〇位までを、石川輝氏（スポーツ評論家）、石田順一氏（力道山愛好家）、菊池孝氏（プロレス評論家）、小島貞二氏（作家）、桜井康雄氏（東京スポーツ）、竹内宏介氏（日本スポーツ出版社）、田鶴浜弘氏（スポーツ評論家）、山田隆氏（東京スポーツ）の八氏が選出した。これを列挙すると次のようになる。

第一位　力道山〈二―一〉ザ・デストロイヤー（WWA認定世界ヘビー級選手権試合）

（両者レフェリー・ストップ、二八分一五秒）一九六三年五月二十四日

第二位　力道山〈〇―〇〉ルー・テーズ（NWA世界ヘビー級選手権試合）

（時間切れ引き分け）一九五七年十月七日

第三位　力道山〈二―〇〉木村政彦（日本選手権試合＝王座決定戦）

（レフェリー・ストップ、一五分四九秒）一九五四年十二月二十二日

第四位　力道山、木村政彦〈一―一〉ベン・シャープ、マイク・シャープ（世界タッグ選手権試合）一九五四年二月二十一日

第五位　力道山〈二―一〉フレッド・ブラッシー（WWA認定世界ヘビー級選手権試合）一九六二年三月二十九日

第六位　力道山〈二―一〉レオ・ノメリーニ（第二回ワールド大リーグ決勝戦）一九六〇年五月十三日

第七位　力道山〈二―一〉ジム・ライト（インターナショナル選手権試合）一九六〇年一月三十日

第八位　力道山〈一―〇〉ジェス・オルテガ（第一回ワールド大リーグ決勝戦）一九五九年六月十五日

第九位　力道山〈二―〇〉ミスター・X（インターナショナル選手権試合）一九六一年六月二十九日

第十位　力道山〈一―〇〉キング・コング（アジア・ヘビー級選手権＝王座決定戦）一九五五年十一月二十二日

以上が各氏が選んだ力道山「感動の名勝負」ベスト10であるが、本章～第10章ではこれら名勝負を〝ランク順〟にではなく、時系列で順を追って紹介していきたい。

プロレスには「ルール」がある

その前に、当然のことではあるが、プロレスにもルールがあるということをまず記しておきたい。力道山がアメリカに渡り「来日」を要請して実現したシャープ兄弟と力道山・木村政彦組のタッグ・マッチ選手権が行われた昭和二十九（一九五四）年二月十九日、この日、会場である蔵前国技館に集まった観客は、プロレスを「大人の喧嘩」と理解していた。西洋の相撲であり、土俵の代わりにリングがあって、その中で打つ、蹴る、殴る、なんでもありという荒っぽい〝スポーツ〟であると理解していたのだが、プロレスにはれっきとしたルールがあるのである。

プロレスのルールについては『月刊ファイト』誌で、白崎秀夫氏が次のように解説している（以下、要約）。

アマレスリングとは異なった競技である。スポーツを興行化したもので、アメリカ人がアマ・レスリングの試合方法の一つである自由形（フリースタイル）を、極度に制限の少ないものにして生み出した競技であり、両者のルールには多大なる相違がある。また、プロ・レスリングのルールは本場のアメリカにおいても「州によって異なる」という。さらには、「レフェリーの判断に委ねられる範囲がきわめて広い」というのもプロレスならではの〝特徴〟だ。であれば、これまでわれわれはレスラーがフォールの体勢に入ったとき、レフェリーが三カウントを取るとき「ワン・ツー・スリー」と数える際、かなりスピーディーにマットを叩くときと、スローモーションを見るような速度で、相手の肩が上がるまで待って（？）いるかに見えるカウントの取り方も、それはそれでプロレスだから許せるということになろう。そこで、具体的にルールを見ていくことにしたい。

【プロ・レスリングで用いられる技】

⑴投げ技：アマ・レスリングはもちろん、柔道や相撲その他いかなる投げ技を使ってもよい。

⑵関節技：手足のどんな関節の逆をとってもよい。ただし、指の逆は二本以上取る場合のみ許される。

⑶締め技：首の締めは禁じられているが、頸椎、腰椎の締め、胴締めその他いかなる締めを用いてもよい。

⑷殴打：拳で殴ること、肘で突くことは禁止され、平手や手刀（手の側面）を用いての殴打は自由。

⑸蹴り：爪先、膝を用いることは禁じられているが、靴の底を平面に利かせての踏み蹴り飛び蹴りは自由である。

⑹抑え技：投げ技同様、アマ・レスリングや柔道その他のいかなる抑え技を用いてもよい。

【禁止事項：反則技】

⑴急所を握ったり蹴ったりすること。

⑵口の中に手を入れること、指で目を突くこと。

⑶咬むこと。

⑷頭髪やパンツを握ること。

⑸リングの一番上のロープ越しに相手を外へ投げ出してはならない。投げだすときは中断または下段からする。

【試合の方法】
(1)〜(5)まであるが省略。(5)として、「タッグ・チーム・マッチは、アメリカでもっとも人気のある試合方法である。」と記されている。
【勝敗の決め方】
(1)相手の両肩を同時にマットにつけ、レフェリーがカウント3を数える間抑えつける。
(2)禁止事項に触れない何らかの技によって相手を気絶、または気絶に近い状態に陥れるか、あるいは相手に参ったの合図をさせる。
(3)レフェリーが注意を与えても、禁止事項を犯して止めない選手はフォールを取られたものとされる。
(4)相手にリングのエプロンに投げ出されたあと、レフェリーがカウント10を数える間にリングへ戻らない選手。同様に相手に完全にリングの外へ投げ落とされたときカウント20以内にリングに戻らない選手はフォールを取られたものとされる。
(5)前記の禁止事項を犯した選手がレフェリーのカウント5を数えてなお止めない場合は、フォールを取られたものとなる。
これが、プロ・レスリングのルールである。『今なぜか力道山』の著者である石川輝氏はこのようなルールを持つプロ・レスリングに対して、こう記している。

《およそ世の中で、こんな荒っぽい、無法が許されるプロレスこそ、日本人のかくれた、うっせきした国民感情のハケ口になるものである、と力道山は思っていたのである。》

力道山と木村政彦がタッグを組みシャープ兄弟と対戦

シャープ兄弟を迎え、元大相撲・関脇の力道山と元柔道日本一の木村政彦がタッグを組んでプロレスという新しい格闘技に挑戦する——。昭和二十九（一九五四）年二月十九日、この日を称しプロレスを語る先達は口を揃えて「日本のプロレス史に未来永劫に特筆されるべき歴史的な日」と位置付けている。会場となった東京・蔵前国技館は超満員の観衆を呑んだ。

定刻五時の開場前、入り口は黒山の人だかりで「早く入れろ」と叫ぶ観客で収拾がつかない状態になっていた。明治座の松林巳騎頭取が総指揮官になって若い者を指揮して警備にあたっていたが、群衆の力に押され三〇分前の午後四時半には開門した。蔵前署の警官が「この騒ぎでは今に大事故になりかねない。少し早く開門してはどうか……」という忠告に従った処置であった。開門と同時に待ちかねていた観客はどっと流れ込み、定員一万二〇〇〇人の館内はみるみる人で埋め尽くされた。

この光景を〝舞台の袖〟で見ていた力道山は「してやったり」とほくそ笑んだが、喜ぶ前にホッと胸をなでおろしたのは主催者である日本プロレスリング協会の新田新作理事長と毎日新聞の森口忠造事業部長であった。毎日新聞社はこの興行の後援者だった。

日本で初めてのプロレスリングの試合とあってプログラムには試合の解説が載っていた。レスラーが一対一でやるのがシングル試合、二人ずつ組んでやるのがタッグ試合。タッグは手と手をタッチすれば交代が許される。試合時間については、一五分、二〇分、三〇分、四五分、六一分と別れていて、勝負は一フォールで決まるのが一本勝負、三フォールで決まるのが三本勝負、などといったような解説だ。

前座の試合が始まった。

前座第一試合は、一五分一本勝負でハロルド登喜（ハワイ）対清美川梅之の試合から始まり、引き分けだった。

第二試合は、二〇分一本勝負で駿河海対長沢日一、ともに大相撲上がりのレスラーだ。一六分二〇秒で足固めにより駿河海が勝った。

第三試合は、三〇分一本勝負で、プロ柔道からレスラーに転向した遠藤幸吉対ボブ・マンフリー（米国）の試合。二六分二〇秒で体固めにより遠藤幸吉が勝った。

第四試合は、四五分三本勝負で、ボビー・ブランズ（米国）対山口利夫だった。山口もプロ柔道からレスラーに転向したレスラーだ。一本目はブランズが一一分一七秒で腕固めにより山口を下す。二本目は山口が九分四五秒、体固めでブランズを制す。三本目はブランズが、二分一五秒で体固めにより山口に勝った。

前座の試合を日米決戦の構図で見るなら、第一試合のハロルド登喜対清美川はドロー、第二試合は日本人同士でともに大相撲上がりの駿河海対長沢で、駿河海に軍配が上がった。第三試合では遠藤幸吉がアメリカのボブ・マンフリーに勝ち、第四試合、すなわちセミファイナルでは山口利夫がボビー・ブランズの前に屈した。レフェリーを務めたのは、ハワイで力道山にプロレスのイロハを改めて叩き込み、連日のように苛酷なトレーニングを課したあの沖識名であった。

遠藤幸吉がボブ・マンフリーに勝ち、セミファイナルで山口利夫がボビー・ブランズに負けたあたりで蔵前国技館は、観客の喚声で激しく揺らぎ始めた。

前座の試合が終わって、メイン・エベントのタッグマッチ六一分三本勝負が行われることになった。ベン・シャープとマイク・シャープの兄弟組と、力道山・木村政彦組との対戦である。最初に力道山と木村政彦が花道を通ってリングに上がった。力道山は上半身裸で、黒のロングタイツ姿。木村政彦はトランクス姿。柔道着姿の木村しか知らない観客にとって短いトランクス姿の木村はどのように映っていたのであろう。

次いで、シャープ兄弟の登場である。

この日の試合はノンタイトル戦であったが、シャープ兄弟は高さ一メートルもある金色の大トロフィーを持ってリングに上がった。一九五一（昭和二十六）年に時の世界タッグ選手権者プリモ・カルネラ（イタリア）とサンダー・ツアボー（米国）組を破って奪取したトロフィーである。

リングに上がったシャープ兄弟を見た観客は度肝を抜かされた。石川輝氏の著書『今なぜか力道山』によると、兄のベンは身長２０３センチ、体重１２０キロ。弟のマイクは身長２０６センチ、体重１３１キロとある（鈴木庄一氏の『鈴木庄一の日本プロレス史（上）』には「兄のベンは三十三歳で１９５㌢、１１５㌔。弟のマイクは三十一歳で１９７㌢、１１８㌔」となっている。どちらが正しいのか?）。ともに引き締まった均整の取れた体躯で、胸には針金を思わせるような胸毛が生えている。ちなみに力道山の身長は一八〇センチで、体重は一一三キロ。木村政彦は身長一七二センチ、体重九六キロであった（『激動の昭和スポーツ史⑩プロレス』ベースボールマガジン社）。男性の当時の

関節をおさえつける木村と助けを求めるベン・シャープ（兄）。リングの外にいるのはマイク・シャープ（弟）。レフェリーは沖識名（写真提供：共同通信社）

平均身長は一六〇数センチであったから、ベンもマイクも文字通り「雲つくばかりの大男」だったのである。この試合は日本テレビとNHKの二つのテレビ局が実況生中継で放映された。

ざわつく場内でリングアナウンサーの選手紹介が終わり、レフェリーの沖識名が双方の選手をリングの中央に呼び寄せた。一万二〇〇〇人の観客が固唾を呑んで見守るなか試合開始のゴングは鳴った。第一ラウンドは力道山とベン・シャープの間で組み合いから始まった。兄弟のタッグマッチは慣れたもので、自分がピンチになる寸前にはすぐに弟のマイクにタッチして交代する。この記念すべき一戦について力道山は、自著『力道山　空手チョップ世界を行く』の中で、ノンタイトル戦だからであろうか、淡々と結果だけを記して終わっている。

マイク・シャープ（弟）をピンチに追い込む力道山（写真提供：共同通信社）

《はじめ私がマイクから体固めで一本を取り(14分15秒)二本目はマイクが木村から反則勝ちで一本を返し(8分20秒)ファイナルにもちこまれた。しかし残り時間は少なく、時間切れのゴングで1―1で引き分け、勝利をつかめなかった。》

このように数行で片付けているのだが、このシャープ兄弟とのタッグマッチがいかに重要な試合であったのかについては、こう記している。

《この日本における最初の國際プロ・レスリング試合の思い出は、数えきれない。他の人はいざ知らず、私はその成否に私の生涯をかけていたと告白する。》

力道山には先見の明があった。プロレスを、当時、茶の間にはさほどテレビが普及していなかった時代、テレビとのタイアップを実現させたことである。しかしそれは、初めは力道山が申し出たことではなく、テレビ局のほうから力道山に話が持ち込まれたことから始まったのだという。

《私はこの試合で画期的なことをやった。それは日本に生まれて間もないテレビとのタイアップである。テレビ会社(日本テレビ)もむろんプロ・レスリングに対する知識はなかった。

そのテレビが私に実況中継を申し出たとき、私は、

「喜んでお願いします。私はアメリカでテレビ放映を研究したが、プロレスリングこそ最もテレビ向きの大衆スポーツと信じます。今後プロ・レスリングとテレビの密接な結びつきによって、プロ・レスリングの運営を考えたいと思います」

とはっきりいい、その申し出にもろ手を上げて賛成した。

このことには反対もあったが、「ともかく結果を見てください」と反対する人たちにいった。会場

は超満員、街頭の受像機（当時は家庭用受像機はまだ一万台そこそことか）には黒山の人だかり。テレビ会社では一夜で千四百万人の人が試合を見たといった。

テレビ放送は大成功だった。プロ・レスリングが現在のように大衆の間にはいりこんだのはテレビの力が大きかったのを率直に認めなくてはならない。しかし私にいわせてもらうなら、テレビが普及した一端はプロ・レスリングによるところも見のがせないのではないかなと……。》（『力道山　空手チョップ世界を行く』）

東京大会二日目（二月二十日、蔵前国技館）のメイン・エベントはシングルマッチで、力道山がベン・シャープに二－一で勝ち、山口利夫はマイク・シャープに二－一で敗れた。観客は初日同様、超満員で膨れ上がっていた。

東京大会三日目（二月二十一日、蔵前国技館）のメイン・エベントは、シャープ兄弟に力道山と木村政彦チームが挑む世界タッグ・チーム選手権試合（第一戦）であった。最初の一本はベン・シャープが木村を体固め（二四分五七秒）で勝ち、二本目は力道山がマイク・シャープを体固めに破った。わずか〇分五五秒で仕留めたのであった。三本目はベンが負傷し、レフェリー・ストップで一－一で引き分け、タイトル奪取はならなかった。

力道山はシャープ兄弟と対戦した印象についてこう語っている。

《私は思い切って空手チョップをふるった。二本目のフォールはその空手チョップが完全なダメージを与えたものだった。

しかし私はこの試合で、血の通う兄弟のタッチワークには舌を巻いた。あのタッチを破るには一人の力ではとてもできない。木村とのコンビでそれができるだろうか…。三試合を終わって新田さんが、「リキ、プロ・レスリングはおもしろい。あんなに迫力のあるものはない」といってくれたときは、私は満足感でいっぱいになった。》(前掲書)

東京での大会三日間を大成功に打ち上げたのち、力道山一行は、二月二十三日の熊本県での試合を振り出しに小倉(二月二十四日)、大阪(二月二十六日)、神戸(二月二十八日)、岐阜(三月一日)、名古屋(三月二日)、静岡(三月三日)、宇都宮(三月四日)と各地を従業し、また横浜(三月七日)、東京(三月九日)、と東日本の各都市を転戦して回った。一七日間に一四試合を戦うという強行日程であった。しかし、これはプロ・レスラーとしては常識的な興行であり、力道山は全米でも同様な日程をこなしてきたのであった。

身体不自由者に対し「慈善興行の開催」を申し出たシャープ兄弟

『甦る怒濤の空手チョップ Super Hero 力道山』の中で「感動の名勝負ベスト10」四位にランクされているのは、力道山が木村政彦と組んでシャープ兄弟に挑んだ世界タッグ選手権試合である。レフェリー・ストップで引き分けになった試合だ。この一戦を談話形式で解説しているのは力士出身の雑誌・新聞記者で、格闘技・演芸評論家の小島貞二氏であるが、初めて見るプロ・レスリングの試合の解説記事を書くのには難渋したという。

《あの頃は正式なプロレス担当記者というのはまだ存在していなかった。したがって各社とも相撲担当の記者が取材に出かけていた。一番最初にぶつかった難問は〝試合展開をどう原稿にまとめるか〟

ということだったね。相撲式に経過を書いていってもサッパリ試合の要領がつかめなかった。〝これはある程度、試合全体の流れを把握した上でダイジェスト形式でまとめるしかない〟と自分流にプロレス観戦記の書き方を考え出したのも、今では懐かしい思い出の一つになっている。》（『甦る怒濤の空手チョップ Super Hero 力道山』）

小島氏が試合を、ダイジェスト形式で語った内容とは以下のようなものだ。

《この試合の思い出としては…どちらかというと力道山―マイク、木村―ベンというからみの攻防が多かったように記憶している。兄のベンは比較的にオーソドックスなタイプのファイターだったが、弟のマイクは体も大きいし、かなり悪いことも平気でやっていた。〝プロレスのタッグマッチという試合形式は一試合の中で合計4通りの組み合わせが見れる〟ということも非常に新鮮であった。》（前掲書）

マイク・シャープのラフ・ファイトに対し「反則」という表現ではなく「かなり悪いことも平気でやっていた」という言い回しからは、初物を見ている印象が伝わってきてユニークである。

そして、小島氏の以下の談話は、プロ・レスリングという格闘技を通して見た、日米決戦に対する日本人の国民的感情を代弁している言葉でもある。

《まぁ、これは毎回いわれていることではあるが…戦争に敗れた日本国民にとって、日本の国技の相撲と柔道の第一人者が海の向こうからやって来た雲を突くような大男たちをバタバタとなぎ倒す図式がたまらない魅力だったね。第一日目は多分に興味本位のファンが集まっていたが、第二日目には完全にプロレスという新しい格闘技に魅せられた人たち…つまり、日本初のプロレス・ファンが集まっ

ていた。》（前掲書）
このことについては力道山自身も、「ともかく第一回の國際プロ・レスリングは、大成功に終わった」とし、その原因は（プロレスが）「初ものであった」ことを挙げ、興行が成功した最大の要因は「日米決戦」の構図で試合を展開したことを挙げている。
《占領軍下という当時の国民的感情から外国人を日本人がやっつける、木村（正彦）、山口（利夫）、遠藤（幸吉）ら柔道出身者、それに相撲畑出の私、駿河海、清美川らがレスラーとして登場…いろいろのことが重なり合っていたことにもよるが、やはりなんといってもプロ・レスリングの迫力に大衆が動かされたからであろう。そしてシャープ兄弟のまじめなファイトぶりにおうところが大きかった。》（『力道山　空手チョップ世界を行く』）
「相撲畑出の私」と力道山は書いているが、本件について先の小島貞二氏は、興行を打った主催者側に対し、蔵前国技館に掲げてあった力道山の〝肩書〟に対しては次のような苦言を呈している。
《これは余談になるが…蔵前国技館の正面に掛けられた看板に〝元大関・力道山〟と書かれてあったのには驚いたね。「いくら何でも蔵前の正面にこんな嘘を書くのはまずいよ」と当時の関係者に忠告した思い出もある。》（『甦る怒涛の空手チョップ Super Hero 力道山』）
力道山は「大関」ではなく、「関脇」で土俵を去ったのであった。大相撲の関係者は、蔵前国技館に堂々と掲げられた「元大関」という力道山の〝肩書〟をどのような思いで見ていたのであろうか。
シャープ兄弟が来日して一七日間に及ぶ興行で、一四試合を戦うという強行日程。最終戦は三月七日に横浜において行われたが、この試合が終わったあとシャープ兄弟から力道山に対し「これは私たちのビジネスだから……」として、蔵前国技館で「もう一試合、試合をしたい」という申し出があった。「純益を不幸な人たちに寄付したい」という、身体不自由者に対する慈善興行の開催を申し入れてきたのであるが、無論、力道山は喜んでこれを受け入れた。身体の不自由な方を無料招待してプロレスを見てもらい、純益は寄付するという興行は三月九日、蔵前国技館において行われた。「私はこのシャープ兄弟の心暖まる行為に感動し、それ以来ずっとそうした行為を続けている」と、力道山は自著『空手チョップ世界を行く』で記している。

シャープ兄弟とボビー・ブランズは慈善興行が行われた翌日の三月十日、羽田を発ってアメリカへ帰った。

「力士に近代的なトレーニング法を施せば、世界のレスラーの脅威になるだろう」という言葉を残して……、力道山や遠藤幸吉らレスラー仲間に見送られて帰国したのであった。

第9章　力道山対木村政彦――昭和巌流島の決戦

真っ向から勝負を挑んでくる者に対しては「挑戦は必ず受けて立つ」

日本プロレス協会が誕生するや、力道山の動きは以前にも増して慌しいものとなっていく。これに同調するかのように、プロレスで先輩格の木村政彦も二十九年三月、立ノ海松喜を代表に立てて出身地である熊本県に国際プロレス団を設立。前後して大阪には柔道出身の山口利夫が全日本プロ・レスリング団を旗揚げしており、プロレス三団体が鼎立する形となった。国際プロレス団を設立する直前には木村は、力道山と手を携え、当時タッグ・チーム世界最強といわれていたシャープ兄弟に挑戦し熱闘を演じ「引き分け」に持ち込んで蔵前国技館のファンを沸かせていた。

だが――。

「両雄並び立たず」という言葉がある。力道山対木村政彦の一戦こそはまさにこの「両雄並び立たず」から来たもので、両者の対決が決まったとき各紙には、「今様・巌流島の決戦」「柔道の木村か相撲の力道山か！」「昭和巌流島の決闘」などの活字が踊った。

そもそも、格闘技・プロレスの日本一決定戦の火種をまいたのは木村政彦のほうだといわれている。

木村が先に挑戦の弁を吐いたというのであり、スポーツ各紙に掲載された力道山を挑発した「木村談話」とは、大要以下のようなものだった。

「シャープ兄弟が来日したとき力道山と組んで試合をしたが、俺はいつも力道山の引き立て役ばかりに回された。申し合いで勝敗を決めるショー・レスリングではなく、真剣勝負での試合なら俺は力道山になんか負けない……」

のちになりこの談話は、ある記者による誘導尋問に木村が乗せられ喋ったことに尾ひれがつき、センセーショナルな記事に仕立て上げられたものだということが判明したようだが、先の木村談話には少し補足説明を必要とする。

すなわち、プロレス人気が日増しに高まるなか国際試合を企画した力道山は、興行をさらに盛り上げるためにも「木村の前に木村なく　木村のあとに木村なし」、柔道一二連覇の実績を持つ木村政彦に目をつけ、もう一人の雄・山口利夫にも呼びかけて自らの興行に「参加してくれるよう……」要請した。木村も山口もこれを快諾。儲け話をみすみす見逃す手はなく、国際試合を企画するにあたっての来日レスラーのなかに超一流のワールド・タッグチーム・チャンピオン、シャープ兄弟がいることも木村にとっては魅力的だった。力道山はシャープ兄弟を迎え撃つにあたっては、山口利夫や遠藤幸吉ではなく、柔道の鬼と天下に知られた木村政彦とコンビを組むことこそ興行を成功させるための最大の鍵だと考えた。持ちつ持たれつで、この点木村に異存のないところである。が、いざ力道山とコンビを組んでみると、面白くないことが発生した。以下の戦績が示すように、主役はいつも力道山であり、木村は力道山を引き立てる脇役ばかりを演じる羽目に立たされたのだった。

《昭和29年2月21日＝力道山・木村政彦組み、シャープ兄弟の世界タッグ選手権に挑戦。一本目はベンが木村をフォールして先取。二本目は力道山がマイクを倒して1－1。三本目は場外乱闘の引き分け。同27日＝力道山・木村組が再度シャープ兄弟に挑戦。一本目ベンが木村を破り、そのまま時間切れとなり1－0でシャープ兄弟が王座防衛。3月6日＝力道山・木村組、三度シャープ兄弟に挑戦。一本目ベンが木村を体固め、またもそのまま時間切れとなる。》（日本スポーツ出版社刊『力道山年譜』より要約）

――これでは木村が面白いはずはない。外人レスラーに負けたから、というのではない。木村には端《はな》から「プロレスはショーだ」と決めてかかる部分があった。愉快ではないにしても、ファイト・マネーさえ納得いくものであれば、外人レスラーに負けることにさほどの抵抗感はなかった。しかし、であるにしても、同一カードでの三度の試合のうち一回ぐらいは「力道が負け役に回ってもよさそうなものではないか……」、年齢からいってもレスラーとしても先輩であり、柔道家はじめ多くのファンを持つ木村は内心いまいましいものを覚えずにはいられなかった。そうした木村の胸中を巧みに突き、挑発的な言葉を引き出して膨らませたのが先の木村談話だったわけである。木村が力道山に対し挑戦の弁を吐いたのは、興行先である岐阜市の宿舎においてであった。

真っ向から勝負を挑んでくる者に対しては、たとえ相手の実力が上のように見えても「挑戦は必ず受けて立つ」――。力道山はこれを闘技家としての身上にしていたという。「ショーではなく真剣勝負なら負けない」、木村談話を伝え聞いた力道山は烈火のごとく怒り、「上等じゃあねえか、いつでも受けて立つ」旨、木村サイドに申し入れた。

話は決まった。十一月二十六日、木村政彦は国際プロレス団の興行先であった岐阜市から即刻上京し、東京・神田の『千代田ホテル』で力道山との対戦についての記者会見に臨んだのだった。会見場には木村の後輩、大山倍達も姿を見せていた。正式な調印式が行われたのは翌々日の二十八日。当日、力道山は映画の撮影中だったため、木村政彦が神奈川県鎌倉市にある松竹の大船撮影所を訪れるという形でケンカ・マッチの約定書は取り交わされた。撮影所の貴賓室で調印式は行われ、「試合は昭和二十九年十二月二十二日夜、蔵前国技館で行う。ファイトマネーではなく賞金制で一五〇万円を勝者七分、敗者三分にする」などの条件が約されている。

調印式終了後は、「柔道の木村か」「相撲の力道山か！」――遺恨試合のレッテルすら貼られマスコミの煽りも手伝って国民の関心は、十二月二十二日に向けて日増しに高まっていく。が、挑発的な言動を吐いたにしては木村は比較的冷静だった。対照的に、激しやすい性格の力道山は怒りのエネルギーをそのままトレーニングにぶつけ木村への闘志を滾《たぎ》らせていった。トレーニングを全開しながら力道山がどのような心境でいたかは、取材のため東京都大田区梅田にある力道山宅を訪れた『内外タイムス』の記者・門茂男氏に吐いたとされる次の一語の中に集約されている。

「あんなロートルのちゃっこい木村なんかに負けるわけがねえじゃあないかよ」（『力道山の真実』）

この試合は柔道でも相撲でもない、「プロレス」の試合である

決戦当日の新聞を見よう。

『朝日新聞』朝刊には「今日の運動◇プロレスリング」として「日本選手権力道山対木村（6時蔵前国技館）」とあり、同日付のスポーツ欄にはプロレスリング・コミッショナーに、酒井忠正氏が決まった旨、報じられている。

《日本プロレスリング協会（力道山所属）全日本プロレスリング協会（山口利夫六段）国際プロレスリング団（木村政彦七段）の三つの協会の代表者が二十一日浜町のセカンド・メイに集まり、日本プロレスリング協会長酒井忠正氏をプロレスリングのコミッショナーにすることを決めた。》

『毎日新聞』は、試合当日の朝刊で、文字白抜きのゴシック体で「力道山か木村か」という見出しを付け「ともに調子は上々　きょうプロ・レス日本選手権」と題し、かなり詳しく試合の予想記事を載せている。どちらが勝つかについては、「力道山」「木村政彦」ともに互角の扱いに見える。両者の体格については、「力道山は三十才、五尺八寸、二十九貫、木村は三十八才、五尺六寸、二十四貫だから身長は二寸、目方は五貫以上のハンディキャップだ」とあり、「試合は六十一分三本勝負で国際ルールに則って行われる」と伝えている。

試合予測については、柔道の木村政彦と相撲上がりの力道山それぞれの技の特徴について説明したのち「問題はこの試合は柔道でも相撲の試合でもない。プロレスの試合である」とし、「体のない木村としては力道が汗ばんでいないうちに早いところ一本取らないと歩が悪い。この点勝負が長びけば体力のある力道というわけである。」と予測している。

試合のルールなどを決める〝打ち合わせ〟は、巌流島決戦約1カ月前の十一月二十六日の深夜、新橋の高級料亭『花蝶』において行われた。出席者は木村政彦や力道山のほかに、衆議院議員・大麻唯男氏、衆議院議員・楢橋渡氏、新田建設の新田新作社長、日新プロダクションの永田貞雄社長、柔道新聞の工藤雷介主幹、毎日新聞の森口忠造事業部長、日本精工の今里広記社長、そして国際プロレス団の立ノ海代表、永田貞雄社長の秘書・中川明憲氏らだった。席上、試合は国際プロレスリングルールで行い、正々堂々規約に基づいて行うこと、試合時間は六十一分三本勝負とする、反則は紳士的見地より行動することなどのほか、打撃技をどうするかについても話し合われた。力道山の空手チョップはOK、木村政彦の当身は禁止すると決まった。試合日程を十二月二十二日にするということも、この日の話し合いで決まったのだった。『毎日新聞』の記事では試合時間を「木村は30分、力道は61分を主張した」とあるが、木村政彦は「45分1本勝負」を望んでいたとも言われている。

力道山対木村政彦の日本一を賭けての闘いは、双方の〝遺恨試合〟などではなく、『朝日新聞』の記事に見るプロレス三団体の興行権をめぐる争いであったとも一部では伝えられている。決戦を翌日に控えての、慌しい動きのなかでのコミッショナー決定。それはリングに血の雨を降らせる、暗雲たち込める嵐の前ぶれでもあった。

試合前日に熊本から上京してきた木村政彦

十二月二十二日夜、蔵前国技館は超満員の観衆を飲んだ。六時半の定刻を待たずに一万三千人の定員を突破。入場できないファンの大群が国技館周辺を取り巻き、群衆整理に警視庁の機動隊が出動。館内は相撲の本場所でも見られない熱気に包まれリングサイドを警官が取り巻くというものものしさ。最高値二千円だった入場券は、プレミアムがついて「一万五千円」でも手に入らないほどだった。

現在の金に換算すると二〇万円をはるかに超える額である。

この決戦に向けて力道山と木村政彦は、どのようなトレーニングを自らに課してきたのか——。

木村政彦と力道山が対戦する——。両者が試合をすることを知った日から、大山倍達は気が気ではなかった。先輩・木村とはアメリカでも何度か顔を合わせ、国内巡業で行動をともにした仲でもある。何が何でも木村には、力道山に勝って欲しかった。

力道山との試合を間近に控え熊本から上京してくる木村政彦を、大山倍達は東京駅で迎えている。試合前日の十二月二十一日、駅のホームに木村が降り立ったとき、大山倍達の脳裏には一抹の不安がよぎった。大事な一戦を迎えるにしては木村の表情があまりにも穏やかであり、吐く息に酒気を帯びていたからである。二人の女性を従え、見れば足元も覚つかない。

「大丈夫ですか、先輩……」

出迎えの挨拶もそこそこに、大山倍達は言った。

「ああ、大丈夫や……」

木村政彦は笑みを返すだけだった。そこには、緊迫した表情のかけらもなかった。〈真剣勝負とはいっても、確かに今度の試合は、レスラー対レスラーがやるものだ。レスラー同士のマッチ・メイクと、自分がアメリカで経験した賞金を賭けてのデス・マッチとは、多少趣は異なるかも知れない。それに「真剣勝負」と銘打ちながら、一本勝負ではなく「六一分三本勝負」で勝敗を決するというのも妙にひっかかるものがある……〉。アメリカ遠征中にグレート東郷のもとでプロのリングの臭いを肌で感じてきた一人として、大山倍達にもそこら辺りのことはある程度理解できてはいた。

しかし、現実に入ってくる情報は、木村が見せる表情ほどに楽観できる状況にない。それは、木村政彦の師・牛島辰熊と力道山にまつわる情報だった。

木村戦を迎えるにあたって、力道山は柔道の締め技と関節技を極度に警戒していた。対策を練るには柔道の専門家からのアドバイスが必要になる。よりによってこのコーチには、木村の力量を最もよく知る牛島辰熊が選ばれていた。なぜ、牛島辰熊は敵側のコーチについたのか？　その不可思議な行動について大山倍達は「プロ柔道を飛び出した木村に対しなんらかの感情を持っていたのではないか……」と説明している。逆に、コーチを装って敵の偵察に行ったのではないかと推測する関係者もいた。力道山が牛島を呼んだのではなく、牛島自らコーチ役を買って出たと言われていたからだ。

——調整は完璧、体調も万全。力道山の噂は、大山倍達の耳にも入っていた。

「先輩との対戦を控えて、力道山はもう大変です。牛島先生をコーチに招いて、連日特訓をしています……」

緊張の色を漂わせながら大山倍達は、木村に言った。それでも木村は、一向に動じるような素振りを見せない。のみならず、試合など関係ないといった調子で、ジョークすら連発する。

「大山君、君は宮本武蔵が好きだと言ったな。俺は……、違う。佐々木小次郎の生き方のほうが俺は好きだ」

従えている二人の女性を交互に見やりながら木村は言うのだった。

〈先輩にはそれだけ余裕があるのだろうか？〉周囲にアルコールの臭いを撒き散らしている木村を見つつ、大山倍達はこうも思った。それにしては、肌に張りがない。稽古不足であることは明らかで、目にもかつて見せていたような輝きがまるでない。大山倍達は内心腹立たしいものを覚えながら、木村の談笑に応じていた。

暮れも押し迫った十二月二十二日、師走の風は肌に冷たかった。ロング・コートに身を包んだ大山倍達は木村政彦の控室へ行き、「先輩、いい試合をしてください……」これだけを言い、木村の後援者で神戸から上京してきた小浪義明夫妻とともに国際プロレス団のリングサイドに腰を落ち着けたのだった。

前座の試合が、午後六時から始まった。第一試合は日本プロレスの芳の里対全日本プロレスの市川登。芳の里が勝ったが、この時点よりリング内はケンカ・マッチの様相を呈していた。

第三試合までを消化し、第四試合、セミ・ファイナルは日本プロレスの遠藤幸吉と国際プロレス団の立ノ海のあいだで争われた。三〇分一本勝負として行われ、一一分四八秒「体固め」で遠藤幸吉が立ノ海を下す。木村側はまったくいいところがない。

前座の試合がすべて終わった。

ここで、日本選手権者を決定するに当たり、酒井忠正プロレス・コミッショナーの挨拶が入る。「本日行われる力道山対木村政彦の試合は……」コミッショナー宣言に緊迫感が漂い、いよいよの時を迎え場内は騒然となった。リングサイドの警官の動きが慌しくなる。人波に埋もれた通路をまず、木村政彦が入場。背中に鯉を躍らせた紺色のガウン、素足でショートタイツ姿である。次いで、力道山が入場。紫地で、裾には富士山に桜をあしらった和服式の派手なガウン。背には右肩から斜め下に「力道山」の文字が大きく染め抜かれている。リング・シューズをはき、ガウンの下は力道山独特の黒のロング・タイツだ。

レフェリーはハロルド登喜。力道山のトレーニング・パートナーである。凶器を隠し持っていないか、両者をチェック。破《わ》れ鐘のような喚声の中を、力道山と木村政彦はそれぞれのコーナーに帰った。午後九時五十分、観客の誰もが深く静かに息を吸ったとき、ゴングの音は鳴った。

力道山の猛攻にうつ伏せに寝たまま微動だにしなくなった木村政彦

ボディ・チェックを受けて帰りしなガウンを脱いだ力道山。それを付人に放り投げるとゴングの音を聞くか聞かぬうちにコーナーを蹴った。ほとんど同時に木村政彦もリング中央に歩み寄った。腕を伸ばし組み合う体勢からまず木村が力道山をロープに詰める。ロープを背にしたところで木村、両手をあげフェアに分かれる。リング中央で再び組み合い、今度は力道山が木村をロープに詰める。木村、力道山の首に両腕を巻きつけ応戦するがそのままロープに押し込まれる。レフェリーの「ブレーク」より先に、互いに両手をあげて分かれる力道山と木村政彦。出だしはまったく互角の攻防である。

最初に大技を見せたのは木村政彦のほうだった。組み合った姿勢から木村得意の一本背負いを放つ。すかさず立ち上がって反撃に出る力道山。腕固めから投げを打ち、ボディ・シザースの体勢に入る。その姿勢で力道山、木村の首をがっちりと挟み込む。チョークの反則がないかレフェリーが木村の喉元に手をやり再三チェック。苦戦する木村、劣勢から逃れようともがく。ようやく力道山の足から逃れ体勢を立て直す。しかし、またしても攻勢に出たのは力道山である。ヘッド・ロックからの流れで木村の左足を取り持ち上げる。木村、力道山の背中にへばりついて防御。さらに優位に立とうと機をうかがう力道山、木村の足から腕へと攻撃の手を移す。リスト・ロックに持ち込み、手首を極めたまま木村を投げる。立ち上がる木村をさらにボディ・スラム一発、フォールの体勢に入る。レフェリーも釣られてマットに這うが、カウントに至らず。ならばと力道山、ローリングで逃れようとする木村を肩越しに高々と担ぎ上げロープへと運んでいく。リング外へ投げ落とせば反則になる。木村は最上段のロープを手繰り寄せてこれを防ぐ。ロープの外に立った木村が左手を小さくあげたのは、力道山のフェアな試合運びに応えたのかそれとも自らの〝劣勢〟に対する観客への照れ隠しなのか。力道山は何事もなかったかのようにロープを離れる。せり出した鳩胸には自信を覗かせている。力道山優勢のうちに「一〇分」が経過した。「一〇分経過、一〇分経過」「テン・ミニッツ・パースト、テン・ミニッツ・パースト」のアナウンスが場内を駆け抜ける。

しかし、木村も、守勢にばかり回っていたのではない。フライング・キックで敵をたじろがせる場面を見せ、力道山の投げに合わせながらいつの間にかその左腕を極めていた。苦悶の表情が力道山をよぎる。逆を取った腕をそのまま押し上げれば骨折は免れない。木村はなぜかそれをしない。木村優勢。力道山の腕を極めたまま投げを打つ。力道山左右の手をクラッチして木村の逆技に応戦。ようやく木村の腕固めを解いた力道山、逆襲に転じボディ・スラムを木村に見舞う。木村、立ち上がり一本背負いに出る。力道山、木村の首に腕をからめてこれを防ぐ。投げては投げられるという攻防の流れのなかで、木村の技に対し力道山が初めて見せた抵抗の姿勢である。

リング中央で距離を置き、両者睨み合う。力道山、初の空手打ちの構え。木村、これを嫌う。力道山、再度空手打ちのポーズ。ノー・ゼスチャーを見せる木村。緊迫した空気が場内に漂う。腰に手を当て抗議の視線を送る木村に、力道山三度《みたび》空手打ちの構え。木村、ロープを背に防御の姿勢をとる。ロープ伝いに右へ移動。ゆっくりとそれを追う力道山。攻防に至らずリング中央に戻り、ここで力道山、左から右へ攻め手をスウィッチ、顔には余裕の表情がある。

——好奇心や娯楽のために足を運んだのではない。観客のなかでただ一人「もし俺が闘わば……」の意識を持って試合の成り行きを見守っていたのは大山倍達である。大山倍達の闘争心に火をつけた、力道山の阿修羅に似た猛攻が開始されたのはその直後だった。

引き金を引いたのは木村だった。力道山の腕から首を抜いた木村、息をはずませながら力道山と腕を取り合う。直立の姿勢から少し身をかがめ、左足で力道山の下腹部めがけて蹴りを放つ。押し込むような蹴りである。これに力道山が怒った。「この野郎！」の表情が全身にありあり。突き出すような右のストレートが木村の顔面を捉える。後退してリング・コーナーに詰まる木村。力道山これを猛然と追い、右の空手チョップを顔面に連打。木村の頸動脈めがけて水平に打ち振られる。一発、二発、三発、四発、……五発目が来たとき木村咄嗟に身を低くして避《よ》け力道山にタックル。蹴り技を見せるなど攻勢に出て力道山をロープに詰める。レフェリーのハロルド登喜、これを制止し木村の「つま先でのキック」に対する注意を与える。レフェリーを向き戦闘体勢に入っていない木村の顔面に力道山がまたしても空手打ち一発。さらにボディへの右キック。木村、レフェリーに向かい「ならばこれも反則じゃないか」と注文をつける。「足の甲での蹴りだから問題ない」とのゼスチャーを見せるレフェリー。力道山、相手の抗議が終わるか終わらぬうちに右の強烈なキックを木村の鳩尾に見舞う。木村たまらずダウン。ロープを背に崩れ落ちる。その木村の顔面を狙い、距離を充分にとっての力道山のキック。のけぞる木村の身体で、背にしたロープが弓状に大きくしなるという凄まじい蹴りである。木村の顔面はすでに歪み、口からは血が噴き出ている。

それでも力道山は攻撃の手を緩めない。反撃する力を失った木村をリング中央に引きずり出し、踏みつけ、そして小突く。マットに這いつくばる木村の首筋に打ち下ろすような空手打ち。返す手が顔面の中心を捉え、木村ロープに飛ぶ。レフェリー、初めて木村の顔面をチェック。立ち上がった木村に「試合続行」を促す。力道山、木村に襲いかかる。左、右、左と、得意の張り手が飛ぶ。気力だけで辛うじて立っていた柔道の鬼、木村政彦は、ついに精も根も尽き果てた。リング・コーナーで前のめりにドーと落ち、うつ伏せに寝たまま微動だにしなくなった。闘争の激しさを証す、波打つ腹部の息遣いだけが、木村の生存をわずかに伝えている。思い出したようにレフェリーが、カウントを開始する。

「ワン・ツウ・スリー、……」

「ファイブ」のカウントを聞いたとき、木村は投げ出していた右手を引きわずかに身を起こした。否、リングの内に向いている顔の向きを、外に変えただけだった。朦朧とする意識の中で、木村は観衆に何かを訴えたかったのであろうか。あるいはそれは、老齢を押してリングに上がった不世出の柔道家が、執念で見せた最後の闘争心だったのであろうか?

テンカウントを聞いても、木村はついに立ち上がることができなかった。昭和巌流島の決闘——。力道山は勝ち、木村政彦は敗れたのであった。

木村をコーナーに詰め、空手打ちの連打をする力道山
（写真提供：日刊スポーツ）

ロープを背に崩れ落ちる木村に距離を充分にとってキックを入れる力道山
（写真提供：日刊スポーツ）

リングコーナーで前のめりにドーと落ち、うつ伏せに寝たまま微動だにしなくなった木村政彦。レフェリーのハロルド登喜がカウントを始め、カウント５で木村はわずかに顔を上げ横に向けた（写真提供：日刊スポーツ）

『毎日新聞』の伊集院浩氏が、署名入りの記事で木村の敗因を叱責

日本プロレス選手権試合、六一分三本勝負。世紀の対決は一五分四九秒で決着がついた。「ドクター・ストップ」により、木村が二戦目を放棄したからである。一戦目に続いて高々と力道山の手が二度、レフェリーによって高々とあげられた。喚声が鳴り止まず騒然とする場内で、力道山は勝利に酔っている。

しかし――。

力道山の真の意味での果たし合いは、むしろそれ以降にあったといえよう。

柔道の木村政彦、空手の大山倍達、プロレスの力道山――。奇しくも時代を同じくした日本・アジアを代表する武道・闘技会の三巨星が同じ場所にいた。木村サイドに陣取って先輩の試合を観戦していたケンカ空手の大山倍達。雌雄を決する男と男の勝負、実力の差で木村が負けるなら致し方のないことだと思っていた。したがって木村が劣勢に回っても、フェアに試合が進められている限り心を動かすことはなかった。勝利を祈る気持ちはあっても、冷静でいられた。

平静でいる大山倍達の心に闘争の火をつけたのは、ほかならぬ力道山の反則すれすれの猛攻である。一発、二発、……力道山の蹴りや空手チョップが木村の肉体を抉《えぐ》るたびに大山倍達は、我が身を裂かれる思いでリング上を見つめていた。頸動脈を打たれ鳩尾にキックを受けて木村が最初にダウンを喫したとき、大山倍達の心中は火の海になっていた。今にもリング内に飛び上がりたい衝動に駆られたが、〈自分は当事者ではない〉という自制心で辛うじて思い留まった。が、執拗に繰り返される力道山の攻撃。戦意喪失気味にある相手をリング中央に引きずり出し、突いたり踏みつけたりするに至っては最早、同じ闘技家として許し難いものがあった。どこから見てもフェアではない。試合が過激になるにつれ、大山倍達の手は知らず識らずのうちにロング・コートのボタンをはずしかけていた。そこへ、血泡を噴いて木村がダウン。「ドクター・ストップ」がかかり試合続行不可能となる。レフェリーの手が二度力道山の腕に触れたとき、大山倍達は堪忍袋の緒を切った。

「そんなバカな判定があるか、力道、待てい！」

ロング・コートをハラリと脱いで大山倍達は立ち上がった。

「貴様、力道、これはプロレスじゃない、ケンカではないか。ケンカなら力道、たった今ここで俺が相手になってやる！」

大山倍達は上着も脱ぎ捨てた。このとき木村サイドに国際プロレス団の立ノ海や大坪清隆らがいなかったなら、大山倍達は間違いなくリングに上がっていただろう。全身火の玉と化し「俺が相手だ！」と哮《たけ》り立つ大山倍達の両腕を立ノ海や大坪清隆はじめ隣席にいた友人らが羽交い締めにし、「止めろ」「止めろ」と制止した。混乱するなかで木村の師・牛島辰熊も我を失って右往左往していた。その牛島はレフェリーのテン・カウントを聞いても起き上がることのない愛弟子・木村のもとによろけながら駆け上がり、「救急車」と「担架を……」要請した。これを聞いた大山倍達はまた烈火のごとく怒った。牛島辰熊が自分にとっても師であることを忘れ、その名を呼び捨てにしながら「みっともないことは止めろ！」と一喝した。

「牛島！　何が担架だ、救急車だ……！」

羽交い締めにされた腕を振りほどこうともがきながら大山倍達は、次にはリングに寝ている木村政彦に向かって声を張り上げた。

「先輩……立て！　男なら先輩、自分の足で立って歩いていけ！」

無残な負け方をして、ただでさえ口惜しい思いをしているにもかかわらず、これ以上恥を晒《さら》すのは「止めろ」との理由からである。

大山倍達の声が届いたのであろうか。リング・ドクターの診察を受けたあと、木村政彦は茫然自失の表情で立ち上がり、自らの足でリングを降り配下のレスラーに身を預けながら控え室へ向かった。リング上で一度、力道山と握手を交わしたのち控え室へ戻ったのだった。あまりにも非情な勝負の世界の明と暗――。木村が、地位も名誉も男の誇りもすべてもぎ取られ寂しく引き揚げた同じリングの上では、日本のプロレス初代チャンピオンとなった力道山光浩が満面に笑みをたたえ両手をあげて観衆に応えていた。

決戦の模様について『朝日新聞』は、翌日の朝刊で「力道山、木村を破る」「空手打、15分余で打倒」という見出しを付けて「日本プロレス選手権」の模様を報じている。

開始直後は両選手ともに慎重な試合運び、木村が逆をねらえば、力道は投の大技で応酬、「力道のやや押し気味のうち十五分が経過した」とし、その直後はだしの木村がつま先で急所を蹴った反則に力道山が激怒。空手打ち、足蹴りを交互に木村の顔面と腹部に集中し、木村は「コーナーに追いつめられてグロッキーとなり、そのままリングにこん倒して起き上がれなかった」と報じている。添えられている写真は、力道山が木村政彦をコーナーに追い詰め、空手打ちを連打。木村がそれを防御している写真だ。キャプションには「力道山（左）の猛烈な空手打ちを受けてダウン寸前の木村、審判はハロルド・登喜」とある。

前座の試合は、三十分一本勝負で遠藤幸吉（日本プロレス）対立ノ海（国際）の結果だけを報じ、「体固め11分48秒」で遠藤が勝ったと報じている。

『毎日新聞』を見てみよう。スポーツ欄トップで「プロ・レス初の日本選手権戦」とベタ白抜きのタイトルを付し報じている。「力道　木村をけり倒す」「15分49秒でドクター・ストップ」とし、「争われぬ実力の差」という見出しが目を引く。試合展開の解説の冒頭では《20分で力道をフォールすると豪語した木村も、実力の差は争われず……、この一戦を期待したファンを失望させた。》とある。

力道山が猛攻を開始したのは木村が「急所（下腹部）」を蹴ったからだと言われているが、『毎日新聞』ではこの「急所蹴り」については触れられていない。試合の結果については、

《もはや木村には戦う意志なく口中から鮮血ほとばしって15分49秒マットにうつ伏したまま起きず、期待の一戦も最後の幕切れはあっけないものとしまった。》とし、《結局は両者実力の差であって練量を誇る力道の勝ちは当然の結果といえよう。》

と結んでいる。

木村の敗因については、選手権を前に熊本から試合の前日に上京するという、「あまりにも選手権を軽々しく見ていた」結果だと手厳しい。《少くとも選手権を争う大選手たるもの一週間以上の余裕をもってのぞまなければ勝利などおぼつかない。》と、署名入りの記事を書いているのは伊集院浩氏である。

リングサイドで「大山倍達が演じた」ドラマ

木村側のリング・サイドで、大山倍達が演じたドラマを「この目で見た」という証人がいる。元力士で格闘技および演芸評論家となった小島貞二氏である。

試合当日、小島は蔵前国技館「向こう正面のリングサイドに席を取り試合を見ていた」。そして、試合が終わった直後に、自分とはちょうど反対側に位置する席でもう一つのトラブルが起こりかけているのを発見した。何事だろうと興味を持った小島は、席を立ってトラブルのあるほうへ行き「その一部始終を眺めていた」という。小島が見たこのときの光景については、その著『力道山以前の力道山たち』（三一書房）第二十五話の中に描かれている。

同書の中で小島氏は、「大山倍達対力道山」の対決を想定し次のように書いている。

《もし、その時、大山が躍り上がり、もし力道山が、「よし、来い」と身構えたとしたら、おそらく別の血がマットの上に散っていただろう。

喧嘩殺法なら大山のほうが専門家だ。まず下から目を突き、相手は本能的に目を覆う。がらあきの金的めがけて蹴りがとぶ。相手は悲鳴をあげて股間をおさえる。そして当然、前にかがみ込む。そのみずおちめがけて、正拳一発をぶち込めばことがすむ。

これがもろにきまれば、力道山の鉄の肉体をもってしても、アバラを折られるか、股間をおさえてのたうち回るか、そんなシーンも十分想定された。》

渡米遠征時にレスラーを相手に闘った大山倍達の戦法を、熟知したうえで小島氏はこれを再現しているかに見える。が、小島氏はさらにこうも続ける。

《もし、力道山が反撃に転じていたら、それこそ「殺される前に殺ってやる」のチョップが、大山ののど元を真っ二つにしていたかもしれないのだ。

どちらにしても、万余の観衆の、そしてテレビを茶の間で見ている何千万の目を覆わせたに違いない。プロレスの道も、そこで大きく曲がっていたかもしれないのだ。》

大山倍達によれば、「俺が相手だ」と叫んだとき力道山は、木村戦の余韻をまだ残しながら「腰に手を当てリング内を歩き回っていた」という。上下にはずみをつけるような軽い足どりで、両の手の親指一本だけがタイツの上に添えられていた。どよもす場内で本能的に大山倍達の「声」を聞き取ったのであろうか、力道山は大山倍達に一瞥《いちべつ》をくれたが、あとは視線を逸らし「二度と私を見ることはなかった」という。

プロレスのチャンピオン・ベルト欲しさにではなく「先輩の仇を討ちたい」一心で、その後も大山倍達は力道山に対し「真剣勝負をしたい」旨、挑戦しつづけている。のみならず、力道山の姿を求めて赤坂の盛り場を「夜な夜な歩き回った」ともいう。だが、両者の対戦が実現することはなかった。

木村政彦に勝ってのち力道山は、全日本プロレスリング協会の山口利夫とも「日本一決定戦」を行い、二対〇で山口の挑戦を退けている。大山倍達対力道山の一戦が実現しなかったことについては、一部マスコミなどで「大山倍達は自分から挑戦しておきながら、いざとなったら力道山に恐れをなして逃げた」などという揣摩臆測《しまおくそく》が流れたようだが、事実はさに非ず、である。いくつか理由があるなかで、大山倍達の意識をリングから遠去けた最大のものは「私がアメリカへ行くとき生活の面倒を見てくれ、大変世話になった松村という先輩が力道山とも親しく、この人に止めろと言われた」こと。そして、その後力道山と木村政彦が「和解を成立させたことを木村先輩の口から聞いた」ことによるものである。

以下に掲げるのは、拙著『大山倍達　炎のカラテ人生』（講談社）に収録されている、大山氏の肉声である。

《木村先輩が力道にメッタ打ちにされて、「あの野郎、あのまま置けない」ということで私は立ち上がった。立ち上がって上着脱いでリングに上がろうとしたんだ。その時、私が登ろうとしたとき小島（貞二）もそばにいたからね。そうだしね、私は試合の前にあちらに行ったんですよ。九州の博多行って、帰りに神戸に寄って『エンパイヤクラブ』というキャバレーを経営している小浪社長に会った。この小浪という社長は『ミカド』まで買い占めた男だけれども、木村を支援して「力道より木村のほうが強いよ」と言っていた。それで、力道と木村の試合のときに小浪夫妻を連れてきて、木村のサイドに座ったわけです。小浪社長は私の後ろに座った。そして、あの、（試合は）ああいう結果になりましたがね。それでリングに上がろうとしたんだが、小浪さん夫婦はもうびっくりしちゃって……、それをその、松村だとか大勢の人間がこう摑まえて「大山止めろ」と。

そのあと、私は力道を追って歩いた。挑戦したんだがね、受けてくれなかった。それで力道はね、一人で歩かなかったから。ユセフ・トルコだとか豊登だとか、遠藤幸吉だとかもうプロレスラーを連れて歩くから。そして（ある日）『ニュー・ラテンクォーター』で会ったの。力道に会ったのよ。そこで決着つけようとしたら、力道が急に足を引きずって歩くのよ。それをあの、『ニュー・ラテンクォーター』で梶原（一騎）が聞いて、昔の人から聞いて「これはいい作品になるよ」と梶原が（「空手バカ一代で」）書いたのよ。

そうやって力道を追って歩いたんだが、それを松村さんだとか梅田という建設会社の社長をしている大先輩が知って、「同じ仲間同士ケンカをするのはもう止めろ、水に流せ」と、こう強く言われたもんだからね。松村さんというのは在日韓国人で、力道とも親しいし私とも親しかった。試合の時に私が「あの野郎やらなくちゃいけない」と言ってリングに上がろうとしたら、私を摑んで言うのよ。「お前ね、お前も同じ韓国人じゃないか」と。「日本人に力道が勝ったのに、どうしてお前が力道とやらなくちゃいけないんだ」と。松村さんに私は、アメリカ行く時に大変お世話になっている。梅田さんにもお世話になった。こういう人達や、民団（在日本大韓民国民団）の団長をやった友人の李裕天だとかに「大山もう止めろ」と、「力道は国家のヒーローだから協力してやるようにできないか」と、こう強く言われたもんだから、そこで私の考えが変わって……。

（力道山を敵視しなくなった）もう一つは、木村先輩と力道が手打ち式をやったということ。しかしね、力道は木村先輩を自分で呼んでおいて、先輩が帰る時に部屋から出もしなかったって……。見送りもしなかった。それで木村は「しまったな」と思ったたって。「手打ちをやるんじゃなかったな」と、こう言った。それ聞いて私は「あなたバカじゃないか」と、こう言ったのよ。「先輩、バカじゃないか。こちらはね、命を賭けて力道を追っかけてるのに、先輩なあーにやってるんですか」と。それからね、「もうあなたとは二度と会わない」ということで、あれ以来木村先輩とは会っていないんだよ。だからもう、三十数年間、木村先輩とは会っていないんです。》

日本プロレス界の「七不思議の一つ」

力道山対木村政彦の一戦について語った書は、雑誌類やグラフ誌などを含め相当数にのぼる。そのほとんどに共通するのは「力道山が試合を圧倒した」ということであり、試合内容そのものが「どんなに凄惨をきわめたか」ということである。

ところが、真剣試合であるはずの両者の対決は「実は八百長崩れだった」というのが今では斯界の通説となっている。「実際は八百長であるべきはずだった……」というのは、誰よりもまず闘った当の本人・木村政彦が自著あるいは雑誌のインタビューなどで詳細を語っており、八百長試合を証明するものとしては木村政彦が調印式前に力道山に手渡したとされる出来合い試合の「確約」書なるものが二通、公表されている。以下に示すのは、『内外タイムス』の記者・門茂男氏が力道山に見せてもらったという件《くだん》の確約書である。

《確約、日本選手権試合に対する申し入れ、

第一回の日本選手権試合は引分け試合をすること。一本目は君が取り、二本目は自分が取る。決勝の三本目は時間切れで無勝負とする。

昭和二十九年十一月二十六日、

右、木村政彦、力道山君》（前掲書『力道山の真実』より）

門氏によれば、この確約書は大船での調印式が始まる寸前に、「木村が持ってきた」ものだと力道山は言っていたという。門氏の著書から力道山の言い分を要約すれば次のようである。

「……（試合は）一回だけじゃもったいないから、二回やろう。それについての俺の考えはここに書いてある。あんたが承知だったら、俺と同じことを書いて郵送してくれ。一回で終わるより、二回、三回とやったほうがあんたも儲かるし、俺も儲かる。わしは無論、確約書なんか郵送しなかった。〝八百長〟という字を見ただけで、わしはムカムカするんだから。そんなものの返事なんか書くわけがない」

一方、木村政彦の言い分については、（株）文藝春秋のスポーツグラフィック誌『Number 70』が昭和五十八年三月五日号で特集した「力道山の真実」の中で、インタビュー形式で詳しく報じられている。力道山の死後、二〇年たってから刊行された同号は二六万部を刷りほぼ二日間で完売したというが、大の力道山ファンだった筆者もその一冊を購入した一人である。

力道山と木村政彦、どちらの言い分が真実なのか？　双方の言い分を一語に集約すれば、力道山が「木村の一方的な八百長申し入れ」を主張するのに対し木村は「ともに納得ずくでやったにもかかわ

らずリングに入って力道山が裏切った」と主張する。門氏の『力道山の真実』『Number 70』誌の「力道山の真実」を読み下したうえで筆者は、力道山・木村政彦両者のコメントから筆者なりに疑問に思ったことをいくつか整理して、直接これを質《ただ》してみるべく木村氏を訪ねたことがある。フリーのライターとして極真会館の機関誌『月刊 パワー空手』に「武道カラテに捧げる生涯 大山倍達の足跡」を連載していたときで、『Number 70』が出た年の夏であった。木村氏は甚平姿でニコニコして迎えてくださった。応接間の壁には「三倍努力」と書かれた書が掲額されていた。木村氏の回答はおよそ以下のようなものだった。

「芝居をやろうと言ったのは、双方で決めたことで、わしだけが一方的に決めたことではない。真剣勝負をわしがやろうと言い出したのも、これは前々からだいたいの月日を決めて二人で話し合っていたことで、お互いに公表しないでおいて、やるときはパッと新聞に出そうじゃないかということで納得ずくでやったことだ」

「確かにわしは確約書を書いた。しかしあれにしても、力道は『自分も書く』と言っておいて、書いてよこさなかった。結局、わしが書いたものだけが力道の手に渡った。あれを渡すとき『なぜ君は書かないんだ』と言ったら、『書くのが当然だけれども、時間がなかったから書けなかった』と、力道は言っていた。だからわしは、てっきり承知したものと思ってリングに上がった……」

慎重に言葉を選びつつ話す木村氏の語調は、遺恨試合の顛末《てんまつ》を語るにしては終始穏やかだった。この木村氏のコメントが事実であるにしても、かつて勝負師で鳴らした柔道の鬼・木村政彦は、人情家である以前に闘技家であらねばならなかった。のちに力道山も指摘しているように、木村政彦はアルコールの臭いを漂わせながらリングに上がっていた。八百長試合に本格的なトレーニングなんか必要ない、そう思っていたのであろうか。この点、木村政彦を「先輩」と慕う大山倍達の、悔むところでもある。木村は生来、酒好きだった。アメリカやメキシコなどを転戦しプロレスで稼いだファイト・マネーで、郷里熊本県にキャバレー(『キャバレー木村』)をすら開いた。毎晩のように酒を飲み歩き、「実力日本一」を決める力道山との大事な一戦を控えてさえ、トレーニングそっちのけでアルコールに浸っていたといわれる。日本プロレス選手権試合のため熊本から上京してきた木村は、宿泊先のホテルの屋上で記者団を前に力道山に対抗する手段として空手の正拳突きなどを披露しているが、目は笑い口元をほころばせながらのこのデモンストレーションには往年の木村の面影はない。

ところで、世紀の対決——。軍配は力道山に上がったが、試合は木村氏が言うように「本当は八百長であるべきはずだった」のか？　この謎を解く鍵は門氏の次の文章に秘められているのではないか。

《……木村政彦が東京から離れていた岐阜市で挑戦宣言をしてわずか四十五時間後には調印式が早々と行なわれたこの事実に疑念を抱く人たちが一人としていなかったのは、今もって日本のプロレス界の七不思議の一つである。》(『力道山の真実』)

この謎は、木村氏の言う「やる時はパッと新聞に出そうじゃないか……」という秘話を以てすれば八割がた氷解するのではないか。

謎を解く鍵は、もう一つある。木村政彦は試合中、本当に力道山の急所を蹴ったのか、ということである。これについては力道山のパートナー、遠藤幸吉氏がこう明かす。

《この試合について、他人はあれこれ能書を言ってはいけない。

木村が力道山の〝急所〟を蹴ったというのはウソだ。私はそれを力道山自身の口から聞いている。木村に、力道山の股間を蹴り上げるような仕草は確かにあった。それも木村が意識してのことではなく、ほかの動作のはずみにたまたま足が流れて、そういう形になった。》

暴露本のスタイルをとってプロレスの味わい方を示した『プロレス30年　初めて言います』（文化創作出版）の中で述べたものである。遠藤氏はこうも言う。

《力道山は、試合の初めからそういう機会を待っていた。何がなんでも、きっかけを見つけたらすぐケンカ・ファイトに持ち込み、一気に決着をつけてしまおう。力道山はそう狙っていた。ケンカ・ファイトは成り行きでそうなったのではなく、初めから力道山の作戦だったのである。……》（前掲書）

この一件については筆者も、著書を読んだだけでなく遠藤氏を取材し直接聞いている。また、伊勢プロダクション製作・松竹配給のビデオ『蘇る力道山』を入手し木村を相手の力道山のケンカ・マッチを見たのだが、遠藤氏の指摘どおり木村は力道山の急所を蹴ってはいない。が、木村の左足は力道山の臍の右下に押し込むように入り、この加撃を合図に力道山の猛攻は開始されている。

「なんだかんだ言っても、力道は一世の英雄だったよ」

昭和巌流島、龍虎の闘い——。大山倍達の声にも耳を傾けてみよう。

「力道があという試合をしたのにはね、理由は二つ考えられる。一つは、力道はそういう気持ち（八百長を承知）でリングに上がったんだよ、（木村との）約束どおり。上がったんだが、実際にやってみると面倒くさくなったんだよ。「こんな弱い者をね、こんな弱い者を相手にしてもしようがないじゃないか」と。そうして足で蹴ってきたのがね、たまたまこの股に当たったわけだよ。それを金（的）を蹴ったということで、そのままメチャ打ち、殴ったというふうに解釈するのが正しいだろうと思うんだよ。

もう一つは、力道は「（語気を強め）初めからのばしてしまおう」と、こういうふうな考えと二通り考えられるが、私は、初めからのばすつもりはなかったんじゃないかなあとこう思うわけです。

木村は、あまりにも酒を飲みすぎたということよ。そしてね、女をあまりにも連れて歩いたと。そして、木村はキャバレーというのをやっておったから。ああいうものをやったのがね、（闘技家として）そもそもの間違いじゃないか、と」

すなわち、木村政彦の闘争心は最早失われた——。大山倍達の目にも、両者の力の差は歴然としていたのである。が、大山倍達は勝負師としては冷徹な目を持ちながら、敬愛する「先輩」を見捨ててはいない。

「しかし私はね、確かに力道は試合に勝った。あの試合には勝ったけれども、長い目で見ると木村のほうが勝ったんじゃないかなと、こう思う。人が寝ている間も寸暇を惜しんで訓練することが強者になる条件であり、他人より多く訓練したという事実が、試合の場での自信になる。『睡眠は一日四時間で充分だ』、人より三倍の努力をすること、これが木村先輩の強くなるための柔道哲学であった。これだけを取ってみても、真の勝利者は木村政彦のほうじゃなかったかなと、こう思うんです。

力道に負けてからは、母校の拓大に戻って、強い選手を育てるために後進の指導にあたった。これだけを取ってみても、真の勝利者は木村政彦のほうじゃなかったかなと、こう思うんです。

もう一つ、私もね、あのとき（力道山と）試合をやって勝ったとしても、私も大ケガをしただろうし……。もし（力道山を）潰したということになると、今の極真会館はなかったかもわからない。義理で行くか、人情で行くか、ずいぶん迷ったけれども、私は勝負はともかくとしてやはり人情で行こうと……。結果としては、これでよかったんだろうと、こう思います」

力道山に柔道のコーチをし、愛弟子の刺客に加担する形となった牛島辰熊氏だが、その牛島氏は、木村政彦が力道山の前に血まみれになって倒れたとき、よろける身体でリングに上がり愛弟子を助け起こそうとした。後年牛島氏の妻・和香さんが「あの時なぜあんなことを……」と訊いたところ、牛島氏は、寂し気な表情を浮かべ涙ぐみながらこう答えたという。

「あいつの骨を拾ってやれるのは、わしだけだから……」（『朝日新聞』連載「スポーツ界列伝」から）

本稿執筆にあたっては、大山倍達に関する証言を含め牛島辰熊氏には是が非でもお会いしたいと思っていた。しかし、昭和六十年五月二十六日、牛島氏は八一歳で不帰の人となられた。現役時代は勇猛な柔道家として鳴らし、指導者としても名を馳せ、石原莞爾に傾倒し東亜連盟に参加。壮烈な生き様の持ち主だった。力道山は牛島八段をコーチに迎え、短期間のうちに何を学んだのであろうか。

「とは言ってもね、なんだかんだ言っても、力道は一世の英雄だったよ……」――。力道山対木村政彦の一戦を語り終えたのち、大山倍達が溜息混じりに漏らした言葉である。

〔本章は昭和六十三年五月刊行の拙著『大山倍達　炎のカラテ人生』（講談社）第七章の一部を加筆・改稿して掲載したものです。〕

第10章　対キング・コング、ルー・テーズ戦からフレッド・ブラッシー、ザ・デストロイヤー戦まで

山口利夫六段をも退けて日本選手権の座を守る

日本選手権の座を賭けて力道山は木村政彦と戦い、勝った。しかし、力道山は試合には勝ったが、自著の中では以下のように〝反省〟の弁を述べている。

《私は木村七段を打倒して日本選手権を獲得したが、はたして血を呼んだこの試合に対してジャーナリズムの風当たりは強く、世間の目も批判的だった。そして私は反省した。私としてもけっしてあと味のよいものではない。興奮してついあんな結果になってしまったが、どんな場合でも感情的になって試合をすることは邪道で、その点木村君にはすまなかった。》(『力道山　空手チョップ世界を行く』)

そして続けて、こうも言う。

《そして結論として〝ルール内でできる限りの荒わざを取りかわすことが本当の真剣勝負だ〟ということをさとった。私はそれを自分の信念とすることに決めた。世間もいつかは私の信念を認識してくれるだろう…。》(同上)

こう語る力道山が木村政彦と対戦したのち戦った相手は、木村と同じ柔道出身で牛島辰熊九段が立

ち上げた国際プロ柔道協会からプロレスに転向した山口利夫六段であった。プロ柔道時代に山口六段は木村七段と決勝で争い、敗れている。その山口は、力道山が木村政彦と対戦する前に、勝敗の行方を次のように予想したと言われる。

「現在の木村は、体力的にかなりの衰えを見せている。一方、力道山は体力、年齢の点でも今が絶好調。この上り坂、下り坂の明暗がいろどる両者の戦力差を見るとき、試合の成りゆきはおのずから予想されよう」

「山口六段の談話として某紙にのった予想」だとして力道山が『空手チョップ世界を行く』で引用した〝談話〟であるが、どの新聞に載ったのか紙名はわからない。

プロレスでは力道山より先輩格である山口利夫は、力道山と木村政彦とで日本選手権を賭けた試合をすることに対しては当初から異議を申し入れていた。シャープ兄弟が来日したとき、力道山の要請を受けて山口利夫も国際試合に参加し、東京大会二日目には力道山とタッグを組んでシャープ兄弟と戦った。また、大阪大会でも力道山とタッグを組んでノン・タイトルながらシャープ兄弟を初めて破り、神戸の大会では力道山・木村政彦・山口利夫の三人が組んでシャープ兄弟、ボビー・ブランズ組を相手に初の六人タッグ・チーム・マッチ（二―一で日本組の勝ち）を行ったり、国際試合を成功に導いた。であるならば、山口も力道山や木村政彦とともに日本選手権を戦う権利を有しているのであり、「俺はどうなっておるのだ!?」と山口が異議を申し立てるのも当然のことではあった。

そこで酒井忠正コミッショナーは「力道山と木村政彦が戦いチャンピオンが決まったら、山口利夫を最初の挑戦者にする」ということで、山口の異議を受け入れたのであった。

力道山と山口利夫のタイトルマッチは昭和三十（一九五五）年一月二十八日、大阪府立体育館において行われた。六一分三本勝負で行われ、東京に劣らず前売り券は発表と同時に売り切れた。超満員の観客が見守るなか、力道山門下の二試合のあと、日本プロレス（力道山）と全日本プロレス（山口利夫）の対抗戦となり、全日本の吉村道明が日本プロレスの田中米太郎を破り、豊登（日本）は山崎次郎（全日本）に勝った。駿河海（日本）と市川登（全日本）は引き分け。タッグ・マッチは日本プロレスのユセフ・トルコ、遠藤幸吉組が清美川（全日本）と長沢旦一組を二―一で下し、日本プロレスが優位を占めた。

そしていよいよ力道山対山口利夫の対戦である。

試合開始のゴングが鳴り、開始と同時に山口が得意の一本背負いで力道山を叩きつけた。観客がワーッ！と喚声を上げる。力道山は木村戦の反省からか、慎重に試合を進め、荒々しい戦いを控えていた。山口は我が意を得たりと背負い投げを連発する。力道山はグロッキーになりかけたが、山口はなぜか追い打ちをかけない。その隙をついて力道山が反撃に転ずる。山口を痛めつけた末に、逆エビ固めの必殺技をかけると、山口はギブアップし一本目は力道山が取った。

五分間の休憩ののち、二本目が開始される。必死の形相で山口が力道山目がけて突進した。サイドステップして力道山はそれを交わす。勢い余った山口の体は、リングロープの間をすり抜けてリング外に転落し、わき腹を強打した。わき腹を押さえ、七転八倒する山口。レフェリーの沖識名がカウントを開始する。二〇を数えても自爆した山口がリングに戻ることはなかった。呆気ない幕切れで力道山は二対〇で勝ち、タイトル防衛に成功したのだった。

このあと力道山に挑戦するレスラーは現れることなく、力道山は日本タイトルをコミッションに返上している。

キング・コングとの死闘―アジア・ヘビー級選手権＝王座決定戦

横綱東富士が力士を廃業したのは昭和二十九（一九五四）年十二月十五日であった。相撲界の因習に負け、部屋を持てないのがわかったことがその理由だと言われている。新田建設の新田社長が後援会長となり、東富士はマゲをつけたままプロレスに転向した。昭和三十（一九五五）年に力道山道場で行われた新年祝賀会に東富士も顔を見せ、新田社長や力道山、ユセフ・トルコらとともに屠蘇気分に浸った。一月二十九日に大阪府立体育館で山口利夫の挑戦を退けた力道山は、三月二十七日、東富士とともにハワイに向かって出発した。ハワイではホノルルのシビック・オーデトリアムで東富士とタッグを組んでボビー・ブランズ、ラッキー・シモノビッチが保持するハワイ・タッグ選手権に挑戦し、二―一で勝って王座を獲得している。その後、アメリカに渡りサンフランシスコから東富士とともに七二戦全勝の記録を土産に帰国した。

力道山「感動の名勝負ベスト10」で第一〇位にランクされているキング・コングとのアジア・ヘビー級選手権王座決定戦は、この年の十一月二十二日に東京・蔵前国技館で行われた。この試合は七分六ラウンド一本勝負というラウンド制で行われたが、ラウンド間の休憩も含め約五〇分にわたるキング・コングとの試合はまさに死闘であった。「名勝負ベスト10」でこの試合を解説しているのは竹内宏介氏であるが、「当時の私は体の小さい（一一五キロ）力道山が一八一キロもあるキング・コングをどう料理するかという好奇の目でこの一戦を見た」という。

〝本戦〟では決着がつかず、やむなく六〇分一本勝負の延長戦で決着をつけることになった。試合は三〇分五〇秒にリングアウトで力道山が辛くも勝利したが、両者は一時間二〇分も戦い抜いた。血だるまになりながらコングは「オレは負けていない！」と絶叫したという。

竹内氏は、試合後に力道山が控え室で語った言葉を次のように伝えている。

「ともかく疲れた試合だった。いくらコングに空手をぶち込んでも肉の壁に阻まれてサッパリ効果がなかったように思う。最後に思い切って額に空手をぶち込んで、ようやく手応えが出始めた感じだった。できればピンフォールを取りたかったんだが…奴も必死だったからな」

そして、キング・コングとの一戦を力道山は自著の中でこう書いている。

《延長にはいってもコングはわざで対決し、試合はフェアに進んだ。むろん私は主導権をコングに渡したりはしない。しかし寝わざに引きこまれると、さすがにウエート差がこたえて苦しい。だが私はなんとかコングをフォールにもっていかねばならない。

ちょっとした私の油断をついてコングがパンチできた。〝しまった〟と思ったときはもうおそい、パンチの雨に私は倒れた。立ち上がろうとすればはける。こうなったら空手チョップで切りぬける以外にはない。私は腕が折れ、コブシがめちゃめちゃになってもいいと、コングをめった打った。ヒタイが割れたが、空手チョップは反則ではない。私はコングをリング下に投げ落とそうとしたが、ウエート負けして折り重なって転落した。こうなればリングアウトするしか手はない。》（『空手チョップ世界を行く』）

このとき力道山は、ＮＷＡ世界ヘビー級チャンピオンのルー・テーズから「挑戦ＯＫ」の内諾を得ていた。挑戦資格としてアジアを代表するチャンピオンになってテーズ戦に挑む必要性があったわけだが、キング・コングとの死闘に勝って初代アジア・ヘビー級チャンピオンの座に就くことができた。キング・コングの出生地であるが、オーストラリア、ルーマニア、ハンガリー、インドなど様々な説があるが、本当のところはどこなのか判然としない。

ルー・テーズとのNWA世界ヘビー級選手権試合

力道山が「鉄人」ルー・テーズと初めて対戦したのは昭和二十八（一九五三）年十二月六日、ホノルルのシビック・オーデトリアムにおいてであった。同年十月二十九日に、世界チャンピオン、ルー・テーズへの挑戦者決定トーナメント戦に出場して決勝戦でボビー・ブランズを破り挑戦権を獲得して実現したタイトル・マッチである。試合は六一分三本勝負で行われたが、その結果は第7章において見たとおりである。一本目は四三分〇秒にバック・ドロップから体固めでテーズが先取。失神した力道山は二本目は試合放棄でタイトル奪取はならなかった。「タイトル奪取」というより、ルー・テーズの強さを思い知った試合であった。

「力では勝ったが、技で負けた」と力道山は敗北を認めつつ、「アメリカでもプロ・レスラーになってワールド・タイトルに挑戦するようになるには、少なくとも五年を必要とすることが常識になっている。それを私は半分以下の経験でやったのだ」と自信を覗かせてもいる。テーズ自身も力道山との対戦後「二年くらいの経験でこれほど強いレスラーと対戦したことはない」と、その実力を認めている。

ルー・テーズへの二度目の挑戦は昭和三十二（一九五七）年十月七日、東京・後楽園球場の特設リングにおいて行われた。六一分三本勝負で世界タイトルに挑戦したのだが、ノーフォールのまま時間切れ引き分けに終わりタイトル奪取には至らなかった。

さらに一週間後の十月十三日、大阪の扇町プールでテーズの世界選手権に三度挑戦。一本目は一五分〇秒にテーズがバックドロップから体固めに決め、二本目は一〇分四〇秒に力道山が体固めで一―一。三本目は六分五三秒に両者リングアウトで、またしてもタイトル奪取に失敗した。

力道山がルー・テーズを破り、念願のインターナショナル選手権を獲得したのは昭和三十三（一九五八）年八月二十二日の対戦に勝利したからだった。ロサンゼルスのオリンピック・オーデトリアムでテーズの持つタイトルに挑戦した。インターナショナルのタイトルをかけた試合であったにも関わらず、観客は三〇〇〇人くらいしか集まらなかったという。その理由を力道山は「（観客が）意外に少なかったのは急にこのタイトル・マッチが決まったため宣伝期間が短かったことと、全米にテレビ放送されたことによるのではあるまいか。」と説明している（『空手チョップ世界を行く』）

ルー・テーズとの試合、一本目は二五分過ぎにテーズがフライング・ボディ・シザースからの体固めで先取。二本目は力道山の空手チョップの乱打から体固めを一〇分足らずで決め一―一。三本目は、場外に落ちた力道山に対してテーズがリング内から攻撃を加えたため、一分少々で反則勝ち、二―一で勝利した。

この一勝は、力道山にとってただの「一勝」ではなかった。テーズを破ってNWAインターナショナルのタイトルを獲得した力道山は、宿舎のハイド・パーク・ホテルに戻ると、勝利の報告をするために電話口に飛びつき日本のプロレスリング協会を呼び出した。電話口には秘書の吉村義雄が出た。「先生、おめでとうございます」と返す吉村の声は上ずっていたという。

力道山はハワイ経由で帰国したが、ハワイのプリンス・カリワラニ・ホテルには東京の新聞社から国際電話がひっきりなしにかかってきて大変だったという。

「外電の報道によると、テーズ対力道山戦はワールド・タイトル・マッチではなく前座試合になっているということだが……」

という、問い合わせの電話だった。「そんなバカなことはない。誤報だ。私はメイン・エベントでテーズを破り、タイトルを獲得した」のだと応ずるのに大変だったと力道山。テーズに勝利した喜びを力道山は『空手チョップ世界を行く』の中でこう語っている。

《……私にとって一番うれしいことはインターナショナルのタイトルを獲得したことよりも、プロ・レスラーとなったときからの念願であった〝地球上最高のマットマン〟ルー・テーズを破ったことだ。私は日本での試合をふくめてテーズと八戦して五引き分け三敗で一勝もしていない。その喜びはことばではいい現わせないし、私だけしかわからない。》

文中「テーズと八戦して五引き分け三敗で一勝もしていない」とあるが、「力道山年譜」にはルー・テーズとの対戦は〝四戦〟しか記録されていない。しかし、力道山は昭和三十二（一九五七）年十月十三日、大阪の扇町プールでテーズと三度目のタイトル・マッチを終わったあと、テーズと帯同して十五日福岡（一―一）、十六日広島（二―一でテーズの勝ち）、十七日神戸（二―一でテーズの勝ち）、十九日名古屋（一―一）、二十一日仙台（一―一）とノンタイトルで五試合を戦っている。

ところで、日本スポーツ出版社の「力道山感動の名勝負ベスト10」で第二位にランクされているのは、米国でタイトルを獲得した試合ではなく、ルー・テーズに二度目に挑戦した十月七日の試合である。この一戦は、力道山の空手チョップか、鉄人ルー・テーズの岩石落とし（バック・ドロップ）か、プロレス・ファンの注目を集めた日本プロレス史上初のNWA世界ヘビー級タイトルマッチ（国内におけるテーズとの対戦は十月七日に行われたこの試合が初めてであった）は、後楽園球場特設リングに集まったファンを熱狂させた。

この一戦を解説しているのは、力道山と木村政彦が実力日本一をかけて戦ったあとに創刊した『月刊ファイト』の編集人・田鶴浜弘氏である。

試合開始のゴング直後、テーズはヘッドロックした力道山の顔面にナックル打数発、初めから殺気立ちロープのリバウンドを利用しフライング・ボディ・シザースで力道山を倒し、馬乗りになって膝で顎、肩を圧し、ニヤ・フォールに持っていく。劈頭のピンチを力道山は辛くも脱したが、スピードのあるテーズのグランド・レスリングは鮮やかに冴え、さらにトーホールドから〝地獄攻め〟に。ロープに逃げる力道山、辛くも立ち上がるのをテーズは体当たりに出たが不覚。その喉元目がけて力道山の空手チョップが爆発、テーズはもんどり打って倒れる。

テーズの得意技はバックドロップだ。力道山は勢いに乗じヘッドロックで攻め立てたが、それは実はテーズの罠。三〇分ごろヘッドロックで外見はテーズが痛めつけられた形で片膝立ちの中腰のまま、いきなり力道山の腰を抱き上げ同時にヘッドロックを食った首ごと上体をのけ反らせ、力道山は脳天から真っ逆さま。観衆は、この荒技に息を呑んだ。

1957年10月7日、東京・後楽園球場の特設リングでルー・テーズに挑戦した（61分3本勝負でノーフォールのまま引き分け）（写真提供：共同通信社）

《目前に見た〝バックドロップ〟の凄まじさは確かに慄然たるもの。数秒後テーズにのしかかられた力道山に満場の観衆の声援、外野席から座布団が雨あられと舞い、これにこたえる力道山必死の反転でロープに救われる。

初っ端から、ここまでのポイント採点通算するとテーズ21対力道山10。窮地を脱した力道山は、以後2度とバック・ドロップを喰わぬ。》（田鶴浜氏）

六一分三本勝負で五〇分を過ぎたあたりから力道山が形勢逆転、テーズをマットにめり込むほど叩きつけ、さらに空手チョップの追い打ちを浴びせる。さすがのテーズも戦意を失い、力道山圧倒的優位に立つ。後半、田鶴浜氏の判定ポイントはテーズ21点対力道山23点で大逆転。力道山優位の引き分けだった。

力道山はテーズとのタイトル・マッチを前にヘッドバット（頭突き）の名手ボボ・ブラジルや、根性があり若手レスラーから慕われているダニー・プレチェス、デトロイトを中心とする五大湖地区で名声を馳せたロード・レートンらと国内で帯同巡業を行っている。巡業が終わると練習道具を積んで箱根芦ノ湖畔の箱根ホテルに向かった。仕上げのトレーニングに入るためであり、沖識名、吉村道明、田中米太郎（桂浜）も同行した。このキャンプで力道山はボクサー並みの減食をして、体重を落としたという。「軽量（一〇五キロ）のテーズには、こちらも体重を落として、動き負けないことが第一と考えたからだ」という。《この考えは、最終的にはテーズを破れなかったが間違っていなかった。》と力道山は言う（『空手チョップ世界を行く』）

写真に見るのがこのときのルー・テーズとの対決シーンだ。

61分3本勝負で50分を過ぎたあたりから力道山が形勢逆転。テーズをマットに叩きつけるが、ノーフォールのまま引き分け（写真提供：共同通信社）

ジム・ライト戦では、右手の甲を痛めつけられ白い骨が剥き出しになっていた

「力道山感動の名勝負ベスト10」第八位にランクされているのは、昭和三十四（一九五九）年六月十五日に行われたメキシコのジェス・オルテガとの第一回ワールド大リーグ決勝戦だ。八分三ラウンド一本勝負で行われた試合である。このワールド大リーグ決勝戦ではジェス・オルテガとミスター・アトミックが戦うはずであったが、アトミックが負傷したために力道山が代打でオルテガと戦うことになった。試合は開始直後から〝拳打ち〟の応酬で荒っぽい展開。力道山は空手打ちで応戦したが、オルテガの分厚い胸板にはさして効果的なダメージを与えることができない。オルテガのパンチを顎にくらい苦戦の連続だった。

打たれても蹴られてもオルテガは後退することを知らない。力道山は三ラウンドに入り一気に勝負に出た。空手チョップ水平打ちを喉元に叩き込むとオルテガはダウン。「力道山感動の名勝負ベスト10」でこの試合を解説（談）しているのは『私だけの力道山伝説』などの著書を持つ石田順一氏だが、力道山が二回〇分三五秒で体固めに仕留めた瞬間を石田氏はこう語っている。

《レフェリーのダニー・ブレチェスの3カウントが異常に早かったのは印象的だった。印象的といえば勝った力道山が試合後にオルテガの顔を踏んずけたのも記憶に鮮明に残ってる。よほど力道山が怒っていたのだろう……。》

しかし、力道山の著書には《私はオルテガを2分35秒でフォールし、第一回のワールド・リーグ戦の優勝を勝ちとった。負けたオルテガが優勝トロフィーを私に贈り、私に握手を求めてきたときには

「オルテガもやっぱりスポーツマンだな」と愉快にもなりうれしかった。》(『空手チョップ世界を行く』)とある。オルテガは力道山に優勝カップを手渡したあと、「降参しました。あなたは私より強いです」と言って最敬礼をしたという。

力道山がルー・テーズを破って念願のインターナショナル選手権を奪取したのは昭和三十三(一九五八)年八月のことだった。二カ月後の十月二日、力道山は東京・蔵前国技館でドン・レオ・ジョナサンの挑戦を受け、インターナショナル選手権の初防衛戦を行った。

一本目は三九分四九秒に体固めで先取。二本目は時間切れ引き分けとなり初防衛に成功した。さらに十月三十一日、東京体育館で再度ドン・レオ・ジョナサンとインターナショナル選手権を行う。一本目は二一分三四秒にジョナサンがリングアウトで力道山が先取。二本目はジョナサンが試合放棄したため二―〇で力道山が二度目のタイトル防衛に成功した。

「力道山感動の名勝負ベスト10」第七位にランクされているのは、力道山が〝アリゾナの殺人鬼〟ことジム・ライトと戦った一戦であった。五度目のインターナショナル選手権防衛戦として昭和三十五(一九六〇)年一月十五日、大阪府立体育会館で戦った。一本目は二一分二五秒にライトがカウントアウトで先取。二本目は四分四二秒に体固めで返し一―一。三本目は一一分五六秒に反則勝ちでライトが取り二―一でライトの勝ちとなったが、反則勝ちであるためタイトルは移動せず危機一髪のところで力道山が五度目の防衛に成功した。

この一戦について力道山は「言い訳がましいが」としてこう語っている。

「タイトルは奪われなくてすんだが、負けは負けとして認める。だが、弁解させてもらうなら、不慣れな即製レフェリーのレッド・ミラーの不手際もあった。前年の暮れにケガをした私の右手の甲をライトが痛めつけ、頭にきた私はライトを空手チョップで倒した。それをレフェリーが制止したので、ちょっと押したらぶっ倒れて私を反則負けにした。反則したのはライトじゃないか。あんなレフェリーでは試合はできない」(『空手チョップ世界を行く』より要約)

このとき力道山の右手の甲はライトに痛めつけられて皮がぺろりと剥け、白い骨が剥き出していたという。「医者もびっくりしたが、うちの若い者なんか私の手を見て真っ青になった」と力道山は語っている。

反則勝ちではライトもすっきりせず、「面白くないから、もう一度タイトルをかけて戦おう」ということになり、力道山は一月三十日に東京体育館でジム・ライトとインターナショナル選手権を賭けて再び対戦した。今度は二—一で力道山が勝ってタイトルを防衛したのだった。

「力道山感動の名勝負ベスト10」でジム・ライト戦を解説しているのは『東京スポーツ』を経てプロレス記者・評論家になった山田隆氏だ。ジム・ライトを相手に「力道山は実に凄まじい表情だった」と言い、ずいぶん多くの力道山の試合を見たが、《空手チョップの攻めということになると、このジム・ライト戦が最高ではないかと思う。空手に始まり、空手に終わった一戦といっていいのではないか。》と書いている。空手の攻撃を受け《ライトのノドは完全につぶれ、発声が出来なくなった。》という。《しかし、力道山の手もまた倍ぐらいにハレあがり、プロレスの死闘の物凄さをはっきり証明した。まことに原始的な戦い》であった(『甦る怒涛の空手チョップ Super Hero 力道山』)。

「これがプロレスの原点であり、力道山のプロレス史の中の名勝負の一つといっていいのではないか」

と山田隆氏は言う。

このころ力道山道場には、国鉄スワローズの金田正一や大洋ホエールズの森徹（当時は中日ドラゴンズ）、張本勲（東映）らがポストシーズン中にトレーニングに来ていたという。

力道山は彼らに「職業意識に徹しろ」とレスラー並みのトレーニングを課し、弟分たちをかわいがった。野球シーズンになると、毎朝、新聞を広げてまっ先に読むのは「弟分たちの活躍ぶり」であったという。

恐怖の伝説＝モストデンジャラス・タックラー、レオ・ノメリーニとの対戦

第二回ワールド大リーグ戦のフタ開けの東京大会は昭和三十五（一九六〇）年四月十五・十六・十七日と、東京体育館において行われた。リーグ戦には外人一〇選手が出場している。レオ・ノメリーニ、ホンブレ・モンタナ、サニー・マイヤース、フランク・バロア、ダン・ミラー、ハンス・ヘルマン、ボブ・オートン、ルー・キム、スタンレー・リソワスキー、そしてグレート東郷で、いずれも一騎当千の猛者揃いであった。とりわけプロ・フットボールとプロレスの二足の草鞋を履くレオ・ノメリーニ（元ワールドチャンピオン）はスケールが一枚上で、力道山が最も警戒しているレスラーだ。力道山が初めてアメリカへ遠征に行ったとき、必殺のフライング・タックルで三メートルも吹っ飛ばされ初黒星を付けられた相手はこのレオ・ノメリーニだった。鉄人ルー・テーズの無配記録を九三八戦目でストップさせたのもノメリーニだ。タックルだけではなく、ノメリーニは寝技のクリス・フィック（足十字架固め）という強力な決め技も持っていた。

リーグ戦出場の外人九選手（オートンは先に来日）と、ハワイから同乗した遠藤幸吉を乗せたPAA機が羽田空港に着いたのは四月十一日の早朝だった。正午から参加全選手（日本四選手、外人一〇選手）が空港で記者会見。そして都内でパレード。夜は赤坂のホテル『ニュー・ジャパン』で歓迎レセプションが行われた。「初めて日本に来た外人選手は疲れたことだろう。私も緊張の連続でいささか肩がこった」と力道山は自著で書いている。

《ニュー・ジャパンのレセプションには大野伴睦、川島正次郎、楢橋渡の諸先生、それにいまは故人となられた浅沼稲次郎先生も参列してくださった。浅沼先生はプロ・レスリングの熱烈なファンで、私は先生に何度も激励された。精力家の先生はプロ・レスリングのエネルギッシュなところに共鳴されたのかもしれない。試合のたびにリング・サイドの最前列でロイド眼鏡を光らせ、子供のように手をたたいて笑っていた先生がいないのは、私にとってさびしい。》（『空手チョップ世界を行く』）

浅沼先生とは、人間機関車と呼ばれ演説百姓とも囃された社会党の浅沼委員長のことである。昭和三十五年十月十二日、日比谷公会堂で演説中に一七歳の少年（元大日本愛国党員）に刺され六一歳で生涯を閉じた政治家である。浅沼委員長は第二回ワールド大リーグ戦が行われた年の十月に他界している。外人レスラーの歓迎レセプションに出席してから半年後に、一七歳の少年の一本の短刀によってその命を奪われたのであった。

レオ・ノメリーニは前評判に違わず圧倒的な強さで勝ち上がった。大会二日目に一五八キロもある巨体のホンブレ・モンタナがノメリーニのタックル一発でロープの間から弾き飛ばされ、リング・アウトとなった。ノメリーニは、一〇勝一敗二引き分けの外人選手中で最高の戦績で決勝まで進んだ。

一敗というのは豊登を相手に、リング外の豊登にタックルをかませて反則負けとなった試合である。

力道山は、八勝〇敗二引き分けで決勝戦に進み、ノメリーニと対戦することになった。リーグ戦の優勝をかけた試合は五月十三日、東京体育館の最終戦で対することとなった。時間無制限の三本勝負である。この試合は「力道山感動の名勝負ベスト10」で第六位にランクされ、元『東京スポーツ』記者でプロレス評論家の桜井康雄氏が解説している。

ワールド大リーグ戦の決勝戦を評して桜井氏はこう書く。

《当然のように決勝に進出したノメリーニは力道山と覇を争った。もう力道山は狂ったように空手チョップを打ちまくるしかなかった。力道山の手は腫れ上がった。》

一本目はノメリーニが八分五八秒で体固め。二本目は力道山が一分一一秒で体固め。三本目は五分二七秒でノメリーニがリングアウトになり辛うじて力道山が勝った。桜井氏は文末をこう結んでいる。

《「九死に一生」の逆転勝ちをした力道山にWリーグ二連覇の喜びはなく冷汗三斗。ノメリーニは恐怖の伝説を残したまま二度と日本へは現われなかった。》（『甦る怒涛の空手チョップ Super Hero 力道山』）

インターナショナル選手権──一度目の防衛＝怪覆面ミスター・Xの正体

昭和三十六（一九六一）年五月一日、第三回ワールド・リーグ戦が東京体育館で開幕した。六月二日には、蔵前国技館でグレート・アントニオが力道山の保持するインターナショナル選手権に挑戦している。力道山はリーグ戦の前景気をあおるために、体重二〇四キロもあるグレート・アントニオと、覆面のミスター・X、グレート東郷の三人を一足先に来日させた。力自慢のアントニオには、神宮外苑の絵画館前で大型バス三台をつなぎ鎖で引っ張らせるというデモンストレーションを演じさせている。集まった観客は一万人を超えたという。

力道山とグレート・アントニオのタイトル・マッチだが、時間無制限三本勝負で、二―〇のストレートで力道山が一〇度目の王座防衛に成功した。

力道山はそのグレート・アントニオよりも、覆面のミスター・Xのほうが不気味に見えたという。

覆面レスラー、ミスター・Xとのインターナショナル選手権試合は、昭和三十六（一九六一）年七月二十一日に東京・田園コロシアムにおいて行われた。六月二十九日に大阪府立体育館で行われた第三回ワールド・リーグ決勝戦で力道山はミスター・Xと戦い、勝つには勝ったがXの反則負けという後味の悪い試合内容であった。その遺恨を晴らすための絶好のチャンスで、タイトルをかけたこの試合でミスター・Xは「負けたら覆面を脱ぐ」という条件で力道山と対戦したのだった。

ワールド・リーグ戦では黒覆面をしてリングに上がっていたミスター・Xは、インターナショナル選手権では赤覆面で登場した。血戦を予期させる不気味な演出だ。

Xのセコンドにはジム・ライトとアイク・アーキンスが付いている。部外者でありながら頻繁に手を出すセコンド陣に、沖識名レフェリーは退場を命じた。これを合図に力道山は猛攻を開始する。空手チョップが火を吹き、Xはグロッキーになりかけた。しかし、これで引き下がるXではない。機を見てタイツに隠していた凶器を覆面に忍ばせ、頭突きで逆襲に転ずる。まともに頭突きを喰らった力道山の額は割れて血が吹き出した。予想通り流血戦になった。血を見た力道山は怒り狂った。Xは二ードロップを得意としていたが、ニードロップからフォールを奪いに来るXを跳ね除け、力道山はタックルをぶちかました。

「力道山感動の名勝負ベスト10」の第九位。この試合の解説をしているのは最古参のプロレス評論家・菊池孝氏である。力道山の猛攻を次のように解説している。

《(タックルを受けて) 吹っ飛んだXの巨体が、左足をロープにからんで宙吊りとなった。力道山はリング下に飛び降り、椅子を振りかざして動けぬXの脳天を痛打する。沖はXのカウントをとり始めた。リングに飛び上がる力道山。13分55秒Xは宙吊りのままリングアウトのカウントを聞いてしまった。》(前掲書)

力道山は一一度目のタイトルを防衛した。ミスター・Xは「負け」を認め、レフェリーの沖識名によって赤い覆面を脱がされた。その正体は、実力者として知られたビッグ・ビル・ミラーで、凶器を使うファイトからは想像もつかないハンサム・フェースであったという。「結末はあっ気なかったが、両者の気迫が正面からぶつかり合った、迫力満点の名勝負だった。」と菊池氏は解説を結んでいる。

老人のショック死も続発した〝銀髪の吸血鬼〟フレッド・ブラッシー戦

「力道山感動の名勝負ベスト10」の第五位にランクされているのは昭和三十七(一九六二)年四月二十三日に行われた〝銀髪の吸血鬼〟フレッド・ブラッシーとのWWA認定世界ヘビー級選手権試合である。力道山はロサンゼルスのオリンピック・オーデトリアムで同年三月二十九日(現地時間二十八日)、WWA世界ヘビー級選手権者フレッド・ブラッシーに挑戦し、二―〇で勝ってタイトル

対ブラッシー戦は常に流血戦であった（写真提供：共同通信社）

生血をすするブラッシーの噛みつきでショック死するテレビ視聴者も出た（写真提供：共同通信社）

を獲得していた。この試合で力道山は、ブラッシーに額を噛みつかれ出血しながらのタイトル奪取であった。そのリターンマッチとして四月二十三日の試合は東京体育館で行われることになった。力道山に奪われたタイトルを取り返すために来日したときブラッシーは、鉄のヤスリで歯を研ぎながら羽田国際空港に降り立った。初めて見る光景に、報道関係者は肝を冷やした。

四月二十日、赤坂のホテル『ニュー・ジャパン』で力道山とブラッシーのＷＷＡ認定世界ヘビー級選手権試合の調印式が行われ、同日夜、リキ・スポーツパレスの公開練習でブラッシーは、グレート東郷の額に噛みついて出血させている。

「力道山感動の名勝負ベスト10」第五位のブラッシー戦を解説しているのは菊池孝氏であるが、菊池氏はブラッシーに噛みつかれ額から血を流している東郷を見て「ブラッシーの噛みつき。それは生血をすする悪魔のわざとしか思え

ブラッシーをコーナーに追い詰め空手チョップで反撃に出る力道山（写真提供：共同通信社）

なかった」と書いている。

力道山のタイトル防衛戦は、第四回ワールド・リーグ戦の最終日に行われたが、四月二十一・二十二・二十三日の三日間、東京体育館は初日から最終日まで連日超満員を記録した。「これまでの日本のプロレスリングの連日興行で最高の入り（観客動員）だった」という（『空手チョップ世界を行く』）。

タイトルマッチは、一六一分三本勝負で、一本目はブラッシーが一三分三秒で体固めで取り、二本目（五分三秒）、三本目（三二分二四秒）は力道山が取り、二―一で勝って初防衛に成功した。しかし、〝外野席〟では思わぬ事態が発生していた。試合中、ブラッシーに額を噛みつかれ出血した力道山を見て、テレビ視聴者がショック死を起こすという事態が起きていたのである。力道山はブラッシーの噛みつきを極度に警戒し、手をブラッシーの口に当ててガードしていたが、その手に噛みつかれて力道山はひるんだ。そこへブラッシーは急所を蹴り、うずくまる力道山の額に噛みつく。額からは鮮血が流れ出した。力道山はタックルで反撃に出たが、急所にブラッシーの膝が入って苦しむ力道山。そこにネックブリーカー・ドロップで止めを刺しブラッシーが一本目を取ったのだった。

ブラッシーは鍛え上げた体に美しい銀髪、タイツもシューズも銀色に統一してリングに上がっていた。噛みつき攻撃により銀髪が赤く染まる。力道山は怒りを爆発させ空手チョップでラッシュ攻

ブラッシー戦で力道山のセコンドについたグレート東郷
（写真提供：共同通信社）

ブラッシーを退けタイトル防衛に成功した力道山を祝福するグレート東郷。後方に見えるのは沖識名（写真提供：共同通信社）

撃。ブラッシーを引きずり起こして空手チョップをたたき込む。三本目のラストマッチを菊池氏は次のように記している。

《残り時間が少なくなった。引分けではタイトルを奪還出来ないブラッシーは、憎悪をいっぱいにこめた急所蹴り。力道山はマリのようになってリング下に転落した。カウントが進む。ようやくリング・エプロンに這い上がった力道山に、ブラッシーが歯をむき出して襲いかかった。その瞬間、ロープの間から力道山の頭突きがブラッシーのミゾおちに命中していた。》（『甦る怒涛の空手チョップ Super Hero 力道山』）

菊池氏は試合場で観戦していたため、高齢者が茶の間でテレビを観て「ショック死」したことには触れていない。『空手チョップ世界を行く』には、こう書かれている。

《……二十七日神戸・王子体育館は一万人近い観客でふくれ上がった。そこで大変な事件が起きあがる。（中略）私たちのチームは2—1で敗れた。ブラッシーが東郷の額にかみつき、東郷はおびただしい出血をする。血が吹き出した。客席では失神する人があった。この試合は日本テレビで実況生中継された。その場面でテレビ視聴者のショック死が発生した。名古屋、京都で男と女の老人二人が死亡した。さらに岐阜と富山でもショック死が確認される。このうち二人は二十三日の東京のタイトルマッチだった。》（前掲書）

民放連（前田多門会長）は定例審議会で「プロレスのあり方」について検討。大阪府警防犯部は、大阪府青少年保護条例の「青少年への有害興行」に該当する疑いがあるとしてテレビ中継を大阪府児童課を通じて、府青少年審議会に検討を申し入れ。日本テレビは、「放送に当っては一層注意を払い、カメラの操作、アナウンスのやり方など検討を重ねて改善したい」と公表。一方、力道山はスポーツ新聞紙上に「われわれのプロレスリングをもっと理解して欲しい」旨の手記を書いている。結局、五月十一日のプロレス実況中継はカラー放送を中止し、白黒放送に変更することになった。

「力道山感動の名勝負ベスト10」第一位は、ザ・デストロイヤー戦

「白覆面の魔王」と言われたザ・デストロイヤーは、昭和三十八(一九六三)年五月十七日に初来日した。得意技はフィギュア・4・レッグロック、「足4の字固め」だ。日本のプロレス史に残る名勝負「ベスト1」にあげたのは昭和三十八年五月二十四日・金曜日、東京体育館において行われたザ・デストロイヤーとのWWA認定世界ヘビー級選手権試合であった。六〇分三本勝負で行われ、二八分一五秒で両者レフェリー・ストップ、一―一で引き分けに終わった。二八分一五秒の戦いのうち、八分余はデストロイヤーの足4の字固めで、力道山はこの間、地獄の苦しみを味わっている。試合は午後八時から九時まで日本テレビのネットワークで中継され、「力道山対デストロイヤーの4の字固めの攻防のTV視聴率は64パーセント」であったという。これは、「テレビの視聴率戦争史（全ての番組を含めて）上、歴代第4位という記録」だという。「力道山感動の名勝負ベスト10」で、こう解説しているのは桜井康雄氏だ。

　初来日した白覆面の魔王ザ・デストロイヤー対力道山の対決を、桜井氏はリングサイドの記者席で見ていたという。二メートル半ほどの距離で見ていた。力道山のパンチと空手チョップでデストロイヤーの顔面はぐしゃぐしゃになり、鼻骨が折れて鼻が曲がり、額は血を吹き出して白覆面は真っ赤。

1963年5月24日、東京体育館において行われたザ・デストロイヤー戦（写真提供：共同通信社）

デストロイヤーの前歯四本は吹っ飛んでマット上に散乱し、飛び出した神経は「ブラブラしていた」。

これだけ聞いても凄まじい戦いである。なぜレフェリー・ストップになったのかについて、桜井氏は次のように伝えている。

《4の字固めの攻防はおよそ10数分……レフェリーのフレッド・アトキンスが「これ以上戦うと二人とも危険……」とドクターストップを要請してドロー、力道山のWWA世界タイトル奪還の野望は消え、魔王は王座を防衛したのだが、からみあったお互いの足は彼ら自身の力では解けず、レスラー達が鋏（はさみ）でシューズの紐を切り、シューズを脱がせて4の字をはずした。力道山の足首からスネは紫色にはれあがっていた。》

『甦る怒濤の空手チョップ　Super Hero

力道山対ザ・デストロイヤー戦は日本テレビのネットワークで中継され、テレビ視聴率は64％であったという（写真提供：共同通信社）

力道山』には4の字固めで攻めているデストロイヤーの写真が見開きで掲載されており、力道山は額から血を流して苦悶の表情で耐えている。キャプションには「力道山は気丈で不屈のガッツの持ち主として定評があったが、デストロイヤーも絶対に妥協とギブアップを許さない男であった。」と記されている。

この攻防がいかに凄まじいものであったかについては、自宅に戻った力道山の〝生の声〟を聞こう。このころ力道山は結婚し、敬子夫人と新婚生活に浸っていた。ブラッシー戦と、デストロイヤー戦後の力道山について、『夫・力道山の慟哭』の中で敬子夫人は次のように語っている。

《フレッド・ブラッシーとの戦いを終

えた力道山は、先生と看護婦さんに付き添われて帰宅しました。傷口から血が流れている状態のままいきなり「腹減った」と言って食事を取り始めたのです。その横で先生が「リキさん、やっぱり縫わなくてはダメだ」と説得したにも関わらず「いいんだ。縫ってもまた明日割れてしまうんだから同じ」といって消毒をし、強力な絆創膏のようなもので傷口を強引に抑えちゃってました。本人はこの程度のケガは慣れっこで、逆に「ここはもう切れやすくなっているから大丈夫」と平気な顔をしていました。私はただビックリで、血を見るだけでもオロオロするタイプなので、もう気が気でなりませんでした。》

ザ・デストロイヤー戦のあとはどうだったのか。

《ザ・デストロイヤーのときはブラッシーのときよりも重傷に思えました。相当痛くてお付きの人に支えられながら「痛てよぉ〜」と何度も口走っていました。見ると足がパンパンに腫れ上がっていて、それを見たお手伝いさんがウドン粉にお酢を混ぜ合わせた特製の湿布を作り「先生は昔から腫れたときにはこれを使うんです」と言って貼っていました。それから包帯を巻き、少し落ち着いたときに「四の字固めってそんなに痛いんですか?」と聞いたら「やってやろうか」と私に四の字固めをかけてきました。かけられた途端、「痛い!痛い!」と叫んだら「どうだ痛てえだろう」と笑っていました。さすがにこの四の字固めのダメージはすごくて、翌日も足を引きずりながら試合場へと向かいました。》

ザ・デストロイヤーは日本を離れるとき空港で、「俺の鼻は折れた。前歯も吹っ飛んだ。リキの左足のケイ骨にもヒビが入っているはずだ。俺のベストバウトだったよ」、こう言って、出国手続きのドアの中に入っていったという（桜井氏談）。

その後、ザ・デストロイヤーは、同年十二月にも再来日し、大阪府立体育会館で力道山の保持するインターナショナル選手権に挑戦している。時間無制限一本勝負で行われた試合は、二一分二五秒に両者カウントアウトで引き分け。力道山が一九度目のタイトル防衛を果たした。十二月六日、名古屋市金山体育館でザ・デストロイヤー、バディ・オースチン組が力道山、豊登組の保持するアジア・タッグ選手権に挑戦。六一分三本勝負で行われた試合は、一本目は三〇分六秒に日本組が反則勝ち。二本目は時間切れ引き分けとなり、一―〇で力道山組が勝って王座防衛に成功した。

十二月七日、静岡県浜松市体育館における試合を最後に「秋の国際試合」が終了した。

翌十二月八日、東京・赤坂のナイトクラブ『ニュー・ラテンクォーター』で力道山は、運命の日を迎えたのであった。

第11章　力道山が見せた涙―敬子夫人が語る「素顔の力道山」

疾風・怒涛のなかを駆け抜けてきた力道山にも、春らしい季節が巡ってくる。田中敬子さんとの結婚である。

ようやく訪れた春であったが、春の風はわずか半年で吹き抜けていった。短い期間ではあるが、この半年間こそが力道山その人の生涯最高の時であった。敬子さんとの出会いは、力道山の人格そのものをも変えてしまうほどだった。

敬子夫人の出現で、力道山、否、百田光浩がどのように変わったのかについては、次男・百田光雄氏が書いた以下の文章を引用しよう。

《死ぬ一、二年前から父は変わった。そのいちばんいい例は、当時、日航のスチュワーデスをしていた敬子母と結婚しようとしたときである。父は私たち姉弟三人をよんで、真面目にこう相談したのだ。

「今度、田中敬子さんという日航のスチュワーデスをしている二十一歳の娘さんと結婚しようと思うんだが、おまえたちはどう思う。もし、おまえたちがそれは困るというんなら結婚はしないから、一人一人、遠慮なく思ったことをいえ」

父は前々から〝四十までにいいひとが見つかったら結婚するが、見つからなかったら一生結婚はしない〟といっていたので、私たち姉弟は誰も反対しなかった。あのころの父のことを考えると、私たちが反対しても父はなんとかかんとか理屈をつけて、自分の考えを押し通してしまっただろうと思えるのだが、とにかく父は独断専行せずに一応は子供たちの意見を聞いたのである。》（『父・力道山』）

そして、子供たちの同意を得て力道山は結婚する。結婚後、人が変わったように私生活も一変した父親について百田光雄氏はこう続ける。

《これは一例だが、結婚してから父はまた変わった。ポカッ！ ゴツン！ がなくなったのである。それに、家では酒も飲まなくなった。力士時代からそうだったらしいが、プロレスラーに転向してからも父の酒は無茶苦茶もいいところで、われわれの世界で無鉄砲な変わり者のことをいういわゆる〝トンパチ〟という生活だったのだが、それが結婚してから変わったのだ。怒鳴られたり殴られたりということも全くなくなったわけではないが、無茶苦茶な怒り方はしなくなったし、理不尽だと思えるような言葉もなくなった。

父は外見に似ず、根は細心で神経質な寂しがりやだったのだ。一見無茶苦茶と見えたことも、こういう父の本質の裏返しの表現だったのだろう。家庭内で、横車を押したことも一度もなかった。》（前掲書）

結婚後の生活については、敬子夫人もこう語っている。

《結婚後の力道山は、私を心底愛し大事にしてくれたことは間違いありません。》（『夫・力道山の教え』）

力道山が結婚したのは昭和三十八（一九六三）年六月五日である。三九歳のときで、伴侶となった田中敬子さんは一七歳年下で、二二歳であった。正確に誕生年月日で言えば、力道山は三八歳五カ月、敬子さんは二三歳の誕生日の前日に結婚したのだった。

どのような経緯を経て二人は結ばれたのか。

田中敬子は昭和十六（一九四一）年六月六日、神奈川県横浜市に警察署長である父・勝五郎、母・鶴子の長女として生まれた。同年十二月八日には日本軍のハワイ真珠湾空襲により太平洋戦争が勃発する。この戦争がやがて終わりを迎えようという昭和二十（一九四五）年五月三日、母・鶴子は病死した。敬子が満四歳のときで、肺気腫により他界したのだった。

「母が病気になったのは戦争中でしたから、満足に医療を受けることができなかったんです。戦争さえなかったら、肺気腫なんかで亡くなるはずはなかったと思うんですけどね。そのとき私には二つ違いの弟がおりました」（田中敬子さん）

弟の名は田中勝一という。

父・勝五郎は、妻亡きあと二年後に再婚することになる。敬子が小学校に上がる前の六歳のときで、新しく迎えた母の名は「佳子さん」。佳子は実の子のようにやさしく厳しく敬子や勝一を育てた。敬子は小学校のときは健康優良児に選ばれ、根岸中学から神奈川県立平沼高等学校に進学。高校二年生のときには横浜日米協会と横浜ロータリーの共催、『ジャパンタイムズ』と『神奈川新聞』の後援による英語論文コンクールで優勝するなど語学に優れていた。英語論文は社会人や大学生を含め応募総数八一通で、高校生の田中敬子が書いた論文が特等賞に選ばれたのだった。平沼高校を卒業後、一年後に日本航空国際線の客室乗務員として勤務するようになった。国際基督教大学への進学を希望していたが、その夢は叶えられなかった。一年間浪人していたとき、御茶ノ水の駿台予備校に通っていたのだが、そのとき総武線の車内広告でたまたま目にした日本航空の「客室乗務員・臨時募集」に心が動き、入社試験を受けることにしたのだという。

試験に合格し日本航空へ入社したことが、田中敬子の運命を決めることとなる。入社後国際線に配属され海外で撮った三枚のスナップ写真が力道山の手に渡り、これがきっかけで交際がスタートした。このスナップ写真をどうして力道山が持っていたのか。これには不思議な運命の巡り会わせがあった。

力道山は戦時中（昭和十七年）、満州国（現中国東北部）建国慶祝のため三班に分かれて満州各地を巡業して回っていた。その中の一班、横綱の双葉山と羽黒山、大関・前田山、関脇・名寄岩の一行は七月二十六日から三十一日までの六日間、北京巡業を開くことになった。一八歳で幕下だった力道山もこれに参加していた。このとき相撲取り一行が贔屓にしていたのは料亭『万里』であり、料亭の女将をしていたのは日本人の森信さん。信には徹という小学一年生の男の子がいたが、力道山は徹をよく可愛がっていた。北京で『東亜新報』の記者をしていた石川輝は、徹を肩車に乗せて場所入りする不思議な力士をよく目にしていた。力道山であった。

力道山と徹少年の関係については、こんな証言もある。

「……大相撲が北京に巡業にきたとき、新弟子の力道山は兄弟子のお伴で、森さんのお店に行ったとか。もちろん、力道山は部屋に上がって遊んだりはできない。下で待っていると、まだ幼かった森さんが手持ち無沙汰で待っている力道山と一緒に遊んでいるうち、なついちゃったらしい。それで、森さんのお母さん——つまり、女将さんが力道山に目をかけてくれるようになったわけです」

吉村義雄氏が『君は力道山を見たか』の中で語っている言葉である。

やがて敗戦になり、料亭の女将・信親子は全財産を失って着の身着のままで内地へ引き揚げ、東京に住むようになった。力道山と再会してからは家族同様のつき合いが、終生ずっと続くようになった。森徹は、早大野球部の四番打者として名を馳せ、プロ野球に入団。プロ野球に入ってからもホームラン・バッターとして鳴らした。

話しは一気に、プロレスラーになり名声を博していた力道山の〝見合い話〟に飛ぶ。

森信さんがある日、敬子さんの父・勝五郎さんから「娘の写真」を見せられることになった。スチュワーデスをしていた敬子さんが海外で撮った写真である。

《……私は、海外でよくスナップ写真を撮っていました。当時、カラー写真の現像代は高く、いつも父に頼んでいたのです。その中の何枚かを、たまたま父のもとに来ていたプロ野球大洋ホエールズの森徹選手のお母さん・信さんに、娘の写真です、と見せたら「いいお嬢さんですね。息子の嫁としてぜひ見合いさせたいから」と預かって行きました。

ところが、徹さんにはすでに決まった人がいて「じゃあ、兄貴にどうだろうか」という話になったのです。その兄貴というのが力道山でした。相撲時代から付き合いがある徹さんのお母さんが、北海道函館で行われていた巡業先に行き、その写真を力道山に見せると、「この写真を俺に預からせて」と、言い残したそうです。》（『夫・力道山の教え』）

このことがきっかけとなり、力道山と敬子の〝お見合い作戦〟が進んでいくようになる。

《最初は力道山の代理人として『週刊明星』の記者だった美濃部脩さんからフライトを終えるたびに

「会いたい」という電話攻勢が続きました。》（前掲書）

「会いたい」と言われても敬子は、「申し訳ありません」と断わり続けていた。

そんな敬子に力道山は、日本航空の広報を通して「パーティーに着物姿で出席させてほしい」という話を持ち込むようになる。力道山は日本航空の株主であった。それでも敬子が辞退すると、広報課長から「リキさんがお会いしたいと言っています。私も同席するから日本航空の広報活動の一環と思って、会うだけでもいいから……」と説得された。上司から「仕事」だと言われれば従うしかない。敬子はしぶしぶ承諾した。

力道山との初めての〝対面〟は昭和三十七（一九六二）年九月半ば、東京・赤坂のホテル・ニュージャパンの喫茶室においてであった。次のフライトはロサンゼルスであることを聞きだした力道山は、当地にいるグレート東郷に「届けてほしい品物があるのですが、持って行ってもらえないでしょうか？」と、敬子に頭を下げてきたという。

「新聞やテレビ、週刊誌などで報じられている乱暴で怖い人というイメージを想像していた私は、目の前にいる力道山がとても紳士的で礼儀正しい男性だったので正直びっくりしました」

力道山に対する敬子の第一印象である。

その後も、力道山の〝用事〟は何度か続くようになった。グレー東郷に渡す品物を口実に、ホテル・オオクラでたびたび会うようになった。

力道山から正式なプロポーズを受けたのは、横浜の港の見える丘公園においてであったという。

「考えてくれませんか？」とプロポーズを受けたが、敬子はただ黙っているだけであった。その日、力道山が車で敬子を自宅に送り届けたとき、厳格な父・勝五郎は、帰りの遅い娘を心配して外で待っていた。そして「娘をもっと早く帰してください」という一言を残し、家の中へ入っていったという。

《私は父に怒られる覚悟をしていましたが、「相手は有名人だから表に出るときは気をつけなきゃダメだ」とだけ忠告されました。ひょっとしたらこのとき、娘は将来〝力道山と結婚する〟ということを悟ったのかもしれませんね。》(『夫・力道山の教え』)

秘書の吉村義雄も、力道山のたっての願いに奔走した一人だった。

《……わたしに力道山がそう言って、美濃部さんが走りまわり、そしてわたしが大野伴睦先生のところに仲人をお願いに上がったことも、まぎれもない事実ですから、おそらく力道山は、森さんのお母さんに敬子さんの乗る飛行機にうまく同乗するように手配され、〝皇后陛下によく似た〟美人に遭遇することになったんではないでしょうか。わたしはいま、そう推測しているんですよ。》(『君は力道山を見たか』)

皇后陛下とは、言うまでもなく、昭和天皇の皇后陛下のことである。敬子は同僚や周りからも「皇后陛下に似ている」と言われたが、そのたびに「恐れ多い思いをした」という。

プロポーズをされても、敬子は黙っているだけで返事はしなかった。この日、力道山は、横浜の実家まで敬子を送ってくれる途中、車をゆっくりと走らせながら身の上の話をした。第二京浜国道で道路が空いているにもかかわらず、ゆっくり走らせながら話をしたという。

「自分は今まで一人で生きてきて、奥さんもいない。だが、子供は三人いる。今は別のところで暮らしていて、まったくの一人だ。いい人がいたら結婚したいと思っている」

長女の千栄子、長男・義浩、次男・光雄、この三人の子供を育てたのは、入籍はしなかったが共に暮らしていた小沢ふみ子さんだった。新田新作夫人の妹格にあたる人で、ふっくらとした美しい人であったという。その人となぜ別れたのかについては、吉村氏がこう説明している。

《ふみ子さんはじつによくできた女性でした。面白でふっくらした美しい人で、物腰も洗練されている。奥さんとしては理想に近いといっていいくらいでした。が、力道山がスーパーヒーローになってからというもの、プロレスの内弟子やら何やら同居人が一挙にふえて、ふみ子さんの負担も重くなり、それがトラブルの原因になって別れました。》（『君は力道山を見たか』）

百田光雄氏の著書『父・力道山』に、庭のプールで兄・義浩と弟・光雄が仲良く遊んでいる写真が収められている。その二人にプールの上からやさしく手を差しのべている白い和服姿の婦人……。ふみ子さんである。気をつけなさいよと言われているらしく、光雄が母を見上げている。写真のキャプションには「池上の家のプールで遊ぶ兄と私。見守っているのは文子母。」とある（「ふみ子母」ではなく、「文子母」となっている）。

プール付きの池上の家に移る前、力道山は浪花町の新築の店舗住宅に住んでいた。このとき吉村は「昼飯でも食べて行かないか」と力道山に誘われたことがあった。ふみ子さんが昼食を用意してくれたが、「ご飯と味噌汁とタクアンだけだった」という。相撲で関脇まで行った人が、ご飯と味噌汁とタクアンだけの食事をしている。「胸をつかれる思いがした。当時は貧しかったんですよ、力道山も」と吉村氏は言う。ふみ子さんを迎えたのは、昭和二十五（一九五〇）年ごろだった。

ふみ子さんが家を出たあと、力道山は特定の女性を家に入れようとはしなかった。四、五年の間、行く先々で自由に楽しんでいた。その力道山に吉村が、

「なあ、ヨッちゃん、いい人がいたんだ。恐れ多いけど、皇后陛下そっくりなんだ」

と聞いたのは、昭和三十七（一九六二）年の初夏ごろだった。九月中旬、力道山は田中敬子さんとの〝対面〟に漕ぎ着ける。あのホテル・ニュージャパンの喫茶室においてである。

娘・敬子が力道山と結婚することに、茅ケ崎警察署長である田中勝五郎は当初「猛反対」していた。また、力道山の周りでも「警察署長の娘だから」と、ダメ出しをされていたともいう。
「私、初め『ノー』と言ったんですよ。（力道山は）それがショックでね、私のスチュワーデスの友人・先輩に『敬子さんと付き合って結婚したいんだけどダメだと言われた、どうしたらいいんだ？』って相談されたらしいんですよ。そしたら、ある人からも『駄目だよリキさん。敬子さんは警察署長のお嬢さんなんだから、反対するに決まってるでしょう。絶対できないよ』と言われたらしい」（敬子夫人）
それでも力道山は諦めなかった。反対している勝五郎が腰痛で苦しんでいることを知ったとき、自分が腰を痛めたときに効果のあったアメリカ製の貼り薬を、わざわざ届けに行った。試合が終わったあと、夜遅くに茅ケ崎まで行き、腰をさすってあげたりもした。気配りのあるそんな誠実な姿に、勝五郎の気持ちもだんだんほぐれていった。また、敬子が知恵熱を出して寝込んでしまったときも、熱に効くからといって薬を届けてあげたりした。その日は敬子に会うこともなく「『お大事に』と伝えてください」と言って帰っていったという。そんな力道山の姿に、敬子の気持ちも少しずつ「結婚」

へと傾きつつあった。

それでもまだ力道山に「お受けします」と言えず悩んでいる敬子に、強力な助っ人が現れた。行動的で頼りになる伯母の出現である。

「お付き合いしている話は、全部伯母にしてたんですよ。(力道山から)身の上話みたいなことを聞いたことも話して。そしたら伯母は、『それはあんた、プロポーズじゃない。結婚のプロポーズよ、それは。ちゃんと返事してあげたらいいじゃない。イエスかノーかは言ってあげたほうがいいわよ』と言われて……。

でも私は、日本航空に勤めてるから、『世界中を見て回りたいから』って言ったんです。そしたら伯母は、『そんなこと言わないで、それだったら結婚してからでもいいじゃない』って。『リキさんはかけがえのない人よ、すごくいい人よ』と、そう言って後押ししてくれたんです」

伯母の後押しとは次のようなものだった。

「そんなにあなたのことを思ってくれる力道山に、一度会ってみたい」

伯母の一言で赤坂の力道山邸を訪ねることになった。

伯母を伴って訪ねたその日は、力道山が、歌手の五月みどりさんとともに取材を受ける日であったという。取材の間、敬子は、力道山の子息・義浩や光雄と会い、話をすることができた。取材が終わり、力道山が戻ってきた。伯母と敬子に向かって力道山は言った。

「敬子さん、伯母さんの前ではっきり返事を聞かせてほしい。(私には)君しかいない」

これだけを言い、力道山は一度、席を外した。

伯母は敬子に言った。

「結婚というのはギャンブルと同じ。力道山は、サイコロを投げる価値のある人よ」

この一言で敬子の気持ちは決まった。

力道山が戻ってきた。

「結婚してくれますか？」

敬子は「はい」と答えた。

この返事を聞き、力道山はスッと立ち上がり、また部屋を出て行ったという。伯母は心配して「見てらっしゃい」と敬子に言った。敬子は隣の部屋に見に行った。

《後を追っかけたら隣の部屋で泣いていたのです。ビックリした私は「どうしたんですか？」と尋ねたら、いきなり私を抱きしめ口づけを交わしました。これが私と力道山とのファーストキスです。しばらく抱き合っていたら私も嬉しくなり、一緒に泣いちゃいました。

なぜ力道山は返事を聞いた直後に席を外したかというと、感激して涙がこぼれそうになり恥ずかしいところを見られたくなかったからだったそうです。世間が知る力道山とはまったく違う心優しい純情な一面を垣間見た気がしました。》（『夫・力道山の慟哭』）

力道山が敬子の前で初めて見せた涙であった。

力道山は敬子の前で、もう一度涙を流している。力道山が自らの出生の秘密を打ち明けたときである。婚約発表が終わり、力道山が秘書の吉村を伴って韓国に行き、戻ってきてしばらくたってからのことだった。

「俺が北朝鮮の出身だっていうことを知っていたか。それでもいいのか？」

生まれた国がどこであろうと、敬子は意に介さなかった。

「噂は聞いていましたけど、あなたの口から聞くことができてよかったわ。そんなことはまったく関係ありません。あなたがいい人だったら何の問題もないですから、心配しないでください」

聞いた力道山は、涙をポロポロ流したという。

朝鮮戦争が休戦したあと、日本政府は韓国との国交回復を目指して一九五二（昭和二十七）年から断続的に交渉を開始していた。日韓基本条約（韓国側からすると韓日基本条約）が締結されたのは昭和四十（一九六五）年六月であるが、

「（昭和三十八年）一月七日に婚約したんです。婚約した後に、主人は日韓交流のあれで韓国に呼ばれて、行きましたでしょう。そのとき、『これ内緒にしてくれ』と言われて。極秘、シークレットで行ってましたからね。

そのあと帰ってきてから、『僕は韓国で生まれたから』って初めて言ったんですよ。私は『へぇー、そうなんですか』って、のん気なもんでね。私は、『韓国であろうと北朝鮮であろうと関係ありません。私はあなた、百田光浩と結婚したんですから』って、『問題ないわよ』って言ったら、そのとき主人は泣いたんですよ」

——涙を流されたのは、それで二度目ですよね。

「そうそうそう、けっこう泣き虫なのよ、主人はね。私もそうだけど。そのときは、もう一緒に住んでいたときなんです。というのは、（結婚することが決まったら）『すぐ来てくれ』って言われたんで

すよ。本人が『寂しいから』と言うので。

私のために、びしってつくってくれたんだって。『婚約したから』って。普通のマンションの一フロアみたいな感じで。寝室があって、ベッドがあったんですよ。私、もうびっくりしちゃって。

『こんなに用意したんですか？』

『そうだよ、居てもらいたいから、僕は寂しいんだから』って言ってました。

『わかりました、じゃ』と、（結婚する前に）一緒に住み始めたのが二月初めくらいでした。

それで、そのときに、確か二月初めくらいでした。二月か三月になって、主人は巡業に行ったりして、あちこち行ってましたから。そのときの写真がいっぱいあります、毎週のように、ロスでもって赤いコート着たり……。赤いコートは主人にプレゼントしてもらったんです。

婚約時代には私はもう横浜にはいないで、一緒に生活していました。それで、新婚旅行はハワイに決めたの。そのときにね、新婚旅行はハワイだと。ハワイじゃなくて、あ、ごめんなさい、世界一周です。スイス行きたい、『私、スイス行ってないわ』って、要求したんですよ。私、パリ行きたいと。日本航空で、私、パリに行き損なったんですよ、国際線で。日本航空がエアフランスと契約した年に、結婚しましたから。それが、エアフランスで、結婚したから行かれなくなっちゃったんですよ。パリ行き損なっちゃったから。

それじゃ、『連れてってあげるよ』って、婚約したときの話になって。『じゃパリに行こう』って。『それじゃスイスにも行こう、パリとスイスは近いんだから』と、『この際だからみんな行こう』となった。パリ行って、スイス行って、スイス行ってから『闘牛見に行こう』ってなって、ビザもらってないのにスペインに行った。

　スペインで『ビザないんですけど』って言ったら、ちゃんと調べてもらって、本人証明できて、パスポート見せて、空港の管理なんていうか『見てください』と。そしたら『二日間だけOKです』と言われて、パスポート預けて、それで闘牛場へ行った」

――ビザなしでも大丈夫だったんですか。

「スペインで『力道山だから』って言ったら調べてくれて、『OKです』って。スペインって優しいなと思いました。ビックリしました。

　それで闘牛見て。ああいう、闘うのを見るの好きだったみたいですね。私も初めて見ましたけどね。それで、スペイン行って、スイス戻って、それからコペンハーゲン回って……。本当はニューヨーク行くはずだったのが、余計なところ行っちゃったから、『ニュー

敬子夫人のスマートフォンに保存されている夫・力道山との思い出

ヨーク行くのはやめよう、いつでも行けるから』となった。ニューヨークをカットして、ロスへ行きました。東郷さんのところへ。仕事がらみもあったと思うんです。

——グレート東郷さんですね。どんな方でしたか。

「すごくいい方。すごい明るい方で、優しい人でした。『僕は日本人なのに、中国人と言われたり、韓国人と言われたり』と……。でも、それで（中国人や韓国人として）やってたらしいですから。あとで聞いたら、熊本のご出身だそうですね。『熊本県は格闘技の聖地だ』と言われてました。

それで、東郷さんのところ行ったら、『奥さん、ホテルなんか泊まらないで、うちに泊まってくれ』って。素晴らしいお家でした、ホテルよりも。それで、東郷さんのところへ泊まって、次の日はラス

新婚旅行先のパリで。背後にエッフェル塔が見える

べガスへ行って。ラスベガスで一泊して、そして戻って、ハワイでゆっくりして、帰ってきました。今、思うと、あの時代に、こんな贅沢なことをして、素晴らしい、あり得ないことなんですよ。本当にお姫様でした」

――天下の力道山ですからね。

「本当にお姫様でしたよ。この歳になって、いろいろ学ばせていただいたのは主人のお陰だと思っています。私は、こんな凄い人と結婚したんだって。本当にね、可愛がってもらって……。でもね、外では怖い人だったかもしれないけど、家に帰ってきたら駄々っ子みたいな人でしたよ、私のほうがお姉さんみたいで。楽しい人だと思ったくらいで、そんな凄い人と結婚したとは思っていなかったのでね。亡くなってから認識を新たにしました」

昭和三十八（一九六三）年一月七日、東京・赤坂のホテル・ニュージャパンにおいて婚約記者会見。仲人役を務めたのは自民党の大野伴睦副総裁であった。

結婚式を挙げたのはそれから五カ月後の六月五日、東京・赤坂のホテル・オークラにおいて行われた。国民的スーパーヒーローの結婚式とあって招待客は三〇〇〇人。披露宴は、当時の日本で最も大きな宴会場と言われていたホテル・オークラ「平安の間」で行われ、マスコミは「史上最大の豪華な結婚披露宴」であったと伝えている。入籍したのは結婚式より一足早く昭和三十八（一九六三）年五月二十二日であった。

結婚式を挙げてから二日後の六月七日、羽田から世界一周の新婚旅行に出発した。七月三日に帰国。

二五日間に及ぶ新婚旅行であったが、どのような旅であったかは、敬子夫人が語ったとおりである。

敬子夫人の著書『夫・力道山の慟哭』第4章「謎の結婚生活と素顔」の扉に、一枚の写真が掲載されている。親子五人でトランプ遊びに興じている写真である。ババ抜きでもしているのであろうか。力道山をはさんで右側に敬子夫人と千栄子、左側に義浩と光雄。力道山はテーブルの中央に座り、左手にトランプを持ち、右手の人差し指を唇にあてて満面に笑みを浮かべている。その視線は長女・千栄子に向けられている。

敬子夫人は昭和十六（一九四一）年生まれで、千栄子は昭和十九（一九四四）年生まれ。その年の差は三歳である。千栄子にしてみれば、三つしか違わない姉のような存在である敬子夫人を「母」と呼ぶのは違和感があったのかもしれない。ある日、敬子夫人に向かって千栄子が「田中さん」と旧姓で呼んだことがあった。それを聞いた力道山は「お母さんと呼べ」と千栄子を叱った。敬子夫人は、「そうした父親としての心づかいが子供たちにも伝わり、徐々に打ち解けられるようになっていった」という。

力道山は、別れて暮らすことになった小沢ふみ子さんのことについても、隠さず教えてくれたという。ふみ子さんが入院していることを知り、敬子に向かってこう言った。

「彼女は正式に入籍こそしなかったが、一番苦しいときによく子供たちのことを世話してくれた。今は喘息で入院しているようだが、いつか機会があったら会ってやってくれないか」

敬子にとってもふみ子さんは「会ってみたい人」だった。敬子は、義浩と光雄を連れてふみ子さんが入院している神奈川県座間市の病院にお見舞いに行った。「あなたが敬子さんね、よく知っていますよ」と、ふみ子さんは喜んで迎えてくれた。義浩と光雄に再会できたことを「とても喜んでいた」という。それを見て敬子は、「三人の子供たちの母親になろう」と、改めて決意したのだった。

敬子は結婚式を挙げる前に、リキ・アパートで力道山と暮らしていた。ふみ子さんは神奈川県座間市のアパートで一人暮らし。入院しているふみ子さんを訪ねたのは、結婚式を挙げる前のことであった。

第12章　マスメディアに見る力道山の真実（パート1）

本章では、筆者の手元にある力道山に関する書籍の中から、これまで取り上げた書籍を含め何冊かを選び、これまで書き漏れたことを補足し紹介してみたい。また、力道山が息を引き取った、あるいは息を引き取る寸前のことについて触れている書籍を取り上げ、息絶えるその時、手が微かに動き〝三本の指〟で「何かを訴えようとしていたかに見えた」その力道山の思いは何であったのか、先達はどのようにそれを解釈しているのかについて見てみたい。取り上げる書籍については、敬子夫人や百田光雄氏、吉村義雄氏の著書を例外とし、発行順の紹介とさせていただく。

夫・力道山の「真の姿」を伝えたい

総武線・水道橋駅に下車し西口の改札を出る。歩いて一分ほどのところに新日本プロレス関連のグッズを販売しているその店はある。小さなのっぽビルの一階にあり、店の名は新日本プロレス『闘魂ＳＨＯＰ』水道橋店（以下『闘魂ＳＨＯＰ』）。平成三十一（二〇一九）年にリニューアルオープンした。力道山夫人・田中敬子さんは、力道山の菩提を弔いつつ社会貢献活動に従事し、講演活動などを行いながら週に二日のシフトでこの『闘魂ＳＨＯＰ』に勤めている。敬子夫人への取材は、同店に近い水道橋駅前の喫茶室で行うはずであったが、東京ドームホテルのティーラウンジのほうが落ち着くからと取材場所の変更を求められたのは敬子夫人であった。

令和五（二〇二三）年二月二十七日、月曜日。午後四時過ぎ、『闘魂ＳＨＯＰ』をカメラに収めたのち私は東京ドームホテルに向かった。約束した取材時間までにはまだ一時間ほどある。ホテルの一階にあるフロント脇の喫茶室に腰を落ち着け、バッグから書籍を三冊取り出して、取材に備え付箋をしておいたページをめくって丹念に読み返した。

新日本プロレス『闘魂 SHOP』水道橋店

○『夫・力道山の慟哭』（双葉社）
○『夫・力道山の教え』（現代企画）
○『今こそＪＡＰＡＮに力道山！』（パロアルトコード）

この三冊であり、著者はいずれも田中敬子さんである。『夫・力道山の慟哭』は二〇〇三年七月に発行。『夫・力道山の教え』は二〇〇八年九月に、『今こそＪＡＰＡＮに力道山！』は二〇一九年二月に刊行された。

力道山の本名は百田光浩（ももた・みつひろ）である。敬子夫人は百田敬子であったが、昭和三十八（一九六三）年十二月十五日に力道山が死亡したことから、十三回忌の後に百田家から籍を抜き旧姓の田中に戻ったのだった。『夫・力道山の慟哭』は、力道山没後四〇年が経過したのち刊行されたのであるが、なぜ本書を世に送り出すことにしたのかについて敬子夫人は、力道山について書かれた既存の書籍の中には、夫・力道山の真の姿が歪んで伝えられているとし、「まえがき」で次のように述べている。

《夫・力道山が昭和38年12月8日、赤坂のナイトクラブで暴漢に刺され、12月15日に他界。衝撃的なあの事件からすでに40年が経ちました。その間、さまざまな憶測が流れ、いつの間にか力道山の真実の姿がどこかに消えてしまいました。このまま力道山の真実を明かさず、私の胸だけに留めておいても……、と思い続けていました。とにかく私の中ではあの刺殺というあまりにおぞましい最期を1日でも早く忘れてしまいたいとの一念で生きてきたからです。》

力道山の死後、巷間「さまざまな憶測が流れ、いつの間にか力道山の真実の姿がどこかに消えて……」しまった。生活を共にしてきた妻の立場として、知り得る限りにおいて夫の真の姿を記録に留めておきたい、という思いから筆をとったのだという。

筆をとった理由は、もう一つあるようだ。道半ばにして倒れることになった力道山が、どのような志を胸に秘めて生きていたのかを書き留めておきたかったというのである。

《しかし、時代は大きく移り、日本を取り巻く環境も力道山が生きていたころとはまったく形も変わってしまっています。特に日本と朝鮮半島の問題は顕著です。

拉致問題が膠着状態にあるいま、日朝関係のニュースを耳にするたび、北朝鮮出身である夫・力道山がもし生きていたらどうなっていたのだろうか。こう考える度に私の心の中では、いまこそ力道山の真実の姿を明かすべきではないか、という気持ちがわき起こり、筆をとる決心をいたしました。

夫・力道山が生前に残した遺言とも言うべき「朝鮮半島をスイスのように永世中立地帯にしたい」との願いを公表することにより、少しでも日朝関係を考える上での問題提起になればと思う次第です。》

この二つの思いを持って『夫・力道山の慟哭』は刊行されたのであった。

各章のタイトルを列挙してみたい。

第1章　死の真相と3本の指が物語るもの

＊「3本の指が物語るもの」については、終章において詳述したい。

第2章　祖国・北朝鮮での極秘葬儀と実兄からの〝秘密の手紙〟「2つの戸籍と出生の秘密」、「相撲巡業中に朝鮮へ、北にいる娘の真偽」、「〝北の娘〟との対面と祖国での葬儀」、「いま明かす実兄からの手紙」などで構成。相撲巡業中に朝鮮に行ったことについて敬子夫人は、力道山本人から聞いたのではなく、書物を通じて知ったのであった。「〝北の娘〟との対面」については、こう記している。

《（皇軍慰問で満州国や朝鮮半島を回っていた）このときに、日本に来る直前に母親が決めた結婚相手とも会ったとされています。この女性を力道山の妻と書いている本もありますが、主人は私との結婚が初めてと言ってましたので、正式には結婚はしていなかったと思います。

この里帰りで2人が再会して、そのときに結ばれて子供ができたと言われています。そして翌年、力道山の娘と言われる、金英淑さんが生まれたのだといいます。これが真実かどうかは、DNA鑑定をしてもらうしかありません。ただ主人は朝鮮に兄貴がいると言ってましたが、子供の話は一切聞かされたことがありませんでした。

主人も子供ができたなんて知らず、あとから知らされた可能性もあります。……（中略）……

金英淑さんの写真を拝見すると、どこか主人の面影があるようにも思えます。》

『夫・力道山の慟哭』

「この里帰りで2人が再会して、そのときに結ばれて子供ができた」というのは事実であると思われる。金信洛（力道山）は「日本に来る直前に母親が決めた結婚相手」とは、一夜を共にすることもなく新妻を〝置き去り〟にして小方寅一宅へ転がり込んだのであった。

新妻とは、水車小屋の娘・朴信峰さんであり、結婚式を挙げるに際し小方は信洛青年にこう厳命したという。「花嫁とは絶対に寝るな」「嫁を娶れば、力士にはなれない」と——。（李淳馹著『もう一人の力道山』）
第3章　出会い、結婚、新婚旅行
第4章　謎の結婚生活と素顔
「イダズラ好きで茶目っ気たっぷりの一面も」、「「外国人レスラーの体臭には困っていた」」、「子供のことでたった一度の夫婦喧嘩」、「赤ちゃんを授かったことが結婚生活最大の想い出」、「タフな部分と繊細さの両方を兼ね備えていた」……等々。

「たった一度の夫婦喧嘩」というのは、力道山が巡業先から帰ってきて〝子供たちを殴った〟ことが原因であった。

《夜中にいきなり子供たちを呼べと言いだしたんです。私は「寝てます」と言ったら、「いいから呼べ」とすごい剣幕で怒鳴り出したのでした。渋々3人の子供を起こし、力道山の前に整列させました。するといきなり男の子2人にビンタを喰らわしたんです。さらに長女の千栄子ちゃんにもビンタを。ビックリした私は「なんで女の子まで叩くのよ！」と文句を言いだした途端、「お前は黙ってろ！」と子供たちに説教を始めたのでした。それでも私は「どんな理由があっても女の子を叩くのは許せません」と喰ってかかったときの力道山の表情は本当に怖かったです。》

力道山が怒った理由は、「上のお兄ちゃん（義浩）は学校へ行くといってサボっていた」、「長女の千栄子ちゃんは体の具合が悪いといって学校を休みがち」、「下の男の子（光雄）は勉強をサボってばかりいた」ことを「誰かから聞いたみたいだった」からだという。

力道山が子供たちのことを「誰かから聞いたみたいだった」という「誰か」とは、「家政婦さん」

のことであろうか。あるいは「お弟子さん」の誰かなのか……。

第5章　事業家、政界進出、遺産相続、プロレス界の今後

「力道山のビジネスモデルはアメリカ」、「赤坂を〝リキ王国〟にするのが夢」、「参議院議員選挙出馬の話が……」、「突然の死。借金の取り立てに精も根も尽きる」、「日本プロレスがリキ・エンタープライズから独立」、「馬場と猪木。2人とも力道山の残した大きな財産」などで構成されている。

「力道山のビジネスモデルはアメリカ」だったと敬子夫人は言う。結婚後の力道山は、事業家として精力的に動き始めていた。ときどき「敬子、三年は苦労してくれ」と言われたともいう。将来、事業家としてビッグになる夢を持ってはいたが、突然レスラーを引退したのでは「ファンを裏切ることになる」という思いから、「プロレスの力道山」であり続けたのである。

「参議院議員選挙出馬」の話しがあったのは、大野伴睦氏からで、力道山が事業家として力をつけ始めたころであったという。「俺はまだ政治家になるような器ではない」と、力道山はその要請を断った。が、《少なくとも政治にはかなり関心はあったと思います。お付き合いのあった政治家の先生には政治献金をしていました。》と敬子夫人は述べている。ゴルフ場、ボウリング場、分譲マンション、レンタカー事業など、力道山は数々の事業を手掛けていた。

「突然の死。借金の取り立てに精も根も尽きる」：

昭和三十八年十二月十五日。この日を境に敬子夫人の人生は再び大きく変わることとなった。力道山と結婚したことで新たな人生を歩み始め、わずか半年後に衝撃的な結末を迎えることになったのである。力道山の資産は当時の金額で二十億円とも三十億円とも言われていたが、ほとんどが借金の上

に成り立っているものであった。すべてが、力道山個人に対する投資だったことが災いし、これを引き継いだ敬子夫人は事業を継続するというより「債務整理中心」へと移っていった。

《結局、リキ・エンタープライズを引き継いでからの私の仕事は、力道山が事業拡大のために投資した借金を整理することだけでした。最後までここだけはと踏ん張ってきたリキ・アパートを手放すときは、主人に「申し訳ありませんでした」と何度も繰り返していました。》

借金返済のためには、「三菱電機の大久保社長にも力添えをいただきお世話になった」という。

《現在、相模湖ピクニックランドになっている所が元ゴルフ場の土地です。また渋谷にあった土地は、主人がプロレス時代にスポンサーとして面倒をみてくれた三菱電機の大久保社長が、不動産事業を扱う三菱地所を設立し引き受けてくれました。》

苦しいなかにも何とか生きる力を与えてくれたのは「私と力道山の忘れ形見、娘・浩美の存在」であった、「借金返済に明け暮れる毎日を送りながらも、決して横道にそれることなくスクスクと育っていく様を見るにつけ、この娘のためにもこんなことで負けてはいけない、と何度も励まされ気持ちを奮い立たせたものでした。改めて娘には感謝したい」と敬子夫人は語っている。

「日本プロレスがリキ・エンタープライズから独立」‥

力道山の死後、日本プロレスは形の上では敬子夫人が代表を務めていた。しかし、事実上、豊登、吉村道明、芳の里の四人による指導体制へと移行し、昭和三十九年三月に日本プロレスはリキ・エンタープライズから独立し、再スタートを切ることになった。

《確かに力道山はプロレスで稼いだ収益をほとんど事業の方に回していました。しかし、このお金はレスラーの将来を見据えた上での投資だったんです。決して自分の私利私欲のためだけに使ったわけではありません。》と敬子夫人は述べている。

「馬場と猪木。2人とも力道山の残した大きな財産」‥力道山が心血を注いで作り上げた日本プロレス。「なくなるときは本当にあっけないもの」であったが、プロレスの血はジャイアント馬場やアントニオ猪木たちに受け継がれていった。

ジャイアント馬場とアントニオ猪木。二人とも力道山にとっては大事な愛弟子であった。

馬場に対しては、プロ野球（巨人）からプロレスに転向してすぐにアメリカへ武者修行に行かせるなどプロレス界の王道を歩ませていた。また、猪木に対しては、自らの付人としてリキ・アパートに住み込ませ、何かあると呼びつけては肩を揉ませたりするなど身の回りの世話をさせていた。好対照の育て方をしていたが、力道山にとって「二人は必ず将来日本プロレスを背負うだけの逸材であると信じ、それぞれに合った育て方を実践していたのだと思う」と敬子夫人は語っている。

敬子夫人が結婚したとき、ジャイアント馬場は米国で武者修行中の身であった。

《私が結婚したとき、ジャイアント馬場さんはアメリカで武者修行中でしたので力道山が亡くなってからの付き合いになります。当時、すでにガールフレンドがいて私に紹介してくれました。それが奥さんの元子さんです。すらりとした美人でとても似合いのカップルでした。日本プロレスを離れ、全日本プロレスを設立してからも私を役員として迎え入れてくれたり、よっちゃん（義浩）とみっちゃん（光雄）の2人の息子がプロレスラーとして世話になるなど、いろいろと面倒をみてくれる頭のいい人でした。》

アントニオ猪木には、どのような期待を持っていたのか。

《確かに力道山の2人の育て方は好対照でした。馬場さんはエリートとして教育。猪木さんは何度も叩いて叩いて徹底的に鍛え上げ、自分を超えるようなビッグになる反骨精神を煽るように育てていました。それも見事に的中し、日本のプロレス史上力道山の次に名前が挙げられるビッグなレスラーにきちんとなってくれたのです。この事実は本当に嬉しく、2人とも力道山が遺してくれた大きな財産として私の中に息づいています。》

第6章　夫・力道山は日朝「影の外務大臣」―38度線での叫び―

「力道山38度線の叫び」‥

力道山は昭和三十八（一九六三）年一月八日、韓国文部省の要請を受けて極秘で韓国を訪問している。日本からは秘書の吉村義雄一人だけを伴っての訪韓であった。ソウル市長からは名誉市民賞を授与され、連日にわたって政府高官と会談するなど〝影の外務大臣〟として日韓の友好関係に貢献した。訪韓に際しては38度線付近の停戦ラインにある板門店を訪ねるスケジュールも組まれていた。一九五〇（昭和二十五）年に勃発した朝鮮戦争の休戦後、朝鮮半島は停戦ラインの38度線を境に大韓民国（韓国）と朝鮮民主主義人民共和国（北朝鮮）の二つの国家に分裂した。その板門店を訪ね38度線に立ったとき、力道山は北朝鮮に向かい両腕を挙げて「ウオ〜！」と大声を出し、そして何かを叫んだという。

吉村氏は、あのとき力道山が大声を出したあとに叫んだのは「兄さん！（ヒョンニーム）」ではなかったのか、と自著『君は力道山を見たか』の中で記している。

第7章　力道山の遺言―朝鮮半島をスイスに―

「日朝の拉致問題と訪朝の夢」‥

「何でこんな問題が起きてしまったのだろう。これが北朝鮮の拉致問題に対する率直な気持ちです」と言う敬子夫人は、拉致被害者の方々のシンボルでもあるブルーリボンを身につけ、一日も早い拉致問題の解決を望んでいる。「主人は在日、私の娘・浩美には朝鮮民族の血が半分流れていますから、とても他人ごととは思えない」のである。日本側は拉致問題を日朝国交正常化交渉の中で究明するとしているが、なかなか進展は見られない。『夫・力道山の慟哭』を刊行したのは平成十五（二〇〇三）年七月であるが、二一年が経過した今（二〇二四年）も拉致問題に進展は見られない。

《レスラー力道山のDNAは愛弟子の猪木さんが引き継いでくれました。北との関係も猪木さんは築き上げています。旧ソ連や中国、北朝鮮でプロレスを通した平和外交を展開したのも猪木さんです。これまで猪木さんが積み上げてきた実績を継承するプロレスラーの登場を期待したいと思います。21世紀の力道山が現われることをみんな心待ちにしているはずです。》

『闘え、生きろ、老いるな！夫・力道山の教え』

「いまこそ力道山スピリットを」が、本書〝終章〟に見られるメッセージである。「決して最後迄あきらめるな!!」――。これが、戦後の日本を勇気づけた力道山スピリットであった。

敬子夫人は、この力道山スピリットを「一人でも多くの人々に知っていただきたく」講演活動を続け、二〇〇八年九月に『闘え、生きろ、老いるな！夫・力道山の教え』を、二〇一九年二月には『今こそＪＡＰＡＮに力道山！』を刊行した。

『今こそＪＡＰＡＮに力道山！』には、リングの王者・力道山からは想像もつかない多くのエピソードが満載されている。「まえがき」で敬子夫人は言う。「私の思い出の中では、今でもちょっとシャイに微笑むやさしい顔しか浮かばないのです。第一私は力道山の試合、闘う姿を生で目にしたことがありません。ですから、私の中にはリングの王者・力道山のイメージはないのです」。

《彼は自分が血みどろで闘っている姿を、私には決して見せようとしませんでした。それが、男の職場に女は立ち入るな！　というような意固地なものなどではなく、怖がりの私に心配させたくないという心遣いから来るものであることを知っていました。それほどやさしい人だったのです。

それでも私はリングの彼を観たいと思い、いちどだけそっと後楽園ホールに行き、目立たないように見守ろうとしたことがあります。しかし、入場口で弟子のひとりに見つかり、「先生から奥様は絶対に入れないようにと厳命されています。申し訳ありませんが、お入れするわけにはいきません！」と完全ブロックされてしまいました。》

妻には絶対に見せたくないという力道山の、リングを下りて帰宅したときの姿とは、どのようなものであったのか。

《試合を終え、家に帰った力道山の姿はズタボロでした。魂の抜けきった抜け殻のようにして戻ってきます。右手は赤く腫れあがっています。それも仕方がありません。ここからは妻としての私の出番です。私はできるだけやさしく、彼の右手を受け取り、布団に寝かせて、用意しておいた氷水でタオルをしぼり、冷やします。

ふだんは絶対に他人に弱みを見せない力道山ですが、このときばかりは、赤黒く腫れた右手を痛がります。まるでケンカして帰宅した子供のようです。》

試合を終え帰宅した力道山の姿は「ズタボロ」であったという。なぜ、そこまでしてリングの上で戦わねばならなかったのか？　そのわけを力道山の口から聞いたとき、敬子夫人は涙が出て止まらなかったという。

《……彼からその祈りの理由を聞いたとき、私の涙はしばらく止まりませんでした。「この人は、なぜこんなにしてまで日本の復興を、子供たちが元気になり、勇気を持つことを願っているのだろう」と思うと自然と私の目が涙でいっぱいになり、あふれ出したのです。

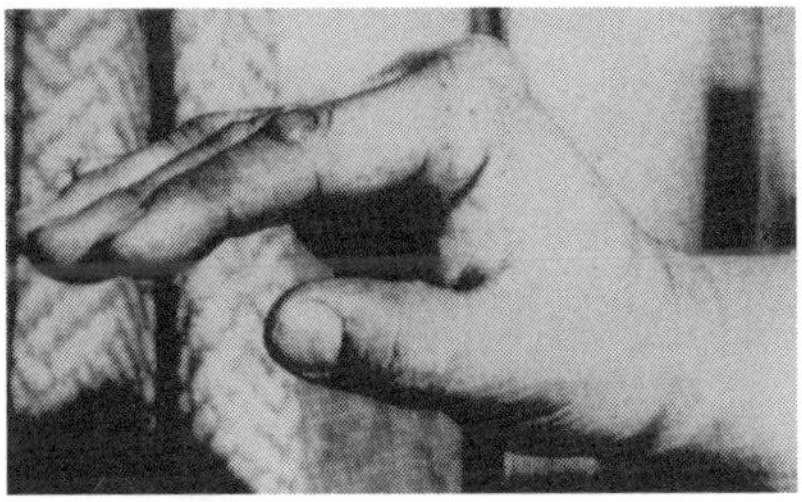
鍛え上げた力道山の右手（拳ダコが盛り上がっている）

その祈りの正体は感謝でした。当時日本に併合されていた朝鮮半島の貧しい家に生まれ、幸いに運動神経と反射神経に恵まれたために、相撲の素質を認められて、二所ノ関部屋に拾われて、きびしい稽古のお陰で一人前の相撲取りになれた。自分と、親方との行き違いから相撲を離れたものの、すぐに日本では新しいスポーツであるプロレスに出会い、アメリカまで行ってプロレスラーになり、人々を励まし、青少年に夢と希望をあたえられる仕事をしている――。

そのような人生を歩めたのは、私を励まし助けてくれた皆さんと日本という国のお陰。ならば、今、元気をなくしている日本を励まし、復興を願い祈るのは自分の役目――。

力道山はそう考え、みんなの注目を集める神聖な舞台の上で、その思いを人知れず、実行していたのでした。》

力道山の空手チョップは五、六発連打されることもあったが、原則、ワン・ツー・スリーの三連打で放たれていた。その攻撃の合言葉は「復興」であったという。戦争に負け焼け野原になり、敗戦ショックから立ち直ることができず、自信を失っていた日本。その「日本を復興させる」ことが、激しくチョップを打ち付けるときの力道山の祈りであった。手の痛みに耐えながら「元気、勇気、日本復興」の三つの掛け声を頭の中で唱えながら外人レスラーたちに手刀を打ち振っていた。敬子夫人が、「力道山から聞いた」言葉である。

父・力道山の「真の姿」を伝えたい

○『父・力道山　初めて明かす 父の実像、父への愛』百田光雄（小学館）二〇〇三年十二月

『父・力道山　初めて明かす 父の実像、父への愛』

力道山の次男である百田光雄氏が本書を刊行したのは平成十五（二〇〇三）年十二月である。兄・義浩氏と共著で勁文社から出版した『父・力道山』（一九八三年刊行）を、義浩氏亡きあと光雄氏が一部加筆・修正して刊行した文庫本である。

光雄氏は、父親と死別したときは中学三年生だった。なぜ「父・力道山」「父の実像」を上梓することになっ

たのかについて著者は、「あとがき」の中でこう書いている。
《本書を最初に刊行した一九八三年当時は、いわゆる「力道山ブーム」が起こり、世間には父・力道山に関する記事、書物が溢れていた。そのなかには、はっきりいって父・力道山の実像とはあまりにもかけはなれたものが少なくなかった。

そこで、どこまでが父の実像であり真実であるか、という点をはっきりさせておく義務が父の子である私たち兄弟にはあるのではないか、と考えたのが、私と兄の百田義浩が本を書こうと思った唯一にして最大の動機であった。私たち二人で、お互いの記憶を話し合い、父の友人知人に会って話をうかがい、資料類にあたって、四苦八苦しながら、何とか書き上げたのが本書である。》

本書を刊行した当時の、百田光雄氏のプロフィールは下記のとおりである。

「ももた みつお　一九四八年九月二十一日、京都生まれ。力道山の次男。森村学園卒業後、一九六七年、父の遺志をついでプロレス入り。日本プロレス、全日本プロレスを経て、現在はプロレスリング・ノアの取締役副社長兼現役レスラーとして活躍中。一九八九年四月、世界ジュニア・ヘビー級王座獲得」

本書『父・力道山　初めて明かす父の実像、父への愛』は、第一章「父・力道山百田光浩の実像」、第二章「プロレスとの出会い、そして飛躍」、第三章「キングへの道、そして……」の三章から成っている。冒頭では「あまりにも突然だった父の死」と題し、父・力道山の亡骸を自宅に迎えたときの状況について詳しく書いている。

《結婚式のときと同じ羽織袴で白足袋をはかされた父の遺体が自宅に運ばれてきたのは、十六日の午後一時ごろだったと思う。

父の遺体を解剖に付すかどうかということではずいぶんもめたが、結局、信濃町の慶応病院で解剖に付され、再び夕方自宅に戻ってきた。

しかし、柩が大きすぎて、タテにしなければエレベーターに乗せられないので、狭い非常階段を使って裏口から運び入れるか、柩を立てて、表玄関から入れるかで、また大もめにもめたが、豊登関が「わしがしょってでも表玄関から入れる」と主張したので、結局、父の柩はエレベーターの中へ立てられ、豊登関に背負られるようにして、八階まで運び上げられ、奥の十畳間に安置された。》

父・力道山が何を思いプロレスのリングに上がっていたのかについて百田光雄氏は、「マスコミ関係者の一人に（力道山が）語った言葉だ」として次のように書いている。

《ワシは白井義男がダド・マリノをやっつけたというニュースをアメリカで聞いたとき、泣けて仕方がなかった。ワシだけではない。あのときは大勢の人たちが感動して泣いた。ワシは、〝シライ！シライ！　ようやった！　シライ！〟といって涙を流してよろこんでいた日系二世の人も知っている。だからワシは、ワシがこういう人たちにかわって、青い目のヤローどもを叩きのめして血ヘドを吐くほどぶちのめしてやる。ワシは一億の日本人の代表として死ぬまで戦うぞ、とあのときアメリカで自分自身に誓ったのだ。実はな、古橋や橋爪が全米水泳選手権大会で次々と外国選手に水をあけて世界記録を書きかえたときも、ワシは、涙が出てしようがなかった。ワシもプロレスの世界で、古橋や白井のやったことと同じことを必ずやってみせる。そうすれば、日本にも野球と同じようにプロレスは必ず根づいて発展するはずだ。》

力道山の読みどおり、プロレスは日本で大衆のものになった。

力道山はその生涯で四人の妻を娶っていた。一人目は朝鮮から来日する前に母親が決めた許嫁の女性（朴信峰さん）、二人目は京都の芸妓（京都風の「芸者」の呼び名）の女性（綾さん）、三人目は東京の芸者の女性（ふみ子さん）、そして四人目が敬子夫人、田中敬子さんである。敬子夫人の著書の中に出てくる「千栄子さん、よっちゃん（義浩）、みっちゃん（光雄）の3人の子供たち」というのは、二人目の妻・京都の芸妓・綾さんの子供である。光雄氏は『父・力道山』の中で、育ててもらったふみ子さんのことを「文子母」と呼び、敬子さんのことを「敬子母」と呼んでいる。

昭和三十九（一九六四）年一月一日。父親亡きあと初めて迎えた正月であった。それがどんなに寂しい正月であったのかについては、すでに紹介したとおりである。

本書には、力道山が死の寸前に差し出した〝三本の指〟についての記述はない。

令和四（二〇二二）年十二月十五日に池上本門寺の墓所を訪ねたとき、筆者は、百田光雄氏に「力道山先生はお亡くなりになるとき三本の指を差し出されたそうですが……」と尋ねてみたが、光雄氏は、そうした父親の〝メッセージ〟は目撃されていない様子であった。首を傾げられ「ああ、あのことですか」というような仕種で、笑みを浮かべておられたが……。

力道山は間違いなく、時代の要請によって出現したヒーローであった

○『君は力道山を見たか』吉村義雄（飛鳥新社）一九八八年七月二十五日
「力道山は間違いなく、時代の要請によって出現したヒーローであった」とは、力道山の友人であり、

秘書であり、リキ・エンタープライズの専務取締役として力道山を陰で支えた吉村義雄氏が自著『君は力道山を見たか』で書いた言葉である。。

『君は力道山を見たか』の著者略歴には、きわめてシンプルにこう紹介されている。

「吉村義雄（よしむら・よしお）　大正14年東京生まれ。外車のセールスマンから力道山の個人秘書に転進、途中から日本プロレス興業に入社。リキ・エンタープライズ設立後は専務として力道山を陰で支えた。」

筆者なりに勝手に解釈すれば、『君は力道山を見たか』という書名には二つの意味があるように思う。一つは文字通り「君は力道山を見たか」であり、あのスーパースター「力道山を見ることができたか」という意である。そして、もう一つは「君は力道山を見たのか？」である。後者のほうは言い換えれば、力道山について書くなら見たようなふりではなく「真実（事実）を語って欲しい」という意であろう。力道山亡きあと四半世紀が経過したのち本書を出版した意図について、「あとがき」のなかで

君は力道山を見たか
吉村義雄
大人のための力道山物語
天皇の次に有名だった男が
没して四半世紀がたった……
『君は力道山を見たか』

吉村氏はこう書いている。

《……力道山についてはおびただしい書物が世に出ました。生前、スーパー・ヒーローだった彼について書かれた本は、ほとんどが大人の鑑賞には堪えない英雄譚だったのに対し、死後にはその反動でか、スーパー・ヒーローの仮面を剥ぎとるどころか、ポルノグラフィまがいの曝露小説まで現れて、力道山はすっかりまる裸にされてし

まった観があります。要するに力道山は、粗暴で、金に汚く、女にだらしがなかった上に、暗黒の世界に通じていた人物——だというわけです。》

このような〝誤報〟に接するたびに吉村氏は、いたたまらない気持ちに駆られていた。そして、こう続けている。

《かたわら、いまではもう、力道山というプロレスラーが存在したことを知らない世代もある。つまり、この四半世紀の間に、一方で力道山は忘れられ、一方では歪曲された人物像が語られてきた——とわたしは思う。

……わたしは一介のセールスマンだった男で、たまたま力道山と一緒に彼の晩年、仕事をしていたにすぎません。ですから、本を書いたりする資質があるわけでもない。けれども、力道山の人柄に惹かれて、十年足らずではありますがいつも傍にいた人間としては、力道山が忘れられていくことも、それにもちろん彼の実像が歪められて伝えられていくことにも、耐えがたい思いがある。わたしが拙い筆をとったのは、力道山の実像を自分なりに描き、世間の誤解をといておきたかったからにほかなりません。》

最後に、吉村氏はこう断言する。

《わたしは思うのですが、時代は必ず、その時代にふさわしい人物を生むものです。昭和二十年代の終わりごろから三十年代、力道山は間違いなく、時代の要請によって出現したヒーローだった。その歴史的意味を考察するのはわたしの任ではありませんが、力道山の裏側に少しでも光が当てられたらと、わたしは願っているのです。》

吉村氏はどのような経緯で力道山の秘書になり、リキ・エンタープライズの専務取締役を務めるようになったのか。

昭和二十五（一九五〇）年六月、朝鮮戦争が勃発した。この戦争は朝鮮半島に近い日本にも大きな影響を与え、同月二十九日には福岡県に空襲警報が発令されている。ＧＨＱ占領下にあった日本はアメリカの重要な後方拠点となり、軍需品の大量生産を通じて好景気がもたらされたほか、日本の政治や軍事面にも大きな影響を与えた。朝鮮に派兵される国連軍が日本を通過していく。朝鮮戦争の特需景気で日本に莫大なお金が落ちることになった。この特需景気の恩恵にあずかっていたのが輸入車を販売している吉村氏の会社で、吉村氏は外車のセールスマンをしていた。外車は飛ぶように売れたという。力道山は吉村氏が勤める会社の客で、吉村氏は車を売るセールスマン、これが二人のそもそもの出会いであった。吉村氏も力道山の渡米に際し、目黒の雅叙園で開かれた壮行会に出席していた。

「お金が溜まるとステータス・シンボルがアメリカ車だったんです。キャデラック、リンカーン、ビュイック、マーキュリー、プリマス、スチュードベーカー……」と――。

好景気のお陰で吉村氏が「コマネズミみたいに走りまわって仕事をしているうちに、プロレス修行に行っていた力道山がアメリカから帰ってきた」。

《一年間のアメリカ修業で目覚ましい成績をおさめた力道山は、プロレスラーとして立っていくことに強い自信を抱いていたようでしたし、日本でプロレス興行を本格的に行うことにも、成算ありげでした。》

力道山はプロレス興行を実現するために、東奔西走するようになった。アメリカから買ってきたキャデラックのオープンカーに乗り、あちこち根回しに駆けずりまわるようになった。プロレスだけではなく、いろいろな事業にも進出するようになったとき、力道山は吉村氏に声をかけた。

「ヨッちゃん、俺の仕事、手伝ってくれないか。今の会社をやめて、本腰を入れて手伝ってほしい。俺は、周りに信用できる人が、一人もいないんだ。自分で考えていることを打ち明けて、全部任せられるような人間がほしい。それ、ヨッちゃんに頼みたいんだがなあ」

こうして吉村氏は、力道山の頼れるパートナーとなった。

それから一〇年後に、力道山は赤坂の山王病院で危篤状態に陥った。

《……わたしは電話室へ入って、まず敬子夫人に連絡し、それからあちこちの関係者に電話をかけました。が、わたしが電話をしている間に病状は進んで、臨終になっちゃったんです。すぐ来てくれと迎えが来て、部屋へ行ったときにはもう末期の水とりが始まってました。そのとき、力道山が、「アー、アー」

と低い声でいって、指を三本出したように見えました。》

力道山は二度目の手術を受けるために、ストレッチャーで手術室へ入るとき「俺は死にたくない」と大声で言ったという（敬子夫人の談）。そして、それが力道山の「最後の言葉だった」と言い伝えられている。しかし、そうではない。力道山は、息絶えんとするその時に、

「アー、アー」

と声を発しているのである。呻くようなこの一声こそが、力道山の「最後の言葉」なのである。

そしてこの言葉をはっきりと聞き取ったのは、秘書の吉村義雄ただ一人だった。

力道山が息をひきとった赤坂・山王病院６０１号室

○『Number70 力道山の真実』松尾秀助編（文藝春秋）一九八三年三月五日

文藝春秋社のスポーツグラフィック誌『Number70』は、「プロレス大ブームの原点、力道山の真実」と銘打って昭和五十八（一九八三）年三月五日号で、「力道山」という謎多いスーパースターの足跡を追った。編集・発行人である松尾秀助氏は、東京・世田谷区九品仏に住んでいた少年時代に、東横線の自由が丘駅前広場にある街頭テレビで力道山のプロレスを観戦したという。文藝春秋社に入社して『オール讀物』編集部に配属され、写真のグラビア頁の企画で赤坂のリキ・アパートに撮影に行き力道山夫妻にインタビューする機会を得た。赤坂の『ニュー・ラテンクォーター』で力道山が死傷事件に遭ったのは、取材したその日から数カ月後のことだったという。『Number70』巻頭で「私自身の力道山体験」と題し松尾氏が語った言葉である。

松尾氏によると、「力道山の真実」は、次のような意図をもって取り上げることになった。

《力道山って、一体われわれにとって何だったんだろうか？ 今のプロレス大ブームを見るにつけ、考えさせられてきました。で、いっそのこと、「力道山とは何ぞや？」と大上段に振りかぶってみたらどうだろうか——そんな議論から生まれたのが今号です。》

力道山の死後、二〇年経ってから刊行された『Number70』は、二六万部を刷りほぼ二日間で完売したという。

目次を見てみよう。

「力道山」とは何だったのか？　というタイトルが目を引く。そして何といっても衝撃的なのは、「追跡！　力道山」（文・井出耕也）の中に見開きで収められている、《力道山が息をひきとった赤坂・山王病院601号室。》の写真だ。『Number』編集部によると、フリーカメラマン土屋明氏が撮影したものだという。ベッドもカバーも力道山が入院していた当時のままだ。キャプションには《バス、トイレ、応接室、キッチン付きで、当時の値段で、1日1万5000円だった。》とある。

『Number70』で、赤坂山王病院に「力道山が息をひきとった601号室」が「当時のまま遺されている」ことを知った私は、本書を書くために令和四（二〇二二）年、山王病院に電話をし「写真撮影のお願い」をしてみた。しかし、同病院総務課の女性職員の説明によると、平成八（一九九六）年にリプロダクションセンターを開設、「全館をリニューアルし、平成九年からチェンジした」ため、力道山死亡時の病室は「残っていない」とのことだった。ならばということで、『Number70』誌に掲載されている力道山死亡時の病室の写真を模写することにした。終章に掲載してある「ベッドの〝画〟」が、それである（画：基蕗子）。

2日間で完売したという『Number70』

『Number70』誌の柱となっている「私と力道山の真相」と銘打った木村政彦氏へのインタビュー記事は、木村氏が拓殖大学教授を退職する間際に行われている。力道山と木村政彦が実力日本一をかけて戦った〝世紀の一戦〟は、一二枚の写真付きで紹介されている（試合の模様をビデオに再生して写真撮影したもの）。木村政彦が力道山の〝急所を蹴った〟という写真も掲載されているが、急所ではなくロングタイツの上部あたり、下腹部を蹴っていることがはっきりとわかる。右手で頸動脈に打ち込んでいる写真も掲載されている。頸動脈に打ち振られたこの空手の一撃（写真では手首が頸部に当たっているように見える）で木村政彦はマットに沈んだ。そして、蹴りの猛攻を受け立ち上がることなく敗者となった。木村がうつ伏せになっている写真も掲載されている。この写真のキャプションには「力道山はロープにくずれかかった木村に、狂ったように空手チョップを浴びせ、足蹴りを加えた。いま見ても普通のプロレスの試合には見られぬ異様な雰囲気がただよっている」と付されている。文末には「協力　宮澤正幸（日刊スポーツ）」とある。

この〝世紀の一戦〟は、力道山と木村政彦、両者で取り交わすはずの「文書」があったという。この件に関しては「とり交すはずの文書を、忘れたといって力道山は持ってこなかった」という小見出しをつけて、木村氏と記者とのやり取りが次のように記されている。

《▼で、あの試合が終わったあと、力道山が「木村から八百長の申し入れを受けていた」と暴露して、その証拠だという文書を公表しましたね。

木村　そうじゃない。あれはおたがいに文書を交して、「こういうふうにしよう」と約束したんだ。だけど、だいたいレスリングというのは口約束だからね。どこへいっても、プロモーターが、お前負けだ、引き分けだ、と言ったらそれを通すんだから。それが通らないレスラーというのは存在できない。だからそういうように文書を取り交すということ自体もおかしいんです。

▼文書をとり交そうと言ったのは、力道山のほうから言ってきたわけですか。

木村　そう。おたがいの意思を確かめるためにとり交しましょうか、というんで、いいよおまえのいいようにしてくれ、って。で、その文書をとり交す日、ぼくが書いてもってったら、あれは持ってこなかった、忘れた、というんだね。大丈夫です、決して違反はしません、って言うから、じゃ、そのとおりにやろう、と相手の誠意を認めたわけです。で、ぼくが書いたものは、むこうが持っていってしまった。

▼そのとおり、とは？

木村　それはおたがいにレスラーとレスラーの勝負だから、引き分けと決まったら、相手がはじめとったら今度はこっちのほうがとる。そして仲良く勝ったり負けたり、攻撃したりされたりして試合を進めていこうじゃないか、そして最終的にはお客さんを沸かせるような、むこうが空手チョップをぶってきたら倒れ、立ちあがったら今度はこっちのほうが攻撃してこてんぱんにやっつける、こういうような流れで、引き分けの線までもっていこう、時間切れまでね。ぼくのやる技は、投げ技は背負い投げとか、送り足払いとか大内刈りで倒す、寝技の点においては腕がらみをしたり、逆十字をする、そうしたらおまえ、痛そうにしろ、きみは空手チョップが売りものだから、空手チョップをどんどん使え、それに対しては俺も倒れる。そういうような話だったんですね。

それからあとに続く試合は、この試合が引き分けに終ってから、ジャンケンポンで決めよう、こういうような約束になっていたわけです。》

この〝約束〟を力道山は〝反故〟にした。そして、この〝約束違反〟に対して木村は、力道山の命がどこまで持つか「暗示をやった」という。この「暗示」とは、木村は柔道の選手として試合に出ていたころ、試合の前日、深夜の真っ暗な部屋に座り、精神を統一して「明日の試合」のことを考えた。すると、しばらくして「勝」「負」という二つの文字が闇の中で交錯し、やがて額の中央に「勝」という文字が金色に光り輝いて浮かぶ。これで明日の試合は「勝者」になると確信できた。これは、中国の臨海和尚の「禅とは、学問ではなく経験である。また、直感であり、体験である」という言葉に惹かれ実行した、木村独自の勝敗を占う（？）暗示であった。力道山に敗れた木村は、力道山の命がどこまで持つか「暗示」をかけたのであった。「死」と出たという。

《……そうやって暗示をかけたら、〝死〟と出たわけだ。それなら、俺の手を汚すまでもなく、近いうちに彼は死んでいくな、と思っておった。》

力道山が暴漢に刺され落命したのは、この暗示からおよそ一〇年後のことだった。

《▼で、「暗示」があたらないので、つまり殺そうとしたわけですか？

木村　そうしたら、たまたま東京から熊本へ帰る途中、新聞を見たら、「死んだ」と出ていたから、自分の「暗示」もあたらんではなかった。的中しておったわけだ。》

木村氏の言う《東京から熊本へ帰る途中、新聞を見たら、「死んだ」と出ていた》という、この車中での出来事については、本章で後述する増田俊也氏の著書『木村政彦はなぜ力道山を殺さなかったのか』（新潮社）に譲りたい。

「Number70」には、「素顔の力道山」という題で、佐瀬稔氏と寺田静嗣氏の〈語り合い〉記事も収録されている。対談の文末は、力道山が赤坂のナイトクラブで暴漢に刺され自宅に帰ったときに居合わせた、元報知新聞記者で評論家の佐瀬氏の次の言葉で締めくくっている。

《リキさんは応接間かなんかに横になっていた。そしたらやったほうが謝りに来たんですよ。エレベーターでやった人物の親分だけがあがってきた。当人は下で待ってたわけですね。病院へ戻るっていうリキさんが、玄関まで誰かに支えられながらいくのを、その親分が来て、一生懸命謝ってましたね。見てたら、うむ、うむとか、わかったよっていうのが途切れ途切れに聞こえましたね。ぼくはそれが力道山を見た最後ですね。

それから1週間たって死んだんですね。》

佐瀬氏と寺田氏の対談は、ここで終わっている。

力道山の北京巡業「幕下時代」を知る石川輝氏

○『今なぜか力道山　真相・最強不滅の空手チョップ』石川輝（リイド社）一九八三年八月一日

本書には「真相・最強不滅の空手チョップ」というサブタイトルがついている。

『今なぜか力道山　真相・最強不滅の空手チョップ』

石川輝氏は一九〇四（明治三十七）年生まれで、慶應義塾大学経済学部を卒業してのち國民新聞社に入社。『國民新聞』を振り出しに、『大阪毎日新聞』、『読売新聞』、『東亜新報』（北京）、『時事新報』、『産経新聞』、共同通信と新聞記者生活五十余年。初代慶大ボクシング部の主将であり、日本のアマボクシング界の草分けでもある。『今なぜか力道山』を刊行した当時は日本アマボクシング連盟の顧問を務めていた。

石川氏は『國民新聞』、『大阪毎日新聞』を経て『読売新聞』の中国・京城支局長となり、昭和十四（一九三九）年六月に『読売新聞』を辞めて『東亜新報』に入社した。力道山との出会いは昭和十七（一九四二）年の夏、北京においてであったという。太平洋戦争が勃発した翌年の七月で、双葉山や羽黒山の二横綱を含む大相撲の一行が皇軍慰問のために北京に渡っていたときである。力道山は当時幕下の力士で、石川氏は報道関係を代表する委員として北京場所の世話役を務めていた。力道山との出会いについては『今 なぜか力道山』の中でこう綴っている。

《場所が始まったその日、子供を肩車に乗せて場所入りした若い力士がいた。面白い力士だなと思って「君、何という力士？」と聞くと「力道山です」と、はにかみながら答えた。その時の印象は「人なつこい童顔の中に何か強い意志が秘められている若者」と、私には思われた。》

そして石川氏は、こうも言う。

《北京は力士たちにとって、まさに天国だった。

私はすっかり浮かれている力士たちの中で、ただ1人、毎日、小学校1年生ぐらいの坊やを肩車に乗せて場所入りする若い力士にひかれた。》

若い力士とは「力道山」であり、肩車に乗せていた「子供」とは、のちにプロ野球の選手として活躍した森徹のことである。

そして石川氏が力道山と二度目に会ったのは、力道山が自らマゲを切って角界を去り、新田建設の新田新作社長のもとで運転手兼同社の資材部長として働いているときだった。昭和二十六（一九五一）

年九月ごろのことで、石川氏はサンケイ新聞の運動部の記者をしていたという。

『今なぜか力道山　真相・最強不滅の空手チョップ』――。

第一章は「プロレス・ブームの爆発」で始まっている。「日本最初のプロレス国際試合」として、昭和二十九年二月二十九日に蔵前国技館で行われたシャープ兄弟と力道山・木村政彦組のタッグマッチ選手権の模様について紹介。プロレスすなわち「西洋相撲とは何か」について、会場の前に集まったファンの期待と驚きの声を、石川氏が聞き取った形で詳細に描写している。以下は、『毎日新聞』を手にしている男性とのやりとりである。

職業選手のレスリングは、「土俵の代わりにリングがあって、その中で打つ、ける、なぐる、なんでもいい荒っぽいことやるんです」と説明すると、聞いた男は「じゃア、ケンカですか」と訊き返す。「まア、そんなものですナ。けんか、大の男のけんかです」と答えている。これが、初めて職業選手のレスリングを目にする当時の日本人ファンの、プロ・レスリングに対する第一印象であった。このケンカマッチを観るために、蔵前国技館には超満員の観衆が集まった。

シャープ兄弟との対戦は、力道山が山口利夫と組んで大阪においても行われた。やはり超満員の観客を呼んだ。ノンタイトル戦で、力道山・山口利夫組が二対一で勝った。三戦目は東京に戻って力道山・木村政彦組で挑戦して時間切れの引き分け。

シャープ兄弟を迎えての初めての国際試合の興行収入は「1億2千万円」であったという。《昭和29年当時と今の物価指数からみると、いまは当時の約15倍であるから、いまの金にすればおどろくべし、18億円に達したのである。》と著者は語っている。

石川輝氏は、力道山の今後を考えて、メディアの協力が必要だと考え「記者クラブ」をつくることにした。毎日新聞の伊集院浩や読売新聞の山口幸一、日刊スポーツの奥村忠雄記者らに呼びかけ相談し、賛同を得た。

《みな賛成してくれたので、その人選を進めた。当時、すでにボクシング関係では『東京ボクシングライタースクラブ』が結成されており、私は最初から幹事役をしていたので、同じ格闘技でもあることから、このライタースクラブから選ぶこととした。

メンバーは下記の通りとなった。（敬称略）

◆毎日新聞　伊集院浩、呉政男

◆読売新聞　山口幸一

◆サンケイ新聞　石川輝

◆共同通信　鮎沢周太

◆日刊スポーツ　奥村忠雄

◆スポーツニッポン　後藤秀夫

以上7名でスタートし、のちに内外タイムスから東京スポーツへ移った門茂男を加えた。》

クラブの名称は、リキ道場が浪花町にあったことから『浪速クラブ』にしたという。

《だから力道山も、大いに喜んで、死ぬ直前まで「浪速クラブの恩は忘れるナ。クラブの記者は大事にしろ」と、内部の者に話していた。》

力道山の秘書・吉村義雄氏は、山王病院で力道山が危篤状態にあったとき、石川輝氏にも電話を入れている。力道山「臨終の際」のことについて石川氏は次のように記している。

《それから1週間後の12月15日、力道山は腸閉塞を起こして容体が急変した。午後2時から2時間にわたって再手術が行なわれた。手術は成功し、敬子夫人も安心して、いったんは帰宅したほどだった。

しかし、夜になって血圧が急に下降し、危篤状態になった。

枕もとには妊娠中の敬子夫人、長男義浩、次男光雄、長女千恵子さんらが見守るなか、午後9時50分、息をひきとった。》

＊長女・千栄子は「千恵子」となっている。「三本の指」を差し出したことについての記述はない。

小方寅一氏と玉の海親方、百田巳之助氏によって「日本の輝ける星」になることができた

○『力道山物語』牛島秀彦（徳間書店）一九八三年八月十五日

副題に「深層海流の男」とあるように、本書は単なる力道山の伝記・評伝ではない。巻末で山田智彦氏が解説しているように、著者は「日本の戦後史を語るにあたって見落とせない流れ、深層海流とも言うべき歴史の裏の流れを、力道山という稀有な人物を通して、等身大に、適確に把握しようとした」のだという。

本書は「日本暗黒政府」、「大相撲からプロレスへ」、「一億総白痴化」、「日本深層海流と力道山」の四章からなる。第一章では「力道山の生い立ち」を知るために長崎県の大村市に行き、力道山の母校と言われている「大村第二小学校」を訪ねたときのことが記されている。調べた結果、何がわかった

のかについては第六章「力道山年譜」で見たとおりである。

大村市で牛島氏は、かつて朝鮮で警察官をしていて、金信洛（力道山）を二所ノ関部屋に入門させる橋渡しをしてくれた小方寅一氏を訪ねた。小方宅には力道山の位牌があり、近くの長安寺には力道山の遺骨が分骨されていたという。

「深層海流の男」力道山は、小方寅一氏と玉の海親方、百田巳之助氏によって「日本の輝ける星」になることができた。

《力道山は、朝鮮で自分をスカウトした小方寅一を、「兄さん」と呼んだ（彼は、このほかに、早大から職業野球の中日ドラゴンズ入りをした森徹、それに歌手の村田英雄と、義兄弟の盃を交わした）。金村光浩は、日本に来て大相撲入りをしたとき、親方の玉の海が、大相撲の力士が朝鮮籍じゃ何かにつけて具合が悪かろうから……という指示をなして、百田巳之助の籍に入れるという工作がなされた。

そのようなことから「日本の輝ける星」になった力道山にとって、彼の〝ルーツ〟を握っている小方寅一や、玉の海には、まったく頭があがらなかった――。》

と、牛島氏は書いている。

牛島氏が小方宅を訪ねたとき、小方氏は「ま、あんたせっかく東京からお見えですけん、いっちょリキの位牌に線香ば立てていってください……」と言ってくれたという。

《小方寅一は、別れぎわにそう言って、声をつまらせた。

位牌には、力道山と先妻の文子の戒名が並べてあった（力道山こと百田光浩は、日本では、三回結婚している）。

昭和三十八年十二月十五日

大光院力道日源居士

三十九歳　百田光浩了

寒月院和光妙文大姉

文子了

線香の細い紫煙が、風もないのに、やけにゆれた。

私は、力道山の遺骨が分骨されているという小高い丘上にある長安寺を訪れてみた。住職は留守で、住職夫人も場所がよくわからない「小方 百田家之墓」を、ようようの思いで見付けたが、力道山の百田光浩名も、戒名も何も墓にはきざまれてはいなかった。

力道山は、けっきょくそんな形で、今度は虚構ではなく、現実に、長崎県大村市に「永住」しているのか――と思った。》

力道山が三九歳で鬼籍に入ったとき、その死を看取ったのは敬子夫人であった。東京の池上本門寺の力道山の墓所には「施主　百田敬子　建立」という立派な墓石が立っている。大村市の小方宅にある位牌には、「寒月院和光妙文大姉　文子了」とあり、ひっそりと立っている「小方 百田家の墓」には「戒名も何も」刻まれていなかった。しかし、「妻・文子（ふみ子）」は、力道山の力士時代から、プロレスラーとして「日本の輝ける星」になるまで、百田光浩を支え続けてきたのである。

文藝春秋社の『Number70』「力道山の真実」には、「長崎県大村にある力道山のもうひとつの墓。こちらは前夫人と共に百田光浩として葬られている」という説明つきで、力道山の墓の写真が掲載されている。

牛島氏は、深層海流の男『力道山物語』を次のように結んでいる。

《朝鮮人への蔑視と同様、インテリはプロレスを頭から軽蔑し、〝まともなマスコミ〟は、プロレスを、いわゆる〝正統スポーツ〟からキックアウトし、プロレスはいわば被差別集団なわけだが、力道山が築いたプロレスは、確実に今日の日本の大衆に根づいている。

そして彼の果たした役割は、プロレスラーと、リキ王国のオーナーということだけではなく、明確に戦後占領軍当局が指摘した「暗黒政府」の一翼を担い、その深層海流」は、今日も滔々と、悠然とうねっているのである。》

牛島氏の著書に、力道山が息を引き取る寸前に差し出した〝三本の指〟についての記述はない。

力道山の自伝『空手チョップ世界を行く』

『力道山　空手チョップ世界を行く』

○『力道山　空手チョップ世界を行く』鈴木庄一編（恒文社）一九八三年八月二十日
鈴木庄一氏が『日本プロレス史（上）』を刊行したのは昭和五十八（一九八三）年十月三十日だが、その二カ月前の八月二十日に刊行したのが本書『力道山　空手チョップ世界を行く』である。力道山没後二十回忌に、ベースボール・マガジン社顧問だった鈴木氏が編集した力道山の一代記だ。力道山亡きあと二〇年たってなぜ「本人」の名で同書が刊行されることになったのか？　これは力道山の生前、昭和三十七（一九六二）年七月にベースボールマガジン社から力道山の自伝『空手チョップ世界を行く』を刊行しており、同書の〝復刻版〟として出版されたものである。力道山に代わって鈴木氏がゴーストライトした。このことについては、平成元（一九八九）年五月に発行された『激動の昭和スポーツ史⑩プロレス』（ベースボール・マガジン社発行）に、鈴木氏が次のように書いている。

《……37年4月、不慮の死の1年8カ月前、ベースボール・マガジン社から力道山自伝「空手チョップ世界を行く」が刊行されているが、私はそのゴーストライター。その執筆の取材で直接、廃業の動機を尋ねたが、表面的には「責任は協会にあると言いたい」とだけ答えている。》

終わりの章は「わが生涯最良の日」となっており、その筆頭に「田中敬子さんと婚約、バラ色の門出」を挙げている。第三回ワールドリーグ戦では、怪物グレート・アントニオや覆面レスラーミスター・Xを来日させて話題を呼んだ。体重二〇四キロのグレーとアントニオは大型バス三台をつなぎ、太い鉄の鎖でバスを引っ張るというデモンストレーションで神宮絵画館前に1万人を超える観衆を集めた。警官も出動したが整備し切れなかったという。

昭和三十六（一九六一）年七月三十日、東京都渋谷区大和田町に「リキ・スポーツ・パレス」を完成させたことも力道山悲願の一大イベントだった。同施設が完成したときには、大野伴睦コミッショナーをはじめ、政界、財界、スポーツ界、芸能界など、力道山をバックアップしてくれる人たちが一五〇〇人ほど集まったという。席上、力道山に日本赤十字社から金色有功賞が贈られ、児玉誉志夫氏は「リキさん、あんたにとって生涯で最良の日だね」と祝辞を贈った。昭和三十八（一九六三）年の初興行は一月四日、リキ・スポーツ・パレスで行われ、満員御礼の盛況であった。この年、田中敬子さんとの婚約・結婚に漕ぎ着けたのであるが、「個人的なことになるが」として、力道山はこのときのことを次のように書いている。

《個人的なことになるが、私はその翌日の五日、静岡県伊東の川奈ゴルフ場で義父となる田中勝五郎オヤジ（神奈川県茅ケ崎警察署長）と会い、敬子との婚約発表の打ち合わせを済ませた。実は暮もぎりぎりの前年十二月三十日に敬子と結納を交わしていた。一月七日午後五時から東京・赤坂のホテル・ニュージャパンで自民党副総裁の大野伴睦（日本プロレスリング・コミッショナー）自民党参議院議員の井上清一両夫妻立ち合いのもとに婚約を発表した。その翌八日、韓国政府から招待され渡韓した。》

本書は「私はザ・デストロイヤーに雪辱したが……」で終わっている。

追記として鈴木氏は十二月八日の〝事件〟に言及し、こう結んでいる。

《……暴力団組員に登山ナイフで左下腹部を刺され、赤坂の山王病院に入院。十二月十五日、腸閉そくを起こし午後九時五十分、帰らぬ人となる。今、東京・池上本門寺に「大光院力道日源居士」として永眠する。今年二十回忌。》

そして巻末で「力道山は永遠に不滅！　プロレスラー13年の〝花の生涯〟の中で、こうも書いている。

《あの不死身と思われた力道山の死は、人々に大きな衝撃を与えた。羽織、ハカマに白タビ―7カ月前の6月5日、「ホテル・オオクラ」で田中敬子さんと結婚式をあげた時の晴れの衣裳で、一部近親者に「死に水」をとらせた。私も水をしませたガーゼで死に水をとった。》

そして鈴木氏は、力道山が〝臨終の際〟に見せたときの情景についてこう語っている。
《死ぬ直前、意識が薄れながら何かしきりに言おうとした、という。それが何であったか、やはり気に掛かるものがあったのではないか。だれも判らない。》
鈴木氏は、力道山が息を引き取ったあとに「死に水をとった」一人であった。「意識が薄れながら何かしきりに言おうとした、という」とあるが、力道山の〝臨終の際〟の情景を鈴木氏は誰に聞いたのであろうか。

力道山語録――「人間、力道山の素顔を語る」

○『甦る怒涛の男　力道山』ジャイアント馬場監修（ダイナミックセラーズ）一九八三年八月三十日

『蘇る怒涛の男　力道山』

力道山の名勝負・名場面を収録、「幻のドキュメンタリーフィルム」が満載されている。ジャイアント馬場が監修した。「怒濤の男　力道山、名勝負・名場面」の章では、週刊誌や月刊誌の記事などから切り取った「力道山語録」を随所に挟んである。

最初に出てくる語録は、「変なものを客に観せるわけにゆかない。客を喜ばすためにはやっぱりスリルと真剣勝負です」（『週刊サンケイ』S27・4・11）とある。

以下、いくつかをピックアップして紹介してみたい。

「よるべない孤独の世界から生まれたのが、いわゆる空手チョップですよ」「沖縄で空手が盛んだということが、僕にはわかるような気がする。武器も、うしろだても持たぬ人間にとって、唯一の力は、いつ、だれがかかって来てものばしてやる、という心の中のハリだけだ。そのためには、けりとなぐることと頭突き以外のなにがあるだろうか」……「空手チョップは、きたえぬいた体の持ち主同士で、しかも相手が反則してきた時の切り札につかうものだ。まちがっても少年諸君のつかう手ではない」（『週刊朝日』S30 7・31）

「わたしの人生はプロレス以外にない。勝負師としてボクは、いま波に乗っていて、絶対の自信をもってこれからの道を進むが、運は天に任せてある」（『サンデー毎日』S30 12・25）

「アメリカでは八百長を平気でやっているが、私は真面目にやって人気を得た。だから単なるショーでなく真剣な勝負をやれば日本でも人気が呼べるという自信をもっている」（『サンデー毎日』S34 5・24）

「空手チョップに100の力がある場合、50、60のところで止めようとしても、80、90のところまでポカっと入っちゃう場合がある。」（『娯楽読売』）

「力道山なんか、うちへ帰ったら、ゴロっとなって、起きてはめしでも食って、どこかウロウロしているぐらいにしか思っていないだろうが、わたしはそうじゃないんです。植木を掃除したり、ゴミひとつでも落ちていれば感じが悪くて拾ったり、そんなこともするんですよ」（『週刊平凡』S36 10・25）

「しかし女房というものはいっぺんもらったら、それを長く続けて立派な家庭を運営してゆくのが男

の役目だろうが、私みたいにこう忙しいと、ほんとうに家庭的には不幸ですね」（『週刊現代』S36 12・24）
「とにかく、いまのままで、私は死ぬまで食ってゆけるものがある。だが、それでは生きがいがない。だれもやらないことをやりたい。そして、百年後の人に〝むかし力道山というみんなのためになる男がいた〟といわれたい」「レスラーとして出発した私、プロレスを輸入した私が、個人の感情で〝明日からやめた〟ということはできない。できるまでやりますよ。リングの上でのびちゃったら、私はいちばん幸福だろうね」（『サンデー毎日』S38 2・3）

また、本書には「人間、力道山の素顔を語る！」として、力道山の長男・百田義浩氏と次男・百田光雄氏へのインタビューの記録に始まり、一〇名の方々のメッセージが収録されている（敬称略）。

○百田義浩‥

「おやじの場合は、日本の中でね、マスコミがまだあまり発達してない時期、欧米の事も一般の人は、よくわかってない頃にね、海外遠征っていうのを、かなりしていたでしょう。それで、向こうの最新流行のスポーツとか、娯楽をね、実体験できたんだよね。

それとね、スポーツにしろ、娯楽にしろ、あれやりたい、これやりたいっていう、あらゆることに、好奇心が旺盛だったんですね。

くだらない遊びを人がやっているのを見てもね、〝何であんなくだらないことやってんだ〟っていう発想が全然ないわけ。くだらないことを馬鹿にするってことができない。まず自分でやってみる、それで面白いか、面白くないか、合うか、合わないかを判断するんだよね。ゴルフでも見てるだけじゃダメ、一発打ってみないと気が済まない性格なんだ。本当に好奇心は人一倍だったと思いますよ。」

○百田光雄：

力道山の拳の鍛え方について＝「丸太や木づちで掌を鍛えていた。あの鍛え方は、俺たちが見てもふるえあがるほどだった」。

「自分が面白ければ、少なくともあと誰か、何人かは面白がってくれる人がいるだろうという考えもあってね、アメリカからサウナ風呂とか、ボウリングを持ち込んで、これは日本でも絶対当たるぞ、やり方はどうでも、何しろ当たることは間違いないぞ、って考え方で、それが事業に発展していくわけ。だからサウナ風呂にしろ、ボウリング場にしろ、流行の先端をいってたっていうのは、当たってますね。」

○菊池 孝（プロレス評論家）：

「おい、俺がこの道路で寝そべるから、そのルノーで俺をひいてみろ」なんてね。「ルノーぐらいじゃ、俺の体はビクともしない」と言うんです。

「とにかくリキさんに一回インタビューすると、一週間分のトップ記事が書けたくらいですから。話をすればネタになった人なんですね、動いても絵になるし。あの当時、というより、いまでもプロレス界に限らずね、一時間や二時間しゃべったぐらいで、少なくとも七本のトップ記事が書けた。取材対象者なんて全く皆無でしょう。それだけ頭の回転も早かったし、マスコミを利用することもうまかったんでしょうね。」

「性格的に、よく世間では、短気な人だ、乱暴な人だって言われてましたけどね。優しさ、短気、乱暴、見栄っぱり、寂しがり屋、天才、巨人……このどれもが本当ですよ。人間のね、持てる性格の、全部の面を持っていた人ですから。とにかくスケールがちがう。」

○ザ・デストロイヤー：

「私の居間には、リキドーザンの写真が飾ってある」というザ・デストロイヤーは、名古屋市金山体育館で力道山が最後に対戦した相手である。

「私の内には、力道山が鮮烈に生きている。力道山という選手は、実にツボを心得たビッグレスラーだった。対戦相手との間、観客との間、その呼吸の取り方は抜群だった。

対戦相手を考え、ねじ伏せるだけのことなら、アマチュアでもできる。プロフェッショナルは、相手の技量を上回ることは勿論だが、同時に観客との戦いも、意識しなくてはならない。力道山は、その点、まぎれもなく、スーパープロフェッショナルだった。」

○村松友視：

直木賞作家で、『私、プロレスの味方です』を刊行し、プロレスブームの火付け役となった村松友視氏。中学生のとき、巌流島の決戦と呼ばれた力道山対木村政彦戦を観るために静岡県清水市から東京の蔵前国技館に向かったという。試合を観た感想については、こう語っている（一部要約）。

「最後に木村がノックアウトで負けたとき、観客がもう騒然っていうんじゃなく、息をのんで黙っちゃったんですよ。力道山が日本一になったんだけれども、それをお祝いするというよりね、あまりにも、何もここまでやらなくてもいいんじゃないか、というような感じで、本当に全観客が黙りこくっちゃったんです。……（中略）……

僕はあの時、試合を見てて、どっちが光ってたかと言うと、力道山なんですよね。そう考えると、もし木村があの試合で力道山に勝ったとしたら、果たして今の日本のプロレスの〝火〟っていうものは、絶対になかったんじゃないのか、って思うんですよ。やっぱりなるべき人が英雄になったっていうべきでしょうね。」

村松氏は清水から静岡まで行き、街頭テレビでプロレスを見ていた。腕時計をスリにすられても気がつかないほど夢中だった。清水に帰って風呂に入るのだが、興奮して湯舟にパンツをはいたまま入ろうとしたこともあったという。

「彼は、生まれついてのスターで、ピカリと光っていたね。」「まあ誰が何と言っても、力道山が戦後最大の有名人であることに変わりはないし、これはもう明らかに吉田茂以上なのである」と村松氏は言う。

○松尾和子‥
『誰よりも君を愛す』で第2回日本レコード大賞を受賞した松尾和子。一六歳で歌手を目指し、進駐軍のキャンプ回りをしながらジャズ歌手としてプロの道に入った。

昭和三十三（一九五八）年には、赤坂の『クラブ・リキ』の専属歌手として歌っていた。

「赤坂に『クラブ・リキ』をオープンするので、専属歌手になってくれないか、という誘いがありましてね。本当に純粋なナイトクラブで、雰囲気がとってもいい、大人だけの社交場だったんですが、そこで契約をしまして、ずっとジャズを歌わせていただいてたんです。私が『クラブ・リキ』から、歌謡界に引っ張られて、ビクターからデビューすることになって、その時に力道山さんがね、ビクターの人に〝お前このやろう、松尾和子を有名歌手にしなかったらビクター焼いちゃうぞー〟なんて言ってたわよ。〝俺んとこからひっぱっていくんだからな、生半可なことしちゃあいけない。超一流にしないと、ただじゃおかない〟って脅しをかけちゃってね。

こういうのがね、私への愛情なわけ、彼の。表現の仕方は違うけど、松尾和子は俺の身内だ、みたいなね。でもすごく嬉しいのよ、こういうのって。乱暴な口のききかたが、彼一流の愛情の表現なのよ。でも、リキさんは、寂しがり屋で、孤独だった」。

○鈴木和年（劇場用映画プロデューサー）：

「テレビは昭和二十八年からＮＨＫと、民放ではＮＴＶがテレビ放映を始めたわけですが、まだまだ一般には普及しておらず、街頭テレビとか、おソバ屋さんにあるだけでしたから、プロレスは映画館で見たわけですね。場合によっては、こんなこと言うと叱られるかも知れませんが、つまらない映画二本立ての時でも、プロレスを観るためにお客さんが来たと、グリコのおまけ欲しさにグリコを買うようにですね。……私たちは、英雄、力道山の時代に生きて、力道山の素晴らしさを知っている人は、現代の知らない人に語り継ぐ義務がある、私はそう考えています」。

○田鶴浜弘：

日本テレビ、全日本プロレス中継の解説者である田鶴浜氏は、力道山の名勝負、ターニングポイントとなった試合を〝誌上再録〟している。「ルー・テーズとの熱戦は、力道山のレスラーとしての道を拓いた」と言う（プロレスの生き字引きと言われる田鶴浜氏については第十章「対キング・コング、ルー・テーズ戦からフレッド・ブラッシー、ザ・デストロイヤー戦」において詳述)。

○九州山(本名：大坪義夫)：

力道山の渡米遠征に際し、目黒雅叙園で行われた壮行会で司会を務めた九州山。本書『甦る怒濤の男 力道山』には、「大坪義夫様」宛に力道山がハワイから投函したハガキの写真版が掲載されている。

《其の後御変り御座居ませんか　私はお蔭様で元気で毎日練習して居ります故 御安心下さい　又出發の際色々と御世話に成り厚く御礼申し上げます。私は来る十七日インディアン人と初試合をやります　毎日暑いので海につかりぱなしです。どうぞ皆々様に宜敷くお傳へ下さい。お願い致します　又お手紙差し上げます

では元気でアロハ》

「十七日インディアン人と初試合をやります」とは、二月十七日にホノルルのシビック・オーデトリアムで行われたチーフ・リトル・ウルフとの、海外遠征第一戦のことを指す。この試合で力道山は体固めで勝利した。

○森 徹：

力道山を優しい兄貴代わりと慕っていた森徹。「リキさんと飲んだのは、あの事件の起きる直前の寒い晩」。「リキさんが亡くなった当日も見舞いに行った」。力道山危篤の報は、野球のシーズン・オフのトレーニングのため車で伊東へ行っているところへ母・信さんから電話が入ったという。

「リキが死にそうだ!、そうお袋が叫んでいるんですよ」。高速道路がない時代、車を飛ばして東京。赤坂に向かった。途中、車中の臨時ニュースで「力道山が急逝しました」と知らされる。

「本当に心底、リキさんの死というものを現実として意識できたのは、お骨になってからでしたね。まあ、お袋が死に水をとったと聞いて、それで少しは慰められたような気がしましたけど、やはりそうかんたんには諦めきれるものじゃない。リキさんの死という大きなショックは、その後二、三カ月は尾を引いて何をするにもうつろな状態でした。心の中に、ポッカリと大きな穴があいてしまったようで、ただぼんやりと、子供のころからのリキさんの思い出を追っているだけでした。」

○『甦る怒涛の男　力道山』の監修者であるジャイアント馬場は、「我が師・力道山先生を思う」と題し、序文を書いている。

《……たしかに、力道山先生の練習は厳しいの一点張りでした。練習以外でも〝人権もへったくれもなかった〟そう言う人があることも事実です。けれども、一番大切なのは、そういう厳しさのなかから何を学んだか、ということなのです。……（中略）……

晩年の先生は、二人きりになると、よく、「オレもそろそろ引退するから、後はお前に任せるぞ」と、プロレス界の人間関係やら何やら、事細かにアドバイスしてくださいました。

それでなくても、先生は非常に頭の回転の早い方で、豪快な外見からは想像できないくらい繊細な神経の持ち主でした。弟子たちの教育も、そんな細かい配慮で、一人ひとりの持ち味を伸ばそうとされていたのでしょう。》

力道山はジャイアント馬場に「よく引退後の夢」を語ってくれたという。「アメリカに日本人のツアーをたくさん連れていくんだ」という話を聞き、「戦後の日本人の中で、いち早くアメリカと対等に肩を並べた先生の気持ちがこめられていて、〝人間・力道山〟の温か味をしみじみと感じたものでした」と、ジャイアント馬場は言う。

日本のプロレスは、本当に力道山がパイオニアだったのか？

○『力道山以前の力道山たち』小島貞二（三一書房）一九八三年十一月十五日

書名通り「力道山以前の力道山たち」を取り上げた書である。

日本初のプロレスラーは「松田幸次郎こと荒竹寅吉」であるという。「横浜力士の誉」として一八六一に米國桑港『イフニンクホスト』のニュースで取り上げられた。また、日本で初めて国際プロレス興行を開催したのは浜田庄吉で、一八八七年春に開催されたという。その折りの錦絵が掲載されており、相撲との合同番付で発表された「番付表」も掲載されている。外人選手として、ウエブスター、コーリンス、スイー子、リッチヤドソン、マリノ、アブロ、サラック、モリナ、などの名前が見られる。

巻頭グラビア四ページ目に登場するのが、よく知られている前田光世（まえだ・みつよ）「コンデ・コマ」である。世界を股に暴れまくった。前田光世、伊藤徳五郎、佐竹信四郎、大野秋太郎は〝柔道四天王〟と言われていた。その四人が一九一二年春にキューバで記念撮影した写真が掲載されている。「〝柔道〟で世界無敵を誇ったころの前田光世五段』として、柔道着姿の「無敵スタイル」の写真も添えてある。「〝柔道〟」としてあるのは、当時のそれは今日に見る「柔道」とは異なるからであろう。明治十一（一八七八）年に青森県で生まれ、東京専門学校（のちの早稲田大学）で柔道部に入部、一九歳で講道館（黎明期）に入門した。ブラジルのグレイシー柔術の祖である。

明治時代の横綱たちも〝プロレス〟に関わりを持った。「22代横綱の太刀山は、もし世界大戦がなければ、パリで世界のレスラーを相手に戦っていたかもしれない。」として、当時の新聞記事（紙名は不明）と太刀山の写真を載せている。一九代横綱常陸山や、一九〇九年春に渡英した「横綱大碇率いる京都相撲」の集合写真もある。

ページを捲って登場するのは、大正九（一九二〇）年にジュニア・ウェルター級の世界タイトルを記念してつくったマティ松田の絵ハガキである。当時、マティ松田は「強い日本人」の代名詞となっていた。

さらに登場するのが、ボディビルの元祖と言われている若木竹丸だ。若木は自己流のトレーニングで見事な肉体をつくり上げた。仰むけになってブリッジをつくり、五人の男性を胸部・腹部・大腿部に乗せている写真には「超人的な怪力ぶりを誇示する若木」という説明がついている。「力こぶは52cmを計測した」とあり、その写真も添えられている。若木竹丸は、神田の古本屋で偶然にドイツ人、ユージン・サンドーの本を見つけ、人間の力の限界に挑み続け、昭和十三（一九三八）年七月に『怪力法』（正確には『怪力法並に肉体改造・体力増進法』）を世に送り出した。この若木竹丸には、空手の大山倍達も「肉体改造」のために指導を仰ぐべく東京都文京区関口の若木宅を訪ねている。力道山や豊登も『怪力法』の読者であった。力道山は力士時代の晩年、浜町の自宅にコンクリートの手製のバーベルを置き、ひそかに腕力を養っていた。『怪力法』を参考にしながら、である。

蛇足だが、筆者・基も格闘技誌の取材のため若木竹丸氏宅に何度かお邪魔したことがある。若木氏は当時七十代だったと思うが、矍鑠として迫力があり、出来上がった原稿を校了に持っていくまでには何度もダメ出しをされた。

ところで、この巻頭グラビアのトップで紹介されているのは力道山だ。「アジア選手権に勝った力道山と酒井コミッショナー」という説明で、力道山が両手の拳を突き上げている写真を掲載。力道山ジムと財団法人日本プロ・レスリング協会発足時の挨拶状が載っている。そして、グラビアの最終ページには、対木村政彦戦をはじめとした〝力道山時代〟の各種プログラム。木村政彦をKOした写真と、力道山を取材中の小島氏の写真が掲載されている。

「ゴング（まえがき）」で著者は、こう書いている。

《……この日本のプロレスのルーツをたどると、力道山にぶつかるというのが、いまのファンの常識になっている。プロレスの本も、新聞も雑誌も、力道山を頂点とする弟子そして孫弟子たちの、ピラミッドのひろがりを書いている。その中に、ジャイアント馬場がおり、アントニオ猪木がおり、そして坂口征二、ジャンボ鶴田、ラッシャー木村、藤波辰巳、長州力がおり、さらにはヒロマツダ、大木金太郎、上田馬之助や、それに続く若い群像がひしめくのである。その力道山も、いまはもう〝伝説の人〟であるかのようだ。

日本のプロレスは、本当に力道山がパイオニアだったのか。力道山以前に、プロレスに情熱を燃やした日本人たちはいなかったのか、という疑問を、プロレスファンなら、当然持つだろう。》

その疑問に答えるために小島氏は筆を執った。「昭和の戦前はおろか、大正にも、明治にも、そして江戸時代にも、〝力道山以前の力道山たち〟がいた」ことを伝えるために、本書は刊行された。

と言いつつ、本書の第一話は「力道山の新弟子時代はこうだった」から始まっている。力道山は、昭和十七（一九四二）年十二月号の『野球界』の、「幕下有望力士放談会」に出演することを依頼され、こう語っている。

「おかげで今は非常に元気です。二十五貫五百ばかりあります。物言いを付けるようで変ですが、僕は半島出身のようになっていますが、親方（玉ノ海）と同じ長崎県出身ですから、よろしく」

と——。

小島氏は、力道山が力士だったころ、出羽ノ海部屋にいた。二所ノ関部屋に入門した力道山より、相撲取りとしては二年先輩であった。力道山がマゲを切って相撲界を離れ、新田建設の現場監督として、毎日トラックに乗り、野球をやり、ジョギングを繰り返していたころ「力道山に会った」という。昭和二十六年五月、力道山が、仮設国技館に相撲見物に来ていたときだった。小島氏が「元気そうだね」と声をかけたところ、

「うん、相撲取りのころ出なかったこいつ(と、太鼓腹を叩いて)が、今ごろせり出しやァがった。少し、へこまさないといけないから、運動やっているよ。元気いっぱいさ」

と答えたという。

本書の終章は「第二十五話　力道山対木村政彦『巌流島の血闘』」となっている。力道山の猛攻に木村が血を吐きダウンした。その結末に小島氏は次のように〝判定〟を下している。

《……一つ、二つのチョップなら、木村のダメージは大したことなくすむ。それが、もし、木村の怒りを買ったなら、「本当に殺られるかもしれない」ほどの猛攻にかわるだろう。

何せ、木村は昭和十年拓大予科に入った年にもう五段。十九歳で全日本選手権を制して以来、戦後の昭和二十四年まで、全く負けることを忘れた〝柔道の鬼〟であった。〝柔道七段の木村〟の前には〝相撲の関脇力道山〟ではまだ影がうすい。

昭和二十九年師走というその時、〝ゆりかご時代〟のプロレスは、まだ完全に力道山のものではなかった。熊本に木村がいる。大阪に山口利夫（柔道六段）がいる。勝った者が〝家康〟になり得る情況にあったのである。

キックをきっかけに、力道山は勝つための怒濤の鬼と化した。それが、この勝負のすべてではなかったろうか。

レスラーは、往々〝タイトル・マッチ〟をやる場合、相手の裏の裏を考える。つまり、相手が試合途中に豹変した場合、こちらも奥の手を出して勝つという二段戦法である。勝負の世界とはそういうものなのだ。その点、木村には油断もあったといえばいえる。

試合後、木村サイドの激怒をおそれた力道山は、それから二、三日、夜の自宅を若手レスラーによってガードした。あまりにも非情な勝利への反省が、そこにあったのだろう。

ともあれ、このような試合は、二度とあってはいけないのである。

本章を小島氏は、こう結んでいる。

《昭和五十八年八月に封切られた松竹系の『ザ・力道山』という映画の中に、この一駒も入っていたが、やたら力道山の〝強さ〟を見せようとするために、ズタズタに切って編集されていた。

一つに試合には流れがあり、起承転結があり、ドラマがあり夢があるものだ。そういうものを無視

したものは興味をそぐ。その映画に失望したのは、決して筆者一人ではないだろう。》

木村政彦が「神のお告げ」であると信じた〝暗示〟

○『木村政彦　わが柔道』木村政彦（ベースボール・マガジン社）一九八五年一月三十一日

木村政彦は大正六（一九一七）年九月、熊本県に生まれた。地元・鎮西中学から昭和十（一九三五）年、拓殖大学商学部予科入学、十六（一九四一）年卒業。この間、大学学生選士権優勝二回、昭和十二（一九三七）年から全日本選士権三連覇、十五（一九四〇）年天覧武道大会に優勝。十六（一九四一）年明治神宮大会優勝。二十四（一九四九）年全日本選手権優勝という実績を持つ。

「三倍努力」――。柔道家、武道家としての木村政彦の信条である。人より「三倍の努力」をするとはどういうことか――。

《他の者が寝ている時間だからといって自分まで寝ていては強くなれない。人が寝ている間も寸暇を惜しんで訓練することが強者になる条件であり、他人より多く訓練したという事実が、試合の場での自信につながる。睡眠は1日四時間で充分だ――これが私なりの、強くなるための柔道哲学だった。私は自分の体を通じて学んだこの修練の方法を学生たちにもやらせようとしたのだった。強くなるにはこうするしかないと信じていたのだ。》

このような信念を持つ木村は毎日、「三倍の努力」を実践したという。この努力、訓練の量が大学学生選士権優勝二回、全日本選士権三連覇……などといった戦績につながった。

しかし、太平洋戦争により昭和十七（一九四二）年入隊、二十年除隊。昭和二十（一九四五）年七月には妻・斗美と結婚した。同年、除隊後は日々の生活に追われ、「闇屋から闇屋と人生の裏街道を歩み続けた」。十一月、GHQの方針で大日本武徳会は解散を命じられ、柔剣道界は灯が消えたような様相を呈していた。

木村は、師である牛島辰熊九段が始めたプロ柔道に関わり、次にはプロレスに転じて遠くブラジルにまで〝出稼ぎ〟に行くこととなる。プロレスに転じたのは、妻・斗美が肺を患い、病を治すのに必要な高価な薬を買うためであった。

ブラジルでは柔道六段のエリオ・グラッシーの挑戦を受けた。日本の前田光世から直接指導を受けたというエリオは、寝技を得意としていた。木村は大外刈りでエリオを倒し、崩れ上四方固めで押さえ込んだ。木村の腹が相手の口をふさぐ。窒息しそうになってもエリオは参ったをしなかった。ならばと木村は相手の左手首を右手で握るや、逆に捻じり上げた。腕がらみであり、普通なら相手はここで「参った」をする。が、エリオは参ったをしなかった。木村はぐっと力を込めた。グジ、グジと不気味な音がした。骨が折れる音である。それでもエリオはマットを叩かなかった。木村がさらに力を入れグジッという大きな音がしたとき、エリオサイドからリングに純白なタオルが投げ込まれた。テクニカル・ノックアウトで木村が勝ったのであった。

しかし、勝った木村は言う。

《それにしても何という闘魂の持ち主だろう。腕が折れ、骨が砕けても闘う。おそらくエリオは、死ぬまで試合を続けようとしたことだろう。こんな闘魂の持ち主が日本人の柔道家にいるだろうか。エリオの闘魂は日本人の鑑だ、と私は思った。彼は複雑骨折で入院する破目になったが、試合では勝っ

ても、勝負への執念に関しては私の負であった。》

試合はサンパウロ新聞が主催したものであった。木村はこの試合で、今のお金にして五百万円の「祝い金」をもらったという。そして、このブラジル遠征四カ月の興行では、現在の金に換算して三億円の大金を稼いだのであった。帰国してからは、熊本市内の繁華街に『キャバレー木村』を開いた。

昭和二十七（一九五二）年十一月、プロ柔道を共にした山口利夫とともにアメリカに渡る。このとき の、自らのプロレスの技術について木村は「ブラジルで相当回数のプロレス試合をやってはいたものの、決して本格的な技術とは言えなかった」と語っている（『わが柔道』）。

サンフランシスコでは、ハワイ在住で元プロレスラーの樋上マネージャーと話をつけ、山口とタッグを組んでシャープ兄弟とも対戦した。「リング上で悪の限りを尽くし、観衆を大いに怒らせる試合をした」という。試合前日にプロモーターに呼ばれ、「今度の世界大戦は、日本人がアメリカを乗っ取ろうとして起こしたのが戦争の原因である。日本人は悪い奴らだと誰もが思っているから、そのとおり悪役ぶりを遺憾なく発揮してくれ」と頼まれたから悪役、ヒール役に徹したのだった。シャープ兄弟との試合は人気を博し、「プロモーターもシャープ兄弟も手を打って絶賛してくれた」という。木村と山口は、ポンコツからクライスラーの新車に変わった樋上マネージャーの車でロサンゼルス、サンフランシスコ、シアトル、カナダ、メキシコと、プロレスを本業として快適な旅を続けた。

この遠征で「自他ともに許す一人前のレスラー」になって帰国した。木村がアメリカで得たプロレスラーの教訓とは、以下のようなものだった。

《プロレスでは、勝敗の決定を個人の自由意志で行うということは絶対許されない。プロモーターの命令どおりである。かりにそれに違反するレスラーがいたとすれば、たちまちアメリカ全土のプロモーターに連絡が回り、レスラーは飯の食いあげとなる。

要は、いかにしてお客さんを怒らせ、喜ばせ、興奮させるかがプロレスラーの生命である。勝ち、負け、というのは、第三、第四の問題であり、最も大切なことは〝芸〟である。つまり、芸の上手か下手によって収入が多くなりもすれば少なくもなる。芝居の役者同様である。》

帰国したのち木村は、昭和二十六（一九五一）年十一月に設立した国際プロレス協会を率いて国内各地を従業して回った。そのころ、力道山もまた、日本プロレス協会をつくり、大相撲上がりのレスラーとして人気を博していた。

木村政彦はやがて「昭和巌流島の決戦」と銘打たれた力道山との「実力日本一決定戦」で蔵前国技館のリングに上がることとなる。試合は昭和二十九（一九五四）年十二月二十二日、午後九時五十分から行われた。凄惨を極めた試合内容については、すでに（第9章）見たとおりである。

田鶴浜弘氏の『日本プロレス20年史』『日本プロレス30年史』

著者である田鶴浜弘氏は、戦前より世界プロレス史の研究者として知られる。力道山時代の幕開けと同時に日本最初のプロレス専門誌『月刊ファイト』を主宰・創刊した。日本テレビのプロレス初代解説者でもある。

『日本プロレス20年史』は、昭和二十八（一九五三）年七月一日（日本プロレス協会設立）〜昭和四十九（一九七四）年までの、日本のプロレス二〇年間の歩みを記録・集大成した書である。巻頭には、日本テレビ放送網株式会社の小林与三次社長が序文を、三菱電機株式会社の大久保謙取締役会長が挨拶文を寄稿している。両者ともに、力道山を頂点とするプロレスが娯楽としてのプロ・スポーツの枠を超えて、敗戦によって打ちひしがれていた日本国民にいかに大きな精神的支柱となり得ていたかに言及している。プロレスはテレビによって全国津々浦々に知れ渡り、また、テレビは力道山のプロレスによって倍々ゲームで各家庭に普及していった。

小林氏と大久保氏が寄稿した文章は以下のとおり（改変要約）。

小林与三次氏（日本テレビ放送網株式会社取締役社長）の「序にかえて」：

「時あたかも、相撲界の革命児といわれた力道山がプロレスリングに身を投じ、その活躍ぶりが巷間の話題となりつつあった。全国テレビを通じて津々浦々の人々に、この力道山の勇姿を提供すれば、事業目的として、日々念ずる社会への報恩となると正力会長は着目、力道山の快諾を得て、昭和二十九年二月十九日、千代田区二番町の日本テレビ塔から待望のプロレス放送第一波を送り出した。日本テレビ開局と同時に設置された街頭テレビの前や飲食店、喫茶店などのテレビ受像機の前には、黒山のように人々が群がり、空前の人気を呼んだのは多くの人々がよく知るところである。プロレス放映推進にあたっては、三菱電機株式会社の関義長、大久保謙両氏のご後援があり、成功への大きな力となった」

大久保謙氏（三菱電機株式会社取締役会長）の「ごあいさつ」（一部抜粋）：

「忘れもしない昭和三十八年十二月十五日、偉大なる創始者であり、才智豊かな実業界の鬼才でもあるプロレスの王者・力道山を不慮の死によって失いましたが、力道山の存命中が日本プロレスの発展と団結の前半十年とすれば、殁後の後半十年は、一部のスポーツ紙が伝えているように、群雄並立の『国盗り時代』といえるかも知れないのであります。

（中略）

過去二十年間を回顧して、その間、『日本テレビ』と共に、わが『三菱電機』も、本邦プロレス業界の発展のため、プロレス草創の時代から格別の関心を持つ企業として、それ相応の役割を果たしてきたことを自負すると同時に、今は、プロレス育成なる大役を無事にひとまず終了し得たという、安堵の心境でもあります。」（後略）

『日本プロレス20年史』の著者である田鶴浜弘氏は、「日本プロレス育成の二大支柱」と称し、「日本プロレス」「三菱電機」「日本テレビ」三者の結びつきを総括して、次のように記している。

《日本プロレス史20年間を通観すると、日本のプロレス発展期を大きく支えたのは、三菱電機提供による日本テレビのプロレス中継定期番組であって、これによって日本のプロレスは大きな成長を遂げると共に、日本の社会にプロレスを定着させた。

筆者の史観からすると、今日までの20年間に日本プロレスを育てた太い二本柱は日本テレビと三菱電機ということになる。

日本テレビは、まず最初のプロレスブーム（昭和29年）を爆発させた。

次いで、昭和32年に、安定スポンサーとしての三菱電機㈱との固い結びつきによって、長期にわたる定期番組が約束される——これが、いわゆる（日本プロレス、三菱電機、日本テレビ）三者協約にもとづくもので、以来、日本プロレスは、安んじて、本当の意味の成長期を迎えることができたといっ

ていい。》

田鶴浜氏によると、日本テレビが「三菱電機のバック・アップによる長期のプロレス定期番組」は、日本テレビ自体の放映による関東エリアに留まらず、地方の系列ネット局を含むもので、そのネット局は三二局にも及んだという。『プロレス中継の電波は日本列島の隅々まで覆いつくし、日本のプロレスの社会的ウエイトとスケールを巨大にした』（田鶴浜氏）のだった。

日本テレビのプロレス中継定期番組は正力松太郎氏による尽力だった。シャープ兄弟を迎えてのプロレス放映のための街頭受像機の設置は大成功を収めた。三菱電機では、高杉晋一社長、関義長社長、大久保謙社長の三代の社長のうち、力道山以来、プロレス界に直接接して育成に尽力した期間がいちばん長かったのは大久保謙社長であった（田鶴浜氏）。

『日本プロレス30年史』（発行・日本テレビ放送網）は、昭和五十九（一九八四）年二月に発行された。『日本プロレス20年史』にも記載されているが、著者である田鶴浜氏は本書の「まえがき」において「日本の風土にプロレスが定着したのは、何といっても力道山のプロレス入りによって昭和二十八年七月一日、日本プロレスリング協会が結成されたことにはじまる。」として以下の各氏の名前を明記し、その功績をたたえている。

会長・酒井忠正氏（元農林大臣。横綱審議委員長）、理事長・新田新作氏（新田建設社長）、常務理事・永田貞雄氏（日新プロダクション社長）、林弘高氏（東京吉本興業社長）であり、「本部は日本初のプロレス・ジム日本橋浪花町の力道山道場」であるとしている。

次いで田鶴浜氏は力道山・百田家についてこう記している。

「筆者は、日本プロレス創始者である力道山の功績をたたえるために、日本にプロレスが繁栄する限り、力道山の百田家を、ながく日本プロレスの〝宗家〟として名跡を残すことを提唱したい。古風な〝宗家〟の存在については、あるいは大方の批判があるかも知れないが、公的権威であるコミッショナーならびに、協会などと決して重複しない存在でいいのだ。要は、プロレス界が日本プロレス創始者の栄誉を不滅のものとして敬慕を、ながく盡くす象徴でありたいという意味である。」

この日本プロレスを、側面から支援した人々として毎日新聞社の事業部長だった森口忠造氏、柔道新聞社主・工藤雷介氏、毎日新聞東京本社運動部の伊集院浩氏らを挙げている。伊集院氏は日本テレビの中継番組で解説者を務め、のちに毎日新聞社から力道山のスタッフに転じた。

ゼネラルテレビの広告から模写（基 蕗子）

「ゼネラルテレビ」の広告で〝三本の指〟を翳している力道山

田鶴浜氏が創刊した『月刊ファイト』で気になる広告がある。表4（裏表紙）の「ゼネラルテレビ」の広告で力道山が登場していることだ。親指と小指を短く折り、三本の指で「ゼネラルテレビ」の3つの魅力を指し示している。3つの魅力とは、○性能：鮮明度が素晴しい映像、○音質：原音そのままの美しい音色、○価格：今までにないサービス価格、のことである。サービス価格だというが、白黒テレビで

7万6000もするというから驚きだ。昭和30年代、大卒初任給が1万円そこそこの時代にである。

「一年間無償品質保証付です 完全なアフター・サービスのできるゼネラルテレビ」と謳っている。

力道山の「画」は、広告の写真を模写したものである。

第13章　マスメディアに見る力道山の真実（パート2）

一五万部も余計に売れた『内外タイムス』――門茂男の『力道山の真実』

○『門茂男のザ・プロレス①力道山の真実』門茂男（角川文庫）一九八五年四月十日

門茂男（かど・しげお）――。スポーツ紙の記者であり、日本プロレス・コミッション事務局長を務めていた門氏は、プロレス界の明と暗を知り抜いたプロレス評論家としても知られている。一九二四年福井県に生まれ、東京府豊島師範学校（現・東京学芸大学）を卒業。学生時代は柔道で鳴らしていた。一九九八年に他界しているが、七四年の生涯で多くの著書を世に送り出している。『門茂男のザ・プロレス』シリーズでは、その一番手として『力道山の真実』を刊行した。一九八五年四月に角川文庫から初版が刊行された。

『門 茂男のザ・プロレス①　力道山の真実』

同書には、柔道の木村政彦が勝つか、それとも相撲の力道山が勝つか――。天下を二分した昭和二十九

（一九五四）年十二月二十二日、東京・蔵前国技館の特設リングで行われた日本プロレス界初の日本人同士による〝実力日本一決定戦〟についての、力道山へのロングインタビューが掲載されている。決戦の模様については第8章で紹介したとおりであるが、力道山が門氏に差し出した木村政彦の「八百長試合の確約書」が夕刊紙『内外タイムス』にすっぱ抜かれた。その宣伝ビラが国電（当時は国鉄と呼ばれていた）、私鉄の売り場の新聞スタンドに張り巡らされたのは十二月二十四日夕方から夜にかけてのことであった。この日の新聞は「一五万部も余計に売れた」と門氏は語っている。

力道山が暴力団員とのいざこざにより凶刃で倒れたことについては、終わりの章に「死ぬべくして死んだ力道山」と題し、芳の里の結婚式やアメリカにいる大木金太郎の動静などに触れながら次のように書いている。

《この日（十一日）午後七時から東京・赤坂のホテル・オオクラで結婚式と披露宴を力道山命で行なった芳の里夫妻は、一段落がついた後、山王病院の五〇一号室で寝ている力道山を見舞いかたがた、挨拶に訪れている。》

《ホテル・オークラの芳の里夫妻の披露宴にはグレート東郷も出席した。

このとき彼は大木金太郎がチャーリ岩本のミスター・モトと共にＷＷＡ認定の世界タッグ・チャンピオンになったことをロサンゼルスからの国際電話で知っていた。

「力道山、刺さる」を知った大木金太郎は頓狂な声を出して喋り続けた。

「先生は大丈夫でしょうか？　先生を刺したやつは日本プロレスの手で殺してくれたんでしょうね」

「生命には別条はない――といったって、この二十日までにはこのロサンゼルスへは来られないでしょう……困っちまったなあ」

〝力道山、健在〟であってこその大木金太郎の分厚い胸裏には不吉な予感がこのとき、浮かんでは消え、消えては浮かんだ。》

弟子・大木金太郎がチャンピオンベルトを手にしたことを聞いたとき、入院中の力道山は笑顔を見せていたが、その笑顔は寂しさに満ちた笑顔であったという。

『力道山の真実』を結ぶにあたっては、こう書いている。

《彼がこの世での寿命が尽きて、あの世へ召されたのは入院してまる一週間後の十二月十五日の午後十時三十五分であった。

〝リングの王者〟として一世を風靡した力道山は呼吸困難となり、ひと言も遺言を喋ることができなかった。

喜びも悲しみも人の十倍も二十倍も多かったはずの力道山は、死ぬ寸前、右手を突き出した。その右手は親指と小指が短く折れ、三本の指で彼は何かを言い遺そうとしたのである。

いまは（臨終）の際に力道山は、この三本の指で何を言いたかったのであろうか？》

力道山は〝三本の指〟を差し出し、何かを伝えようとした——。筆者がこのことを初めて知ったのは昭和六十（一九八五）年四月に刊行された門茂男氏の、この『力道山の真実』を読んだからだった。

筆者の知る限り、公にされた書籍の中で、力道山の〝三本の指〟について書いているのは門氏のこの本が初めてである。

本章では敬子夫人の『夫・力道山の慟哭』を先に紹介したが、〝三本の指〟について触れている敬子夫人の同書は平成十五(二〇〇三)年七月に刊行されたものであり、門氏の『力道山の真実』(一九八五年) より八年遅れて出版されている。

《力道山は、死ぬ寸前、右手を突き出した。》――この事実を、門氏は誰に聞いたのであろうか。力道山が右手の親指と小指を折り〝三本の指〟で何かを伝えようとしたとき、山王病院の六〇一号室で力道山を見守っていたのは長谷院長と、敬子夫人やその子供たち (千栄子、義浩、光雄)、お手伝いさん、秘書の吉村義雄氏、弟子の猪木寛至 (アントニオ猪木)、ミツ平井、田中米太郎、……であった。門氏は、このなかの誰から、差し出した〝三本の指〟について聞いたのであろうか。

門氏の著書で気になるところが二つある。死亡時刻を十二月十五日の「午後十時三十五分」としているが、長谷院長の死亡診断書には「午後九時五十分」とあり、敬子夫人や吉村義雄氏の著書にも「午後九時五十分」とある。門氏は「午後十時三十五分」という情報を、どこで入手したのであろうか。また、田鶴浜弘著『日本プロレス20年史』には「一代のヒーロー 力道山歿す」として《……力道山は赤坂のナイト・クラブで凶刃に刺され重傷を負い、十五日午後十時十五分、赤坂山王病院で腸閉そくを併発して永眠 (39歳)》とある。死亡時刻を午後十時十五分としており、力道山の死に対しては、いくつかの情報源があったようである。

『力道山の真実』で気になるもう一つは、山王病院で力道山が入院していた病室である。病室は「山王病院の五〇一号室で寝ている力道山」となっているが、これは六〇一号室である。㈱文藝春秋の『Number70』に力道山が入院していたベッドの写真が掲載されており、そこにある緑色のスリッパにはマジックインキで「6F」と書かれているからである。

重箱の隅をほじくるようなことを指摘してしまったが、実は筆者が「力道山の〝三本の指〟の意味することを書いてみたい」と思うようになったのは、門氏の『力道山の真実』を読んだときからであった。

門氏には本書のほかに、『門茂男のザ・プロレス②〝馬場・猪木の真実』、『門茂男のザ・プロレス③群狼たちの真実』（角川文庫）など多くの著書がある。

力道山から馬場、猪木へ、そしてUWFの出現まで

○『激動の昭和スポーツ史⑩プロレス』池田郁雄編（ベースボール・マガジン社）一九八九年六月二十日

ベースボール・マガジン社が『週刊プロレス』の別冊（薫風号）として発行した。「力道山から馬場、猪木へ、そしてUWFの出現まで――」を、写真付きで紹介した〝プロレス年譜〟である。年譜の冒頭「昭和26年1月」の記録として紹介されているのは、木村政彦と山口利夫だ。両者が揃って渡米し柔道のデモンストレーションや、プロレスのリングでシャープ兄弟と対戦したことが記されている。

《1月　国際柔道協会（プロ柔道）を離脱した木村政彦七段と山口利夫六段が渡米しラバーメン樋上のコーチを受ける。柔道のデモンストレーションと同時にプロレスにも出場。サンフランシスコでマイクとベンのシャープ兄弟と対戦する。

6月　大相撲の高砂取締（元横綱・前田山）に伴われ、大ノ海、八方山、藤田山らが渡米し大相撲を披露。米国に残留した大ノ海と藤田山（のちにプロレス転向）はプロレスに出場。

9月30　宗教団体「在日トリイ・オアシス・シュライナース・クラブ」の招請で来日したボビー・ブランズ、ハロルド坂田らの外人レスラーが、東京・両国のメモリアル・ホール（旧両国国技館）で、外人レスラーのみでプロレスを初公開。

10月28　10月半ばに大相撲・元関脇の力道山、プロ柔道の遠藤幸吉四段がトレーニングに参加。同所4度目の興行のこの日、力道山が初出場。ブランズと10分1本勝負のエキシビションマッチで時間切れ引き分け。

11月27　仙台・宮城野球場で遠藤が坂田とエキシビションマッチで引き分け。この来日でブランズは「柔道、相撲の国技を持つ日本人から世界選手権者は必ず生まれる」と予言した。》

ボビー・ブランズの予言通り、〝日本マットの祖〟元関脇・力道山がデビューし、アメリカに渡ってのち凱旋帰国、プロレスは破竹の進撃を続けた。

本書には巻末に「全レスラー写真名鑑」が付いており、主要韓国レスラー、全日本女子プロレス、ジャパン女子プロレスなども網羅。平成元（一九八九）年四月十六日現在までのプロレスラー全員が顔写真付きで紹介されている。プロレス団体は、力道山の日本プロレス（東富士、遠藤幸吉、駿河海、豊登、芳の里、吉村道明、吉原功、ユセフ・トルコ、大坪清隆、長沢秀幸、田中米太郎、ほか）を筆頭に、全日本プロレス（旧：山口利夫、山崎次郎、市川登）、国際プロレス（旧：木村政彦、立ノ海）、アジアプロレス（清美川梅之、ほか）、東亜プロレス（大同山又道、ほか）、国際プロレス（グレート草津、サンダー杉山、スネーク奄美、ほか）、新日本プロレス（アントニオ猪木、藤波辰巳、坂口征二、蝶野正洋、長州力、マサ斎藤、星野勘太郎、ストロング小林、山本小鉄、ほか）、全日本プロレス（ジャイアント馬場、ジャンボ鶴田、天龍源一郎、タイガーマスク、ザ・グレート・カブキ、ラッシャー木村、百田光雄、百田義浩、輪島大士、ほか)、ジャパンプロレス(アニマル浜口、ほか)、UWF(旧:スーパー・タイガー、ほか)、UWF(新:前田日明、高田延彦、山崎一夫、藤原喜明、ほか)、フリー(大木金太郎、上田馬之助、大仁田厚、ヒロ・マツダ、ほか)——といった面々である。

力道山については、「身長一八〇㎝、体重一一三㎏。日本プロレス界を創設育成、事業家としても鳴らした後世に残る一大英傑。本名「百田光浩」と紹介されている。

主要タイトルマッチ全記録、来日外人レスラー全リストも網羅されている貴重なプロレス名鑑である。

力道山の命日をさけて、池上本門寺の墓所に参っていた村田勝志

○『永遠の力道山』大下英治(徳間書店)一九九一年八月十五日

本書のカバーには、顔面を血に染めた力道山のアップの写真が使用されている。書名は『永遠の力道山』で、「力道山」という大きな活字の脇には小さく「プロレス三国志」とある。三章から成り、第一章は「張り手の関脇」で、「空手チョップはこうして編み出された!」という小見出しでプロレスラー力道山の代名詞である得意技・空手チョップ誕生の解説から始まっている。

昭和三十八(一九六三)年十二月八日、力道山が赤坂のクラブで刺された〝事件〟について仔細を語っているのは本書ではないかと思われる。

力道山を刺した「村田勝志」は当時二四歳だった。大下氏が取材のため面会を求めたときは住吉会

常任相談役、住吉一家小林会理事長、村田組組長の肩書を持っていたという。

『ニュー・ラテンクオーター』で力道山を刺した村田も、力道山の自宅であるリキ・アパートの近くで、力道山とつながりの深い某組織の組員から報復を受けて顔に深い傷を負うことになった。謝るために兄貴分である小林某とともにリキ・アパートに行ったのだが、「力道山が興奮するから」という理由で村田本人の面会は許されなかった。アパート近くで待機していたとき、顔を切られたのである。入院を要するほどの深い傷だった。

村田が「力道山の死」を知らされたのは、入院先であった前田外科の病室においてであったという。その後の「村田組長」について大下氏は次のように伝えている。

《村田は、それから現在まで毎年、十二月十五日の力道山の命日になると、大田区池上にある本門寺の力道山の墓所に参っている。ただし、村田が行くのは、命日のその日ではない。翌十六日である。命日に集まってくる人目をさけて、たったひとりで、こっそりと参るのである。》

また、力道山が臨終の際に差し出した〝三本の指〟について最も多くを語っているのも、筆者の手許にある書籍の中では、大下英治氏の『永遠の力道山』においてである。

《なお、力道山は死の床で、集まった者たちに、三本の指を差し出したと言われる。もはや口がきけず、最後の気力をふりしぼって上体を起こし、三本の指を突き出したのだ。そうして、頼んだぞ、とでもいうようにうなずいてみせた。

謎の三本指については、さまざまな説が飛びかっている。》

とこう述べ、さまざまな説のいくつかについて大下氏が挙げているのは、

「残された三人の子供を頼む、といってるんだ」

「いや、彼が持っている三つの国際タイトル、インターナショナル選手権、アジアのシングルとタッグの両タイトルを死守しろ、といってるんだ」

「あれはそうではなく、グレート東郷に支払うべき三千万円の金のことだ」

の三つである。そして、《いずれにせよ、「三」という数字は、力道山につきまとっていた。宿敵ルー・テーズを破ったのが昭和三十三年、試合は常に三本勝負、リングのロープも三本である。》とし、三本指のことで諸説あるなかで最も的を得ているのはタッグを組んでいた「豊登の説」であるとして、次のように書いている。

《三本の指については、豊登の説がもっとも的を得ていると思われる。

「リキ関が一番いいたかったのは、プロレスの火をけっして絶やすな、ということですよ。血のにじむ思いで築きあげてきたプロレスというものに、リキ関の執念はもっともそそがれていたでしょう。しかも、自分の志をまっとうできないうちに、一方的にいのちを絶たれてしまった。無念だったでしょう。その思いが、かならずあったと思います」

力道山の死後、豊登が実質的な代表で、芳の里、吉村道明、遠藤幸吉ら三人とともに集団指導体制をとることになる。しかも遠藤はオブザーバー的存在であったから、実質は三人なのである。力道山は、そのことを告げようとしたのだ、と豊登はいうのである。》

様々な説があるなかで、死の床にある力道山が「三本の指を差し出した」ことについて大下氏は、「最後の気力をふりしぼって上体を起こし、三本の指を突き出した」。「そうして、頼んだぞ、とでもいうようにうなずいてみせた」と書いている。臨終の際にある力道山の〝ラストシーン〟を、このように描いているのは大下氏だけである。

「もしリキさんが生きていたなら、朝鮮だってひとつになったかも知れないね」

○『もう一人の力道山』李淳馹（小学館）一九九六年四月一日

著者・李淳馹（リ・スンイル）氏は福島県生まれ。「朝鮮」籍を持つ在日コリアン三世である。中央大学中退後、朝鮮問題専門誌の編集部勤務を経て編集プロダクションを設立した。本書『もう一人の力道山』は、第二回『SAPIO』『週刊ポスト』21世紀国際ノンフィクション大賞最終候補作を全面改稿した書であるという。

力道山が死の寸前に差し出した〝三本の指〟についての記述はない。だが、死因について李氏が土肥教授を取材して得た貴重な証言が記載されている。

《……カルテの紛失は、何を意味するのか。医療ミスを隠蔽するための工作だったのか。

「カルテがない以上、その麻酔薬がなんであったかは分かりませんから、私にはなんともいえません」

言葉を選びながら医師としての立場で話す土肥教授だが、ひとつだけ医師としてはどうしても気になることがあるという。

それは、手術直後に院長が秘書の吉村に言った言葉だ。院長は、眠っている力道山について、手術はうまくいったので家族に帰るように言ったという。

「医師としては、患者が麻酔から覚めるまでは心配ないと言えません。まして、当時の麻酔技術は現在より危険がともなっていたはずです。それなのに、意識のない患者を置いて、家族に帰るように言うのは、常識では考えられないことですがね」》

こう書いたのち、著者は続ける。

《家族に帰るようにと指示した院長は、力道山の力士時代からのタニマチである。力道山の後援者の一人として、その人脈も広かった。》

終章において著者は言う。

《私は、取材中に聞いた芳の里の言葉を改めて思い出す。

力士時代から付き合いがありながらも、芳の里は、力道山の出自についてはほとんど聞かされていない。故郷が三十八度線の北であること。故郷に娘がいること。もちろん新潟での兄弟の対面なども知らなかった。だが、芳の里は私に言った。

「そうかあ。そんなことがあったのか。もしリキさんが生きていたなら、朝鮮だってひとつになったかも知れないね。本当だよ、リキさんだったら、それくらいの力はあったよ」》

また、韓国出身の大木金太郎はこう言ったという。

「先生が生きていたら、きっと政治家になっていましたよ。ワタシはそう思います」

木村政彦が生涯希求し続けた「打撃あり」の理想の柔道

○『木村政彦はなぜ力道山を殺さなかったのか』増田俊也（新潮社）二〇一一年九月三十日

本書の書名は、終章（第32章）のタイトルをそのまま流用したものである。この結末、「終章」を読む前にまず目を通しておかねばならないのは第26章の「木村は本当に負け役だったのか」だ。「シャープ兄弟がやってきた」から始まり、力道山と木村政彦（山口利夫）がタッグを組んでシャープ兄弟と対戦した地名が列挙されている。日本プロレスリング協会主催で行われた試合は二月十九日の東京・蔵前国技館での緒戦に始まり十四連戦に及んでいる。東京（二月十九日蔵前国技館）、東京（二月二十日蔵前国技館）、東京（二月二十一日蔵前国技館）、熊本（二月二十三日熊本公会堂）、小倉（二月二十四日小倉市三萩野体育館）、大阪（二月二十六日大阪府立体育館）、大阪（二月二十七日大阪府立体育館）、神戸（二月二十八日神戸体育館）、岐阜（三月一日岐阜体育館）、名古屋（三月二日金山体育館）、静岡（三月三日静岡公会堂）、宇都宮（三月四日宇都宮スポーツセンター）、東京（三月六日蔵前国技館）、横浜（三月七日横浜フライヤーズジム）といった具合だ。十四連戦の中には力道山や木村政彦がシングルマッチで戦った試合もあった。赤字を覚悟で興行を打ったのは永田貞雄であった。

しかし、街頭テレビには数百万人の〝観客〟が集まった。実際に会場に集まった客の熱狂ぶりについて著者・増田氏は次のように伝えている。

《ゴング。

まずは木村とマイク・シャープが飛び出した。大きな歓声。木村が毛むくじゃらのベンの胸板に飛び込んでの一本背負いが決まると、場内は集団ヒステリー状態となり、座布団やら帽子やら蜜柑やらが舞い続ける。タッチ。力道山の首投げが決まって場内はまたヒステリー。

この日は力道山が一本取って木村が首絞めの反則負けで取られるという形で収めた。

国技館より盛りあがったのは街頭テレビ前だった。》
《街頭テレビや喫茶店、定食屋のテレビで観戦した数は最低でも三百万から五百万人と推定され、八百万人から一千万人が観たとする資料もある。》
負け役、力道山の引き立て役ばかりに回されていた木村政彦は大阪で二月二十七日に行われた試合（世界タッグ選手権）では、木村は「俺は試合に出るのは嫌だ」と控え室から動かなかった、という一コマもあったようだ。結局、木村は説得されて試合に出るのだが、体固めでベン・シャープに敗れている。
著者が十四連戦のすべてを洗い出して得た結果は、木村政彦：4勝8敗2分け、力道山：12勝1敗。タッグでのシャープ兄弟戦では、木村政彦：1勝8敗、力道山：10勝1敗、であった。この一連の試合のプロモーターは永田貞雄であったが、マッチメーカーは沖識名であったという。
この結果を受けて著者はこう書く。
《力道山は木村に「引き立て役」を押しつけた。木村の名声は地に落ち、逆にその木村の名声を上げ底として利用した力道山は地位を確立した。（中略）試合前のプロレス紹介テレビ番組では木村のほうが格上だったが、この十四連戦で完全に引っ繰り返るのだ。》
この延長線上で、世紀の対決と言われた「力道山対木村政彦戦」も力道山の圧勝に終わり、木村政彦は敗者となった。
木村政彦が試合前に力道山に手渡したとされる〝念書〟については、その経緯について「木村の怒り、力道山の怒り」の項で増田氏はこう説明している（要約）。

○木村政彦が岐阜で「真剣勝負なら力道山に負けない」と挑発発言をしたことについて：これは「マスコミが煽って木村から無理やり引き出した言葉だ」とする資料がたくさんあるが、《違う。間違いなく木村は自分で記者に話しに来た。本音なのだ。力道山に対する怒りがあったのである。》（著者は、朝日新聞の記者に確認したという）
○新聞記事を見て『柔道新聞』主幹の工藤雷介が木村に電話：「朝日新聞に君が挑戦すると出てしまったが、どうするつもりなんだ」。木村は「ああ、あれですか。やります」と返事。「やりますって君、リキの意向は無視していいのか」と、工藤。
○工藤は永田貞雄に相談：「喧嘩になるぞ、そんなのは。やめたほうがいい」と言いつつ、永田は力道山に話をする。
○聞いた力道山は怒る：「あんなのは問題じゃない！　いつだってやってやる！」
○永田は焦る：「そうなったらおしまいだ。興行じゃないか。喧嘩を見せるのかプロレスを見せるのか」
○永田は熊本に飛び、木村政彦と話し合う。次に毎日新聞事業部長の森口忠造が工藤雷介を伴い熊本へ向かう：「どうですか、木村さん。力道山と選手権を戦いませんか？」
○木村の返事：「それはプロレスですか、それとも真剣勝負ですか」
○森口と工藤：「あくまでプロレスだ」と説明。
○これを聞いた木村：怒りが急速に冷め、興行側の意向を聞かされ、言動が穏やかになる。
《選手権は一試合だけではなく、将来的に何試合も続けてやっていくこともここで提示されたに違いない。そうすれば両団体とも潤い、毎日新聞も部数拡張戦争で優位に立てる。

木村は首肯した。

そして上京し、永田貞雄立ち合いのもと、正式に調印式をやることになった。》（増田氏）
○十一月二十五日：大山倍達は東京駅まで木村を迎えに行った。木村は、国際プロレス団代表の立ノ海を帯同。定宿にしている千代田ホテルに行く。工藤雷介に会い、細部の打ち合わせをしたあと、同ホテルで記者会見。力道山への挑戦を公式発表。会見後、木村は請われるままホテルの屋上でデモンストレーションを行う。木村には緊張感がなく、笑いながら空手の手刀、正拳突き、左右のアッパーなどを見せる。
○十一月二十六日：深夜零時前、新橋の料亭『花蝶』で、木村政彦、力道山、立ノ海、新田新作（新田建設社長）、永田貞雄（日新プロダクション社長）、中川明憲（永田の秘書）、工藤雷介（柔道新聞主幹）、森口忠造（毎日新聞事業部長）、今里広記（経団連常任理事）、大麻唯男（政治家）、楢橋渡（政治家）が出席して会談。
一人去り、二人去り、最後に工藤雷介が「お互いに納得いくまで話し合ったらいい」と腰を上げながら言い、退席。部屋に残った力道山と木村政彦は延々と話し合いを続ける。
《この密室での二人の話し合いの内容については諸説あるが、双方が後に語る内容に食い違いがあるので、はっきりしたことはわからない。
わかっているのは、木村が以下の二通の念書を力道山に渡したということだけだ。》（増田氏）
以上、念書の内容、試合の結果についてはすでに見たとおりである。

ただ、増田氏が書く以下の指摘は看過することのできない重要なポイントである。

《この花蝶で渡した念書をもって、「八百長は木村側が申し込んだのだ」とする検証本が非常に多い。しかしこれは筋違いだ。プロレスはすべてあらかじめ勝敗が決まっているのだから。（中略）力道山だけに念書を渡してしまったことで木村政彦は生殺与奪の権を握られてしまったといってもいい。

木村が、力道山と犬猿の仲で押しの強い大山倍達を連れてくれば、ここまで謀られることはなかったに違いない。巨額の利権が絡むこの試合を交渉するに、木村の性格はあまりに磊落にすぎた。しかも相手は力道山だったのだ。

かつて木村家を訪ねた者はみな驚いた。全日本柔道選士権の優勝旗がカーテンがわりに窓に掛けてあり、短刀は子供の鉛筆削りに使われていた。こういった性格は大山倍達のような男を惹き付けたが、ことビジネスの駆け引きにはマイナスにしかならなかった。》

また、決戦前には、以下のような事実があったことも見逃せない。

『読売新聞』は、木村政彦のバック朝日新聞と力道山のバック毎日新聞の争いを第三者的に見ていた。そこで、『週刊読売』が《真剣勝負なら木村の勝》、《純然たるショー、力道の勝》という記事を書いた。これを読んだ力道山は、「誰だ、この記事を書いたのは！」と、『週刊読売』編集部に乗り込んだという。そして、「力道山が相撲を廃業したのは女がらみだ」とも書いてあったことから、力道山は【訂正記事を書くことを求め、『週刊読売』編集部も《事実と相違している事がわかりましたので、この点訂正すると共に、ご本人はじめ関係者各位におわびします。編集部》という訂正・謝罪文を出した。が、

「真剣勝負なら木村の勝」という点については故意に黙殺したという。これは、力道山の怒りに油を注ぐことになった。

《「みんなで俺を潰したがっている。そうはいくか……みんな叩き潰してやる！」》と、力道山は、自宅に遊びに来ていた在日韓国人である金田正一氏（当時、国鉄スワローズ）に言ったという。

増田氏の著書には、調印式を行ってから試合の日を迎えるまでの一カ月弱を、木村政彦と力道山がどのように過ごしていたのかについての記述もある。木村は「トレーニングらしいトレーニングを積んでいた形跡はない」そうで、「決戦の日が近づいても国際プロレス団の興行で九州内を巡業し、夜になると酒ばかり飲んでいた」という。

これに対し力道山はどうか。片手に一〇〇ポンド（約四五kg）の鉄アレイを持ってウェイトトレーニングを繰り返し、遠藤幸吉や駿河海を相手に寝技のスパーで汗を流し調整に励んでいた。食事にも気を遣い、映画の撮影で一日休んだ以外は練習を休んだことはなかった。映画の撮影中も、暇を見ては軽く練習をしていた。そんななか突如、木村政彦の師である牛島辰熊九段が道場にやって来て、寝技に対する対策・指導をするというハプニングもあった。

決戦前夜、宿泊先の千代田ホテルで木村政彦はスポーツ紙の記者のインタビューにこう答えた。

《「八百長なしの決戦だから運が悪ければ腕の一本くらいは折れるかも知れないが仕方がないだろう。折れても心配ないよ……。二カ月位経てばすぐに直るからね」（スポニチ十二月二十二日付）》

このインタビュー記事を紹介した後、増田氏はこう書く。

《……力道山はこのスポニチを読んで、また激怒したに違いない。

決戦前夜であるこの夜、木村は実に日本酒を一升四合と瓶ビール六本を飲んだ。試合の前の晩にあまりにも無茶苦茶だった。》

本書のタイトルである「木村政彦はなぜ力道山を殺さなかったのか」——。クライマックスは昭和三十八（一九六三）年十二月九日、すなわち力道山が赤坂で暴漢に刺された翌日、東京駅から特急に乗り天理大学に向かう車中で、牛島辰熊、木村政彦、岩釣兼生（柘大で木村政彦の指導を受けていた）が新聞記事を読んだときの三者の表情の描写であろう。

木村政彦は力道山と対戦した当日の夜、「暗示」により力道山の「死」を〝予見〟していた。

十二月九日、特急に乗ったのは、オランダのヘーシンクが天理大学に五輪強化合宿のため六週間の予定で武者修行に来ていることを知ったからだった。一九六四年の東京五輪が一年後に迫っていたときだ。「ヘーシンクがどれくらい強いのか、岩釣にやらせてみよう」と、牛島が木村を誘い、天理大行きを決めたのだという。拓殖大学二年生の岩釣は、五輪代表候補の坂口征二（明大）に一本勝ちし準優勝していた。

途中の駅で牛島が、「弁当と夕刊を買ってこい」と岩釣に命じた。岩釣は『毎日新聞』の夕刊を買ってきて牛島に渡した。弁当を食べ終わった牛島は、新聞を広げ、眉をひそめ、ジッと読んでいた。読み終ってのち「木村君」と新聞を差し出した。

《木村が新聞を受け取って開いた。木村の表情が突然険しくなった。岩釣は横から覗き込み、見出しを見て「あっ」と声を出した。

【力道山が刺される】

顔写真入りで大きく報じられていた。（中略）

木村は険しい表情のまま新聞に見入っている。そして、読み終わると、黙ったまま新聞を岩釣に渡した。

岩釣は急いで新聞の文字を追った。》

以下、長文で新聞記事の内容が引用されている。そして、

《岩釣は、もう一度木村の横顔をこっそり見た。木村は窓の外をじっと見ていた。木村はめったなことでは感情を表に出さなかった。まして教え子の前である。

全治二週間か。力道山は悪運の強い男だ……。》

しかし、力道山は、一週間後には死ぬこととなる。

《「力道山が死にました！」

新聞記者だろう、先頭の青年がメモ用紙とペンを握りながら木村の前に立って、もうもうと白い息を吐いた。そして二、三度息を整え、言葉を継いだ。

「力道山が亡くなりました。木村さんのお気持ちを聞かせてください」

「やっぱりそうか……」

木村はそう言ってうつむいた。

死んだのがやっぱりなのか、あるいは他になにかやっぱりがあるのか。

岩釣は、力道山が死んだ驚きよりも、師の気持ちを思い、切なくなった。木村が質問に答えている

間、岩釣はその後ろで涙を拭い続けた。》

著者である増田氏は、七〇四頁にも及ぶ浩瀚の書を、次のように締め括っている。

《ここまで惚れ抜いてくれた女性（木村の妻・斗美）が最後まで木村の側にいてくれたのだ。それだけでも木村は生き抜いた価値はあったのだ。だから力道山を殺して決着を着ける必要などなかったのだ。切腹しなくてよかったのだ。》

岩釣は、木村から、打撃対応能力を身につけた柔道が他のどの格闘技よりも強いことを証明するために、並みではない特訓を受けていた。マスコミが報道するわけでも、世間が賞賛してくれるわけでもない、誰にも話すことのできないアンダーグラウンドの戦いを、岩釣は、日本のある地方都市で戦い、勝利していた。プロレス界への復讐のために、師弟二人で磨いたバーリトゥード技術を駆使し、師の名誉を一身に背負って岩釣は戦い、勝ち続けた。相手の打撃技を捌き、組み付いて投げ、寝技で仕留め続けた。

《それはまさに、あの力道山戦の敗北を奇貨として、木村政彦が生涯希求し続けた打撃ありの理想柔道だった。》

と著者は結んでいる。

ベン・シャープとルー・テーズを訪ねた猪瀬直樹氏

○『欲望のメディア』猪瀬直樹（小学館文庫）二〇一三年三月十一日

本書は、『日本の近代　猪瀬直樹著作集』（小学館）に収められた作品を再文庫化したものである。

猪瀬直樹氏はその著『欲望のメディア』において、天皇家を報ずるテレビの生中継とはどのようなものかを説くにあたり、

《天皇家についてのニュースは、取り扱いがむずかしい。新聞社では、紙面に載るまでにいくつかの内部チェックの関門を通過しているはずだ。

ところが生中継では、編集するいとまもなく映像が送られてしまう。視聴者は、マスコミの濾過器で漉され加工された情報でない現実に直面できるわけである。》

という件がある。筆者が本書においてこれまで紹介した「力道山像」は、猪瀬氏の言う生中継方式ではなく、情報の取捨選択の仕方において意図的に「内部チェックの関門を通過している」形をとって紹介してきた。ここで、同じスタンスで『欲望のメディア』を紹介してみたい。

『欲望のメディア』のプロローグでは、いきなり七三歳になった元プロレスラーが登場する。揺り椅子によりかかり、うつらうつらしていたというその元プロレスラーの名はシャープ兄弟の兄、ベン・シャープだ。猪瀬氏が手紙を書き、取材に漕ぎ着けたという。ベン・シャープはアルバムをめくりながら「なんてこった！」とため息をついた。一年前には四三年間連れ添った妻のメアリーが他界し、弟のマイクも死んでしまった。アルバムの中には、マイクと肩を組んで写っている黒のタイツをはいた日本人もいる。「あいつも、死んでしまった」、「リキ。リッキー・ドゼン」である。

シャープ兄弟が来日したのは昭和二十九（一九五四）年二月十二日だった。来日中にベンの妻メアリーから、「息子が誕生したので名前をつけて」と電報が入った。マイクが「力道山の名前をとって、リッキー・シャープというのはどうか」とアドバイスした。即座にその名前に決まった。テレビカメ

ラが回っているときだったという。

《力道山のやつ、「おめでとう」って、息子の銀行口座をつくって千ドルプレゼントしてくれた。さっそくワイフに電報を打った。力道山は、気を配る男だった。》

プロレスラーになるまでベン・シャープは、エレベーターのデザイナーだったという。

『欲望のメディア』で筆者の目を引いたのは、猪瀬氏も木村政彦氏を取材し、力道山と木村政彦の「実力日本一決定戦」について〝事の真相〟を質していることであった。木村氏に何度も取材を申し込み「幾度も断られ、一年後にようやく取材を許された」という。

木村氏は力道山との一戦を、こう語ってくれたという。

《「どうしてもというなら、これだけ伝えよう。あれはどちらが勝っても事件になるので、引き分けと話がついていたんだ。私が勝てばリングサイドの奴らに必ず殺された。試合後、熊本の連中がダイナマイトを持ってトラックで駆けつけると電話してきたが、私は制した。股間を蹴るふりは反則をしたぞという合図。つぎに空手チョップを受けやすく軀を開いた。とたん本気の空手が入ったんですから、たまりませんよ」》

これを聞き猪瀬氏は「騙されたんですね」と尋ねたという。木村氏からは意外な言葉が返ってきた。

《「いや、そんなことではない。ああいう卑怯なことをしたので、報復した。彼は命を落とした」

どういう意味か。

「私が座禅を組んで念をかけた。すぐには死ななかったが、十年後に死んだ」

七十二歳の木村は、力道山の不慮の死を、そう理解していた。》

「座禅を組んで念をかけた」一件については、木村氏も自著『わが柔道』（ベースボール・マガジン社）の中で同様のことを述べている。
力道山と木村政彦の、〝あの一戦〟に臨むスタンスの違いについて猪瀬氏は、こう見ている。
《先手を打ったのは力道山である。八百長のつもりの木村は、隙だらけだった。力道山は力まかせに張り手をくらわせたのだ。鋼のように鍛え抜かれた軀とはいえ、すでに三十七歳、しかも無防備な状態。ひとたまりもなかった。》
ここからが重要なポイントである。
《力道山は異文化の中で孤立無援の闘いを強いられてきた。木村も、アメリカを転戦する際には油断しないだろう。だが力道山には、アメリカも日本も同じ外国なのだ。だから苦しいトレーニングに耐え、試合中にテレビカメラの位置に気を配る。ところが木村は熊本という故郷からときたま出稼ぎに来るぐらいの発想しかない。拓殖大学の柔道人脈も背後に控えている。》
力道山が木村政彦に次いで「実力日本一決定戦」を戦ったのは、木村と同じ柔道出身の山口利夫だった。プロレス歴においては力道山より先輩である。木村戦から一カ月後に大阪府立体育館で行われた試合は（昭和三十年一月二十六日）、力道山に山口が突進をかけて勢い余ってリング外に飛び出し、肋骨と左足を強打しカウントアウトになり力道山が勝った。山口が突進をかけて勢い余ってリング外に飛び出したのは「意図的にやったのではないか」という説もあるが、力道山は柔道出身の木村政彦も山口利夫も撃破して「実力日本一決定戦」を制したのであった。
力道山に挑んだ木村政彦と山口利夫――その意味するところは何であったのか。猪瀬氏はこう書く。

《対山口戦以降、選手権試合は完全に日本プロレス協会が掌握した。その結果、力道山に反旗を翻してプロレス日本選手権へ挑戦するレスラーが登場せず、タイトル自体がうやむやになった。日本選手権は、木村や山口と決着をつけ、彼らを〝業界〟から追放するためだけに存在したのである。》

山口氏は、寂しい晩年を送った。故郷である静岡県三島市に戻り、朽ちかけた二間ほどの借家に住み、リングアウトで傷めた足を引きずって歩く姿が近隣住民に目撃されていたという。昭和六十一（一九八六）年四月に黄泉の国に旅立った。

『欲望のメディア』には、ルー・テーズに会うために猪瀬氏は渡米し、ヴァージニア州ノーホークの自宅を訪ねたときのことも記されている。七三歳になるテーズは往年の筋肉質の体型そのままに、北尾光司（元横綱双羽黒）をプロレスラーにするために特訓中だったとのこと。哲学者のような思慮深い顔をしていたという。鉄人ルー・テーズは当時まだ、「リングに上がっていた」というから驚きだ。

ちなみに、猪瀬氏はなぜルー・テーズを訪ねたのかについては触れていない。別れ際には、「今日はわざわざ来てくれてありがとう。あなたに会えて楽しかったよ。さて妻のところに帰るとしよう。気をつけて。ありがとう」と言ったという。否、もっと大事なことを言っている。

「一〇〇年後には、誰もが勝敗など気にしないだろう。どのような人間だったのか、それが重要なことなのだ」と――。

力道山はルー・テーズと三度戦い、一九五八（昭和三十三）年八月にロサンゼルスのオリンピック・オーデトリアムでようやくテーズの保持するインターナショナル選手権を獲得したのだった。

「力道山の夢を実現させた唯一のことが、オリンピックへの寄付行為でした」

○『今こそJAPANに力道山！　空手チョップに込められた願い』田中敬子（パロアルトコード・発行　星雲社・発売）二〇一九年二月十一日

力道山について語った敬子夫人の最後（三冊目）の著書である。本書で敬子夫人は臨終の際で見せた力道山の〝三本の指〟については触れていない。夫・力道山が亡くなったときの心情については「茫然自失のかたまりといった状態」で、「天地が無くなってしまったような感じで、感覚も感情もピクリとも動きませんでした」と語っている。

また、力道山の戒名は「大光院力道日源居士」であるが、この戒名の意味については次のように説明している。

『今こそJAPANに力道山！　空手チョップに込められた願い』

《「光」は名前の光浩の光。「力道」はそのまま力道山。「日源居士」は日蓮宗ですから宗派的なものです。ただし、光については、名前というより世の中、日本に光を与えたという意味もあると私は思っています。》

力道山の遺産は、東京・大田区の一〇〇〇坪の豪邸、高級外車数台、住まいにしていた赤坂の高級アパート、渋谷の大型スポーツ施設、相模湖に建設中のゴルフ場など、当時の価値で四〇億円以上だったといわれている。当時敬子夫人は二二歳で、千栄子、義浩、光雄の三人の子供たちは未成年であった。「負の遺産である残された借金は、四億五〇〇〇万円以上もありました」と敬子夫人。これら遺産のほとんどは不動産だったため、安く買い叩かれてしまったという。「一番きつかったのは、相続税が当時の最高税率（七五％）が適用され二三億円にもなったことです」

敬子夫人は、きつかった当時のことを振り返ってこう言う。

「私はもう貧乏で、借金だらけでしたし……。そんなとき竹越ひろ子さんが、『お小遣い大丈夫？』と言って、貸してくれたんです。彼女にはすごく良くしてもらって、いろいろ助けてもらいました。借金地獄で、結婚指輪とかみんな処分しましたからね。でもね、主人はそのためにプレゼントしてくれたものだと思ってますからね。娘を授かって、孫もできて、立派にやってますからもう思い残すことはないと思っています」

「竹越ひろ子さん」とは、歌手の竹越ひろ子のことである。ジャズ歌手としてナイトクラブや米軍キャンプ地などで歌っていた。プロレスファンであったところから力道山に見出されて昭和三十六（一九六一）年に歌手デビュー。昭和四十（一九六五）年八月に発売された『東京流れ者』は有線放送で大ヒット、一年間で三〇万枚を売り上げている。

敬子夫人は貧しい中でも、力道山の遺志を果たしたことが一つあった。亡くなった翌年（昭和三十九年）に開催された東京オリンピックに寄付したことである。力道山はオリンピックに一〇〇〇万円寄付することを約束していた。寄付金一〇〇〇万円のうち五〇〇万円は生前に贈られていたが、残りの半分は少し間をおいて支払われることになっていた。力道山が急逝し、夫亡きあと敬子夫人がその約束を果たしたのであった。

「私は力道山のオリンピックにかける思いを知っていましたので、それだけは実現したくて、資金不足の中なんとか実行することができました。私が力道山の夢を実現させた唯一のことが、この寄付行為であったと言えます」

力道山没後の、敬子夫人の奮闘を記録した『力道山未亡人』

○『力道山未亡人』細田昌志（小学館）二〇二四年六月五日

力道山に関する最新刊は、令和六（二〇二四）年六月に小学館より刊行された細田昌志著『力道山未亡人』である。同書は第三〇回小学館ノンフィクション大賞を受賞し、重版を重ね八月には第五刷が印刷された。筆者の手元にあるのは六月二十九日発行の第二刷の本である。

『力道山未亡人』

力道山夫人・敬子さんは、結婚して半年後に未亡人になった。著者の「あとがき」によると本書は、『沢村忠に真空を飛ばせた男　昭和のプロモーター・野口修評伝』の取材のため作家の安部譲二氏を訪ねた折り、「二二歳という若さで未亡人になっても再婚しないでいる田中敬子さんの後半生を書いてほしい」と言われたのがきっかけであったという。安部氏は田中敬子さんと日本航空の同期入社だった。著者が安部氏に会ったのは平成二十九（二〇一七）年のことであり、その二年後に安部氏の訃報に接することになった。

『力道山未亡人』は、令和六（二〇二四）年七月二十七日（土）の『毎日新聞』の書評欄で大きく取り上げられた。松原隆一郎氏はこう評している。

《……力道山のビジネスモデルは、その死で中断が現実に迫った。それを理解していた幹部レスラーたちは、金の卵を産む「日本プロレス」の切り離しを図った。相続税を払うと負債が8億円になる残り4社を、敬子さんに押しつけた。そこからの敬子さんの奮闘が本書の柱である。》

敬子夫人とは、どのような人柄だったのか。細田氏は、日本航空の同期入社である染谷凱子（旧姓・高楠）さんを取材し、こんなコメントを引き出している。

《「敬子さんとは羽田の訓練所から一緒です。明るくて朗らかで、当時のニックネームは『皇后陛下』。彼女がいるだけで場が明るくなる存在でした。敬子さんの長所はたくさんあるけど、何より人の悪口を絶対に言わないこと。これって、なかなか出来ることじゃない。私の父も敬子さんのことが大好きで、実の娘みたいに思っていましたね。羽田まで車で迎えに来るときは、敬子さんも一緒に夕飯を食べたりしたものです」》

没後四〇年たって敬子夫人は『夫・力道山の慟哭』を出版した。細田氏は、敬子夫人が本書を刊行したときのことについて触れている。平成十五（二〇〇三）年十二月四日、赤坂のホテルニューオータニにおいて盛大な出版記念パーティーが開かれた。列席者は八〇〇人だったという。中曽根康弘、海部俊樹、羽田孜、森喜朗と歴代首相から花と祝電が届き、アントニオ猪木や坂口征二が主賓に名を列ね、金田正一、張本勲、森徹ら往年の野球選手が祝に駆け付けたという。

力道山は赤坂台町に「リキアパート」を建てていた。これは、太平洋戦争末期、三万人もの犠牲者を出したインパール作戦の総責任者である牟田口廉也中将の邸宅五〇〇坪の土地を買い取り、それに五〇〇坪の土地を買い足して建設したものであったという。全七七世帯もある鉄筋の大型集合住宅は「マンモスアパート」と呼ばれていた。住人には、水原弘、田宮二郎、伴淳三郎ら有名芸能人が入居し、中庭に造られたプールは、近隣の住民にも公開され、「芸能人が意中の人とお忍びで現れて、束の間の縫瀬を楽しんでいた」という。

『力道山未亡人』には、小沢ふみ子さんが「なぜ力道山と別れることになったのか」についても記されている。これは、敬子夫人のほうから「勇を鼓して尋ねた」のだという。

《「どうして、あの人と別れたんですか」

生さぬ仲の二人をこうまで愛していたのなら、別れる理由などなかったはずである。

ふみ子は一瞬戸惑った表情を見せながら、「そうねえ」と笑みを湛えて答えた。

「私はお座敷で育ったもんで、それで親子四人が食べられたこともありましてね」

「ええ」

「それから、プロレスが大きく当たったもんで、暮らしぶりがえらく変わりました。『いい加減、お座敷に上るのはやめてくれ』ってリキに何度も言われたんですが、どうしても、やめらんなかった」

話は終わった。敬子は黙って頷いた。》

小沢ふみ子さんは、敬子夫人と会ってから二年後の一九六五年十二月二十日、四二歳の若さでこの世を去った。

『力道山未亡人』で印象に残ったのは、結婚式の挙式前夜に敬子さんの田中家全員がホテルオークラで最後の宴を張ったことである。父・勝五郎、母・佳子、長女・敬子、長男・勝一、次男・永三、三男・岩秀の六人であるが、父・勝五郎は終始、口数が少なかった。その父親が、明日は挙式を迎える敬子に向かって不意にこう言ったという。

「もし、気が進まなかったり、何か引っかかることがあるなら、今なら間に合う。結婚は取り止めにしてもいい。後戻りは出来る。俺が責任を取るから心配いらん」

父親のこの〝思い〟に対し、敬子はどう答えたのか。

《そう言われて「よしてよ」「大丈夫だって」と繰り返しながら、敬子は「こりゃ、絶対幸せになるしかないな」と誓った。》

結婚式の費用は五千万円（現在の価値で二億円）、名実ともに日本一盛大な結婚披露宴であった。プロレスラーの若い衆は全員が揃いの背広をつくってもらって出席したという。記念撮影が終わったあとは、多くのレスラーが別室で休んでいた。そこへ披露宴の責任者である岩田浩氏が馬場正平を呼びに来た。「お前まで何を休んでるんだ。早く式場に戻れ」と……。「フロアに馬場の姿が見えないことに気付いた力道山が呼びに行かせた」のだった。

《馬場と対照的だったのがアントニオ猪木だった。率先して式場に出ては「付き人の猪木と申します。本日はありがとうございます」と先々で来賓に声をかけては、料理を取ったり、ビールを注いで回っ

たりと、ホテルのポーターよろしく立ち働いていた。》

アントニオ猪木らしい好感の持てる振舞である。

結婚式の二日後、力道山と敬子夫人は、レスラーと社員全員に見送られ、ハネムーンに出発したのだった。

力道山の悲願は、北朝鮮と韓国の「南北統一」であった。このことも本書では触れている。

《肉親の存在に心を動かされ、金日成にベンツを贈り、「南北統一」を声高に叫び始めた力道山は、いったいどんな存在に映っていただろう。

一九六三年十二月八日を迎えたのは、まさに、その渦中のことだった。》

力道山が臨終の際に差し出した〝三本の指〟について細田氏は、短くこう記している。

《不思議なのは、夫が三本指を出したことだ。あれは何を意味していたのだろう。

「三人の子供を頼む」なのか「出産まで三カ月の辛抱だ」なのか「日本と韓国と北朝鮮の三国をつないでくれ」なのか、今となってはまったくわからない。何一つ知らせないまま、あの人は逝ってしまった。》

ここには、既存の書籍には見られない著者独自の〝推測〟が一つある。「出産まで三カ月の辛抱だ」なのか、である。

今一度問いたい、力道山の死因はやはり〝医療ミス〟だったのか？

力道山はなぜ、死ぬことになったのか。

敬子夫人が世に送り出した一～三作の著書には、共通して見られる「力道山の死因」についての記述がある。力道山が死んだのは「医療ミスではなかったのか」という指摘である。敬子夫人は「二度目の手術は納得がいきません」と言い、「当時から医療ミスがあったのではないかという疑いを持っていた」という。その理由については次のように説明している。

〈一度目の手術のときに麻酔が効かなかったという言葉が引っ掛かっていた。麻酔のことを先生に尋ねると、普通の人より多めに投与したと言っていた。のちに通常より二倍の量の麻酔を使用したことがわかった。〉（『夫・力道山の慟哭』より要約）

続けて敬子夫人はこうも言う。

《あまり公にはしていませんが、主人の遺体をすぐに山王病院から慶応病院に移して解剖をしてもらったのです。そのときに考えられる可能性として、傷口の洗浄不備、麻酔の投与ミスなどを担当医はあげていましたが、はっきりと明言したわけではありません。真相は藪の中です。私も葬儀のことで頭がいっぱいになっていたので、それ以上追及することはしませんでした。何が原因か判明したところで、主人が生き返るわけではないですから。》（前掲書）

「ただ」と、敬子夫人は続ける。

《担当医の話で一番に思い出すことは、夫・力道山の内臓はボコボコに痛んだ状態で、脂肪とは違う膜が1枚できていたことです。おそらく試合中に外国人レスラーとの乱打によるもので、そんな状態になってしまったのでしょう。》（前掲書）

この「死の真相」について〝医療ミス〟であることを明言しているのは、『夫・力道山の教え』においてである。

力道山の死から三〇年経った平成五（一九九三）年に出版された岐阜大学医学部教授・土肥修司氏の著書『麻酔と蘇生―高度医療時代の患者サーヴィス―』（中央公論社）に、力道山の死因についての記述があり、敬子夫人は『夫・力道山の教え』の中でこれを引用している。その全文を記す。

《「力道山の死は、出血でも、ショックでも何でもなく、単に、運び込まれた病院で麻酔を担当した外科医が気管内挿管に失敗したことであった。もちろん気管内挿管ができなかったことが、力道山が死ぬ必要条件でもまた十分条件でもない。問題は、筋弛緩薬を使用したために、外科医が気管内挿管の失敗を繰り返していた間、呼吸ができなかった（人工呼吸をしなかった）ことによる無酸素状態が死亡の原因であった」》

土肥教授の説明に「なるほど」と頷いてはみたものの、医学的知識の乏しい筆者なりに思うことは、呼吸ができなくなり無酸素状態になったことが死因であるとするなら、なぜ吉村氏からの連絡を受け敬子夫人が病院に駆け付けるまで力道山は「呼吸をして生きていることができたのか」ということである。

長谷院長から聞いた「薬の与え方を読みちがえてしまったようだ」

力道山の死因について様々な憶測がなされるなかで、手元にある書籍の中で麻酔薬に言及しているのは敬子夫人のほかに、大下英治氏の『プロレス三国志 永遠の力道山』（以下『永遠の力道山』）と細田昌志氏の『力道山未亡人』である。大下氏の『永遠の力道山』では「村田勝志の裁判の過程で明らかになった」事実だとして次のように記している。

《死因については、さまざまな憶測がなされた。水が飲みたくて、花瓶の水を飲んだ。あるいは、酸素吸入の管を自分でひきちぎった。きわめつきは、日米の闇の手先に葬られた……などである。が、ここで、確実にいえることがある。ひとりの力道山側近は、力道山の死後しばらくたって、山王病院の長谷院長からこう聞いている。

「薬の与え方を読みちがえてしまったようだ」

薬とは、麻酔薬のことであった。それは、村田勝志の裁判の過程で、しだいに明らかになった。力道山の死因を究明するために、カルテが提出された。そのなかで、麻酔のカルテだけが、出てこなかったのである。執刀した聖路加病院の外科医は、紛失したといいつづけた。そこで、

「麻酔を打ったときにショック死した」

という説まで飛び出してきた。

尋常でない力道山の体力を考えて、大量投与したということであろうか。》

大下氏は「ひとりの力道山側近」から「薬の与え方を読みちがえた」ことを聞いたというが、秘書の吉村義雄氏から聞いたのであろうか。だが、吉村氏は自著『君は力道山を見たか』のなかで「麻酔薬」については一言も触れていない。

麻酔薬の投与ミスが「力道山の死因ではないか」という新たな証言が、最近になって出てきている。細田昌志氏の著書『力道山未亡人』の中で、力道山の死から三〇年経ったころ敬子夫人が岐阜市内の医師から電話をもらった〝証言〟であるとして、以下のような〝新事実〟が明らかにされている。

電話の主である岐阜市内の医師は、力道山の二度目の手術に立ち会った〝研修医〟の知り合いであると言い、名前も名乗ったという。敬子夫人が聞き留めた電話の内容とは以下のようなものだった(『力道山未亡人』からの転載)。

「彼から委細聞きました。ご主人の死因ですが、あれは医療ミスです」

「彼は研修医として、二度目の手術の様子を一部始終見ていたそうです。麻酔を投与したら血圧がどんどん下がって、手術室が大騒ぎになった。執刀医も焦って、麻酔医も何が起きているか、わからない状況だったようです」

現実に医療ミスが原因であったとして、研修医の知り合いであったという岐阜市内の医師の次の一言は、傾聴に値する重要な証言である。

「当時の日本の医療は、麻酔に関する技術も知識も相当立ち遅れていました。実はご主人の一件がきっかけで、日本国内における麻酔治療は、格段の進歩を見せたのです」

昭和三十八年当時の日本の医療は、麻酔に関する技術も知識も相当立ち遅れていた。「それが原因で力道山は死亡した」とも受け取れるが、その一件が契機となり日本の麻酔治療は格段の進歩を遂げたという。

第14章　力道山のタッグ・パートナー、遠藤幸吉氏に聞いた「日本プロレスの原点」

「私はすべての面で〝縁の下の力持ち役〟に徹した」

力道山のタッグ・パートナーとして遠藤幸吉は、昭和二十九（一九五四）年八月八日に東京体育館でハンス・シュナーベル、ルー・ニューマン組の保持する太平洋岸タッグ選手権に挑戦した。一本目は力道山が三分三四秒でシュナーベルをフォール。二本目は七分九秒にニューマンが体固めで遠藤を倒し、三本目には一分五〇秒でシュナーベルに体固めで遠藤が敗れ、二対一で日本組の王座奪取はならなかった。

一カ月後の九月十日、大阪府立体育会館で再び力道山のタッグ・パートナーとして遠藤は、ハンス・シュナーベル、ルー・ニューマン組の持つ王座に挑む。一本目は二〇分五秒で遠藤が反則勝ち。二本目は一二分二五秒に力道山がシュナーベルを体固めに決め、二―〇で力道山・遠藤幸吉組が太平洋岸タッグ選手権を獲得した。九月二十一日にはシュナーベルとニューマン組からリターン・マッチで挑戦を受けたが、二―一で力道山・遠藤組がタイトル防衛に成功している。一本目は遠藤が一二分二三秒でシュナーベルに体固めで敗れた。二本目は逆に九分一五秒で遠藤がシュナーベルを体固めで破り、三本目は八分一三秒に力道山がニューマンをエビ固めに決めタイトルを守ったのであった。

「私はすべての面で〝縁の下の力持ち役〟に徹した。私の努力に対して、それなりの評価が欲しいということさえ、ひと言も口に出さなかった。私は痛さに耐え、骨身を削って力道山を引き立てる。力道山は無傷のままスーパースターになる。試合の途中で私に来るのは罵声のみ。〝アイタタの遠藤〟というイカサないニックネームまでいただいた」

脇役に徹した遠藤幸吉であったが、プロレスラーとして後援会を持ったのは遠藤幸吉が第一号であった。後援会長はあの著名な昭和の作曲家「古賀政男先生で、コロンビアの専属歌手が勢揃いした賑やかな発会式であった」という。後援会結成式は横浜市中区宮川町にあった国際劇場で行われた。当時遠藤は磯子に住んでおり、かの美空ひばりの実家に近く、その歌姫も祝いに駆けつけた。無論、力道山も駆けつけている。遠藤氏は昭和五十七（一九八二）年に自著『プロレス30年 初めて言います 壮絶な男のドラマの味わい方』を世に送り出しているが、同書には「遠藤幸吉後援会発会記念古賀政男総指揮 コロムビア」という横断幕を掲げた発会式の写真が掲載されている。

昭和三十一（一九五六）年十一月発行の月刊『プロレス』（ベースボールマガジン社）は、遠藤幸吉について《山形県に生れ柔道界の出身で前回の試合ではバビー・ブラウンズと対戦し、その力量と溌剌たる活躍ぶりを注目され、力道山に次ぐプロ・レス界の人気者となった。２２５ポンド、５尺８寸７分》と伝えている。同誌には各界の著名人のプロレスに対する寸評も載せており、先の古賀政男氏はこんなコメントを寄せている。

《1． 一試合も欠かさず拝見 こんなに面白いものはほかにチヨット見当らぬ。来朝選手が真剣且つ実力充分であるのと これに対する日本選手が精一杯に敢闘している事 力道山がこんなに素晴らしいとは思はなかった。遠藤が最も将来あると思い断然遠藤君を支持声援す

2．素晴らしいプロレス映画を天然色で作りたい。面白いものが出来るだろう》

自著『プロレス30年 初めて言います』

遠藤幸吉は大正十五（一九二六）年三月四日、山形県東村山郡（現在の山形市）に生まれた。一二歳より柔道を始め、史上最強の木村政彦に憧れていた。牛島辰熊が始めたプロ柔道を経て昭和二十五（一九五〇）年、プロレスに転向。力道山と共に日本にプロレスを誕生させた日本プロレス草創期の重鎮であり、力道山とタッグを組んで第一期黄金時代を築いた。得意技はドロップ・キックやキーロックなど。力道山が世を去ったあとは、吉村道明、豊登、芳の里とともに日本プロレスの経営を担った。プロレス引退後は解説者を経て、新日本プロレスのアドバイザーとして活躍した。

自著『プロレス30年 初めて言います』（文化創作出版）は、新日本プロレスのアドバイザーを務めていた昭和五十七（一九八二）年三月、プロレス三〇周年記念行事を前に出版したものである。サブタイトルには「壮絶な男のドラマの味わい方」とあり、新日本プロレスのアントニオ猪木氏が次のようなコメントを寄せている。

「私にとって力道山先生がプロレスの〝父〟とするならば、遠藤さんは〝叔父〟にあたる存在であり、日本のプロレスの草創期に燦然と輝く偉大なレスラーだと思っています。今でも力道山先生と遠藤さんの一糸乱れぬタッチワークの素晴らしさは、私たちの手本です。私は遠藤さんから〝プロレスの心〟

というものを教えられました」

カバー袖に見られる一文だが、ほかにも作家で東京相互銀行副部長の山田智彦氏が「これは現場からのショッキングな証言だ！」と評し、三菱電機株式会社相談役の大久保謙氏からは、「当時の怒号、嬌声がこだましてくるようだ」とのコメントが寄せられている。

本文を捲り一ページ目に掲載されているのは、遠藤幸吉の必殺技ドロップ・キックが力道山の顔面を捉えている写真だ。力道山との練習風景であり、表紙カバーにも同じ写真が使用されている。ほかにも、「なぜ、このコンビは強力だったのか」というキャプション付きで力道山道場で汗を流しあった二人の写真（昭和二十八年）、ジン・キニスキーを首固めで攻めている遠藤、『特急鳩』の展望車で力道山とともに巡業先に向かう一コマ、地方巡業のある駅で美空ひばりと力道山とともに撮った写真、力道山道場を訪ねてきた女優・南田洋子と撮った写真、シンガポールでキング・コングと握手する写真、そして柔道のウィルエム・ルスカとアントニオ猪木が異種格闘技戦を戦った際、遠藤自身がレフェリーを務めた写真などが掲載されている。

「あなた方に知っておいて欲しいこと」として遠藤氏は次のように述べている。

《「プロレスは八百長だ、単なるショーだ」という声は、いつの世でも決して拭い去れないプロレスについて回る一つの宿命のようだ。だがそれならば、なぜこれだけの多くの人々の興奮と熱狂を誘うのだろうか。それは、そこに見果てぬ男の壮絶な生きざまを垣間見るからだ。私は力道山と共に、八百長だろうがショーだろうが、何と言われようと、この日本にプロレスの根を根づかせるために、幾多の過酷な試練に耐えながら、二人で手をたずさえて茨の道を歩いてきた。私は思う。プロレスこそ、過激な最高のキング・オブ・スポーツだと。この限りなく素晴らしいドラマの裏舞台を、私はこの本で初めて語ろうと思うのである……。》

遠藤幸吉氏に筆者は、取材のため二度お会いしたことがある。最初にお会いしたのは、極真会館の機関誌『月刊パワー空手』に、大山倍達館長の空手家としての足跡をたどるべく「武道カラテに捧げる生涯―大山倍達の足跡」を連載していたとき。遠藤氏は、柔道代表として空手代表の大山氏とともに渡米し、ロサンゼルス在住のプロレスラー・グレート東郷とともに「東郷ブラザーズ」として全米各地を回っていた。その渡米遠征時の〝証言〟を得るためにお会いした。そして二度目に取材を申し入れたのは、『ゴング格闘技』誌に「日本プロレスの原点」について書くべく、遠藤氏にお会いしたのだった。そのときのテープ起こしが手元にある。日付は「1990．10／5」となっている。

遠藤氏は取材の途中、何度か「この本に書いてあるとおりですよ」とコメントしているが、「この本」とは遠藤氏の自著『プロレス30年 初めて言います』のことを指すものである。

遠藤氏は昭和二十二（一九四七）年夏に、郷里山形県を離れミナト横浜で港湾作業員として働くようになった。旧制中学の学生時代から柔道を始め、いつかは日本の〝柔道の虎〟になるべく柔道に熱を入れていた。だが、敗戦直後のことで「GHQの達しにより講道館柔道も正式には許可されていない」なか、それでも「柔道の道に生きたかった」。港湾作業員として働くことになったのは「柔道を続けたいがため」であったという。

《港では特技の柔道と常々の仕事ぶりとが上司に認められ、労務係をやらされるようになった。食うや食わずのあの時代に、柔道に憧れる一人の青年を温かく見守ってくれ、講道館にも通わせてもらうようになった。横浜の上司の人々の思いやりがなかったなら、その後の遠藤幸吉はなかったと思う。》（『プロレス30年 初めて言います』）

港湾作業員の労務係として働きながら、夜は横浜本町の「シーメンズ・クラブ」でトレーニングがてらの柔道のデモンストレーション・マッチを行うようになった。

「シーメンズ・クラブとは、シーメン、つまり海の男たちが集まる社交場ということです。ショーを見ながら食事をしたり酒を飲んだりする楽しい場所だが、何しろ客筋は気の荒い船乗りばかり。ショーは、日本人女性の歌や踊りもあるが、ボクシングとか柔道の試合といった荒っぽいものが人気があった」（遠藤氏）

なかでもレスラー並みの体躯を持つ遠藤幸吉の柔道は、「ニッポン・ジュードウ・チャンピオン・コーキチ・エンドー」として人気を博し、外国人の間でも有名になっていった。エキジビション・マッチは一時間二〇分のワンステージ制。この時間内に、柔道の日本人同士の乱取り、受け身の稽古などを見せる。ときには力自慢の飛び入りの相手もしなければならない。「もちろん相手は素人、いくら力が強くてもニッポン・ジュウドウの敵ではなかった」という。出演料はなかったが、クラブ内での飲み食いは只だった。「あの食糧難の時代に、厚さ五センチもある八〇〇グラムのステーキをパクパク食べることができた」という。これが遠藤の体づくりに役立った。

ある日、アメリカ人で「プロレスラー」を名乗る一人の大男が、遠藤に挑戦してきた。試合は一ラウンド五分間、五ラウンドというボクシング・スタイルの戦い。このとき遠藤は「プロレスラーという〝呼び名〟を初めて聞いた」という。

「投げても投げても、彼は瞬間的に身をひるがえしてスックと立ち上がってくる。私の技がまるでこたえていないような素振りで、ニコット笑みさえ返してくる。場内はヤンヤの喝采で、そのうち技をかけ続けている私のほうが疲れてきた」

試合は引き分けに終わった。以来、遠藤はその男と会うことはなく、「名前も経歴も知らないまま別れた」という。「レスリング」という闘技があることを、遠藤はこのとき初めて知ったのだった。

《わかったことは、彼がレスラーとして相当な訓練を受けていただろうという事実、そしてこれはおぼろげな感触なのだが、アメリカのプロレスという格闘技と、日本の武道との性格の違い……、それであった。

投げられても投げられても、ひるまず相手に立ち向かう。腰を引いたり両手を突っ張ったりして技から逃げようとしない。たとえ試合には負けてもそれが強さの証明になる……。

観客の彼への拍手の大きさを見ても、それがわかった。彼への拍手は、決して同国人に対する身びいきばかりではない。善戦に対する慰労の拍手でもない。心から彼に敬意を表しているようなのである。

それは、日本人と外国人の性格の差、国民性の違いとも言えた。つまり、勝ち負けを競うより、ショーを楽しむという姿勢が外国人にはあったのだろう。

それが、私のプロレスリングというものとの初めての接触だった。》（前掲書）

「公式な試合ではなかったが、レスラーと試合をしたのは力道山より私のほうが先ではなかったのかな」と遠藤氏は言う。遠藤は当時、まだ二二歳の青年であった。

柔道を始めたのは「一二歳のときからだった」という遠藤氏は、木村政彦に憧れていたという。

「おこがましい話だけど、どうしても倒してみたいというのは木村政彦だよ。というより、どうしたら木村政彦の柔道に寄って行けるか、近づいていけるかというのが、私らが柔道を始めたころの原点としてあった。でも、木村政彦がどうだ、誰がどうだというのは、専門家の言うことであってね、私らはただの稚魚であって、柔道というのは面白いものだということでやっていた。昨日はあの人に投げられたけれども、今日はあの人を投げることができた。投げてみた、嬉しかったね。ケガもしないでこういう人たちと柔道ができる、ということで……。

ところが横浜に出てきて、いろいろやっているうちにですよね、前の先生とは違うな、山形とは違うなということがわかってくるわけです。横浜地区にある（道場で）いろいろな先生方に教わって、講道館に行けばまた新たな先生に教わる。年配の人や、同僚の人たちと切磋琢磨しながら柔道をやっていたわけです。いつかは日本の柔道の虎になることを念じて、柔道に熱を入れていた。ところが、敗戦と同時にGHQの達しにより、講道館柔道も正式には許可されなくなったわけだ。しかし、私はどうしても柔道の道でやっていきたかった」（遠藤氏）

遠藤幸吉は真冬でもシャツの胸をはだけ、分厚い胸板を見せびらかしながら「ミナト横浜の夜の街をのし歩いていた」という。当時は、横浜の伊勢佐木町の裏には、飛行場があった時代であった。

力道山は自著『空手チョップ世界を行く』の中で、こんなことを書いている。

《シュライナース・クラブの道場を訪れる前、私はハロルド坂田が泊まっているプライベートルームで二人のりっぱな身体をした日本人と会った。

一人は遠藤幸吉(四段)、もう一人は坂部利行君(六段)だった。たがいに初対面の名乗りをあげたが、聞けば二人はプロ・レスリングに弟子入りしようと、坂田に相談のためやってきたという。プロ柔道が解散したあと、遠藤は横浜で働くかたわら柔道の教師をし、坂部は木村政彦(七段)、山口利夫(六段)らとともにハワイに柔道をもって遠征し、プロ・レスリングを実際に見て知識をもっていたし、坂田とは知り合いの間柄で、遠藤を誘っての弟子入りということだった。「まあいっしょにやってみよう」ということで、プロ・レスリングの門をたたくことになる。》(文中「坂部利行」とあるのは、「坂部保幸」の誤りである。)

力道山はやがて、遠藤幸吉とタッグ・チームを組んでリングに上がるようになる。先に紹介した、ハンス・シュナーベル、ルー・ニューマン組の保持する太平洋岸タッグ選手権に挑戦した試合などがそれである。

シャープ兄弟は、本当の兄弟ではない!?

『プロレス30年 初めて言います』において遠藤氏は言う。

《私と力道山のパートナーシップというのは、単にリング上でタッグ・チームを組んだというだけではない。

リングの上での私はもっぱらさんざんにいためつけられ、その後に力道山が堪忍袋の緒が切れたという形で飛び込み空手チョップの乱れ打ち。〝毛唐〟たる白人や黒人を滅多打ちにして勝つ。その痛快さに日本中は熱狂し、〝ザマァ見ろ!〟と溜飲を下げた。

その日本中を熱狂に導くタッチ・ワークの呼吸もさることながら、プロレスがまだ海のものとも山のものとも分らぬ時代に、二人手をたずさえて海外修業を行なったそのときの苦労を言っているのだ。ハワイを振り出しにアメリカ大陸へ約二年間、車を飛ばして旅から旅へ、試合場を求めてさすらい歩く。海外生活は初めてという〝赤ゲット〟の二人が、手探りながらもプロレスの真髄、プロレスの醍醐味をつかもうとして、ああでもない、こうでもない、と口角泡を飛ばしたものである。

そして、「次の試合はリキさん、こういうふうに試合展開をしていこうや」という結論を出すのであった。》

「私は力道山と共に、この日本にプロレスの根を根づかせるために、幾多の過酷な試練に耐えながら、二人で手をたずさえて茨の道を歩いてきた」という遠藤氏の〝生の声〟を、以下に紹介したい。

――プロ・レスリングとはどういうものか。力道山とのタッチ・ワークの呼吸とはどういうものですか?

「野球の選手にしてもボクシングの選手にしても、潮時というのがある。潮時というのは、格好だけでは駄目だということ。どんなに強い人でも、年齢とともに(体力が)衰えてくる。プロレスでも、プロとしての掟がある。自分ができると思ったら、どこまでもやればいいというものではなくてですね。格好だけではなく、格好を良くして、今度は強くなってやろうというのがプロですよね。強くなくてはならない。その次に、見せ場をつくらなくてはならない。格好を良くして、強くなって、見せ場をつくらなくてはならない。それがプロレスなのです。勝てばいいというものではなく、何でもかんでもやればいいというものでもなく、見せ場をつくらなくてはならない。力道山と私のタッチワークは見せ場をつくるのが上手だったということ」

——力道山とパートナーを組まれて、一番の思い出、印象に残っていることとかありますか。

「リキさんとの強烈な思い出といったらですよ、とにかく第一のポイントは、育ちが違うということです。おまんまを食べている私生活が違う。私は柔道をやっていて、牛島（辰熊）先生や木村（政彦）先輩とプロ柔道に加わったこともある。プロ柔道といっても、本当のプロではなかったんだから。プロの水というものを私は知らなかった。ところがリキさんは、お相撲上がりなんです。お相撲さんというのは本当のプロなんだから。リキさんは相撲の関脇まで行った人、そういう人と、私は一介のただの柔道家。柔道は商売じゃないんだから……。そこで、世の中の見る目が違うよね。そこの見解がね、力道山、遠藤幸吉の差がそこにあったわけですよ。

私生活が違っていたら、やることなすこと違うわけだから、それを一つのものに変えるということが大変だった。一つの柱になるために誰がリードしてくれたかというと、ホノルルのプロモーター、アール・カラシック。それと、サンフランシスコのプロモーター、ジョー・マルコビッチだった。彼らがわれわれに教えてくれたことというのは、二人が二人で同じようなことをやっていたのでは、プロレスでは成功しませんよと……。シャープブラザーズを、シャープ兄弟を見てみなさい、と。彼らは、私生活の面から、試合の面から、要するにですね、彼らは言わず語らずにしてリキと私に『教えてやろうじゃないか』というふうにですね、試合のやり方を教えてくれた。

わかります？　わからない？　どっち？　わかりますか？」

〈遠藤氏にこう問われても、筆者は、なんと答えていいのかわからなかった。何を訊かれているのか、問われている意味が理解できなかったからである。無言でいたところ、遠藤氏は思いがけないことを口にされるのであった。〉

——ちょっと難しいですね。わかりません。

「あのね、シャープ兄弟というのは、本当の兄弟じゃないんだよ」

——えっ！　本当ですか？

「いいですか、血を分けた、日本で言うところの本当の兄弟ではないんだよ。ビジネスライクのですよね、兄弟なんです。

だけれども、ビジネスライクの兄弟だけれども、それ以上の兄弟のね、器量をつくってしまったんです。試合において二人は、常に一本の柱だったんです。一本の柱のように常に、タッチワークをしていた。自分が叩かれて、蹴飛ばされようがですね、（すぐに）相手がタッチして、カバーして、ヒットさせてくれる。というのが、一つの彼らの試合のポイントだった。それをつくったのが、プロモーターのジョー・マルコビッチだった。そして、それを真似たのが私らよ。リキさんと私です」

——シャープ兄弟のタッチワークの仕方を真似られた？

「真似たのは何かといったら、徹底的にある人をカバーしたら一本柱になれないわけですよ。ことに日本人というのは、誰だって簡単に負けたくないんです。そこで、リキさんと私が一本の柱になるにはどうしたらいいのか。これは誰が考えてもですね、リキは現役の相撲取りであった、関脇までやった相撲取りであったと。遠藤は柔道をやったけれども、二人でもって二様の考えを持っていたら、絶対プロレスのパートナーというのは生まれてこないんですよ。五分五分だとケンカする、四分六か何かにでもしなければ始まらないですよね。

最初は私がやられて、リキさんにタッチして、リキさんがそのあとバンと打って出ると、そういうことができるなら、私は少しぐらいの痛みはこらえてやろうじゃないかと。それがリキさんと私の無言のアレでした。私が（相手レスラーに）徹底的にやられる、いじめられる、バカヤロー、こうだあゝだというときに、遠藤可哀そうだというときにリキさんにタッチして、リキさんが出てバンバン、ジャンジャンとやるとですね、お客さんはスーッとした気持ちになる。ワーッと一つの渦巻きができる、鳴門の渦巻きどころじゃない渦巻きを沸かしたわけですよ、リキさんと私は……。

そのタッチの仕方もね、『遠藤、お前辛抱しろよ』って口から言ったんじゃ話にならないんだよ。たとえば、いじめられてタッチしなければならないなというときに、パーっとタッチして、早いとこタッチしてしまったらね、人は『あ、そうか』というだけのことです。

そうではなく、タッチをしたくてもタッチできないところにですね、ワザがある。こっちは奮闘するところを見せながら、一生懸命やりながら、リキはタッチしようと手を伸ばす。タッチできるにも関わらず私は観客にわからないように手を引く。（レフェリーの）沖識名は、タッチするところを見ても見ないふりをする。見ても見ないふりをしながら試合を続けさせる。そこらあたりのね、何とも言えない一つのアレが、私とリキと沖識名でつくった一つのね、プロレスの見どころであったわけです」

――レフェリーの沖識名さんが日本のプロレスに与えた影響というのは大きいんですね。

「日本のプロレスに与えた影響どころか、沖識名がおったからプロレスは日本に来ることができたのよ。沖識名、それと、シャープ兄弟たちのやり方ですよね」

レフェリー沖識名の功績について、遠藤幸吉氏は自著の中でこう書いている。

《レフリーはプロモーターから派遣される。レフリーは、観客とレスラーの両方に対して主導権をもち、そのどちらも納得させられるような人物でなければレフリーはつとまらない。レフリーとは、重要なポストなのだ。

どちらかの負け試合を勝たそうというのではなく、試合運びをプロモートする、ある意味で〝プロモーターの代行者〟と言ってもよい。……（中略）……

沖識名は、沖縄生まれで、ハワイに渡っていた人なので、英語と日本語両方ができるという意味でも、トラブルを避けられたようだ。そして、そういう点がレスラーにとっても大変「公正」なレフリーだということで、沖識名に対して、より一層の信頼感を生んだのである。

沖識名なくして、日本のプロレスを世界に広めることはできなかった、と言っても過言ではない。

「この野郎！　オキ！　凶器を使ってるのが見えないのか！　バカ！　アホ！」

レフリー自身が観客から怒鳴られて当たり前。怒鳴られるようなレフリーほど、試合運びがうまい……ということになるのだから……。》（『プロレス30年 初めて言います』）

では、シャープ兄弟の功績とは何だったのか。

《……タッグ・マッチでは、なんと言ってもシャープ兄弟が抜群だった。彼らは〃悪役〃と言われた。いわゆるアメリカ流の言い方で〃ヒール・スタイル〃である。反則技で、私たちを徹底的に痛めつけた。

その上、彼らは、日本人の気質をよく熟知していたといえる。

彼らは、日本に来てもヒール・スタイルが成功したのは、それは彼らが〃日本人向き〃のレスリングを心掛けたからである。

シャープ兄弟は、私と力道山にとって、生きたお手本であった。日本人向きの心理ショーを、自ら率先して私たちに示してくれた。》（前掲書）

プロレスの「技は教えることができる」かもしれないが、「試合を教えることはできない」と遠藤氏は言う。力道山や遠藤幸吉に試合のやり方を「見せて」「教えて」くれたのはシャープ兄弟であった。

「これはサンフランシスコで、エンリキ・トーレスと力道山と私と三人タッグでシャープ兄弟と試合をしたときに、もう一人はトシ東郷（ハロルド坂田）だったかな、サンフランシスコを中心に興行で回ったことがある。一週間に一回ずつ、ポジションポジションでターンが変わっていくからね、毎日毎日、試合をした。レスリングなんていうものは、（技は）練習で教えることはできるよ。あるいは格好だけは教えることができる。しかし、試合は教えるわけにはいかないんだから。試合は自分で試合をやらなくては覚えられないですよね。試合をやっていくなかで試合を覚える。要するに試合の強さというのは、やらなくては強くならない。

そこでわれわれがですよね、なんにもないところで、俺とリキが、叩かれながら蹴っ飛ばされながら試合をした。試合のやり方を（シャープ兄弟が）見せて一部始終教えてくれたわけですよ。営業サイドのことまで全部教えてくれた。興行する一つのレセプションまで、どういうふうにしたら観客に見せることができるか、耐え忍んでやって、どうやって山をくぐっていくかということを全部、無言で教えてくれたわけです。そこでリキさんと私は、昨日はあなたはこういう技で投げたけれども、今日はあなたから投げられながら、次の技を考えてみようじゃないかと……。そういうことを試合を通して教えてくれたのはシャープ兄弟だったんです。教えるということは指導ですよね。日本の言葉で言うと指導。向こうでは、エクササイズというのは、なんでもトレーニング料として、金をチャージしなければならないんだが、シャープ兄弟はそれを、われわれに無言で教えてくれた。只で教えてくれたわけです。日本での試合においても、そうですよね」

自著の中で、遠藤氏は言う。

《後になって、私はシャープ兄弟にこう訊いたことがある。

「アメリカでは、すべて金の世界。何か教わればコーチ料、コンサルタント料を払うのが常識。それなのに、あなた方はなぜ只で私たちにいろいろ教えてくれたのですか？」

彼らは答えた。

「それは、キミたちが可愛い日本人だからだ。それに、キミたちのプロレスに賭ける意気込みがひしひしとわかる。私たちはその気持ちに打たれたのだよ」

シャープ兄弟が帰国したあと、私と力道山はシャープ兄弟流の試合運びについて研究し、さらに練り上げた。

自ら〝悪役〟になって私たちをコーチしてくれたシャープ兄弟の恩は大きい。そしてそれ以上に、私と力道山が心を一つにしていなかったならば、日本のプロレスの礎は築けなかったといえる。》（前掲書）

力道山の「空手チョップ」はこうして生まれた

「あと、（力道山が）どうしてあれだけのスターになったのか、ヒットしたのはなぜかといったら、空手チョップということなのよね。空手チョップも、格好だけつくったってダメ。（力道山が得意だった）相撲の張り手と、空手を混ぜたようなチョップをつくれば絶対じゃないかということ、それを研究したんです。それは、何から研究するかといったら、形からだよね。やっぱり、殴る格好からね。手刀、水平打ち、すべてですよね。その格好から生まれてくるんです。それが、見せ場でもってどれだけ見せられるかということ。その次にプラスは何かというと、音をどれだけ出せるかということだ。

音が出るというのはね、これは誤解しないでね、ボクシングでは音の出るようなパンチはダメだというんです。音は出ないで、グックグックと、こう入るような殴り方をしないとダウンはしないよ。パッパッとしないとダメだと。ところが、われわれの場合はね、コックンコックンと殴っていたんではね、殴ったのか、殴らなかったのか、お客さんにはわからないわけですよ。ある程度、音が出るように、要するに一回で効かなくても、三回で効いてくれればいいという考え方だ。パチッと一回で効く場合もあるけど、一回バンと殴ってから、まだフラフラ、またバーンと殴ってフラフラ、三回目でバーンと殴って倒れるという、そこで倒れるところに魅力があるわけです。それが何かというと、音なんです。それをカバーするのは音ですよ。それで、俺とリキは沖識名と三人で、練習したのですね。もう一つは、手刀でも水平打ちでも、空手チョップが入ってですね、喉を切ったり相手を壊してしまったらプロレスにならないわけだ。そこを沖識名が、『頸動脈を打ったりはしないから安全ですよ』とプロモーターのアール・カラシックに言って、それで出来上がって試合をしたのが最初の空手チョップなんですね。それで力道山の十八番が出来上がった。

それでシャープ兄弟に戻るけれども、プロレスは、ベン・シャープもマイク・シャープも、悪い言葉で言うと演出が素晴らしかったということです。悪い言葉で言うと演出だけれども、要するに試合運びがうまかったということです。それをリキさんと私は学んで、沖（識名）さんがサポートしてくれたということです」

――力道山は空手チョップが得意で、遠藤さんはドロップ・キックを得意技にされていました。あのドロップ・キックは、どうやって練習されたのですか。

「あれはね、私のドロップ・キックは、リキさんと私は違ったところで（得意技を）持たなくてはならないということで、リキさんと稽古してできたんです。リキさんと私とでは、ウエートが一〇パウンドくらい違いがあった。それで、私は軽いから、普通の蹴り方では効かないだろうと。それでジャンプして完全な蹴り方をするにはどうしたらいいのかということで、リキさんを相手に稽古をした。リキさんを蹴るということは大変なことだったけれども、私の蹴りを受けて練習させてくれたんです。リキさんを蹴って練習したというのは、私ぐらいのものじゃないんですかね。それはアメリカで練習したのよ」

『プロレス30年　初めて言います』のカバーに使用されているのは、力道山の顔面を蹴っている遠藤幸吉の必殺技ドロップ・キックである。リングロープの最上段よりはるか上までジャンプして放つ蹴りの威力は破壊力抜群であった。

「今、自分はこれだけの技量があるんだけれども、ここはこれぐらいにしておいて、だんだんだんだん力を入れてバチっと行ってやろうと……。というようなやり方は、リキさんと俺と二人でつくったもんだからね。二人でつくったということは、『こういうときには辛抱してこうしましょう』と。『じゃリキさんね、こういうときにも俺もあなたの、リキさんのタッチをはずすからね』と。それをね、自分だっていいところでタッチしたいからね、いいときにタッチしたいからもう少しいじめられとったほうが、もっともっとヒットするからと自分が考えるでしょ。その意味のことよ、私が言うのは。プロレスに対する考え方、プロとしての生き方、一つの考え方をね、これは日本流ではなくてアメリカ流に私らは考えることができた。

『プロレス30年 初めて言います』力道山にドロップ・キックを決めているところ

だからね、柔道らしい生き方とかは全然ね、いくぶんの魅力もなかったのよ。リキもその当時は、相撲なんてことには、いくぶんの魅力も何も持っていなかった。本当に、プロレスに命を賭けたよね」

取材のテープを回しているうちに、遠藤氏はここまでを言い、筆者に「今、何時？」と訊かれた。「三時三分前です」と答えると、次の約束があるらしく遠藤氏は少し慌てたようにこう言われた。

「あなた、だいたい話わかった？　あとは、このことだけはどうしても聞きたいということがあったら言ってくれ」

私は、「力道山がお亡くなりになったときの心境についてお聞かせください」と、お願いした。

微笑を浮かべながら力道山は「来週ぐらいには退院して、試合はできなくてもリングで挨拶ぐらいはできるだろう」と言っていた

「リキさんが亡くなったときね、私は、上田馬之助というのがね、私の付人だった。上田は、リキさんのアパートで生活しておったの。私は五反田に住んでおった。渋谷での練習が終わって五反田に帰って休んでいるところへ、上田馬之助から電話があった。『遠藤さん、死んじゃったんです！』と……。『死んだって、誰が死んだのや!?』と訊くと、『先生が』と……」

遠藤は返す言葉を失った。

「なあーんで」っていうのが訃報を聞いてからの第一声だった。

力道山が息を引き取ったのは昭和三十八（一九六三）年十二月十五日である。遠藤幸吉はその前日、十二月十四日に赤坂山王病院に入院している力道山を見舞っていた。

「刺されてからどうだこうだと、いろいろ問題があった。それで入院して、死ぬ前の十四日の朝だったかな。（見舞いに）行ったときにですね、

『ああ、遠藤ね、もうあと来週ぐらいだったら退院できて、試合はできなくてもリングで挨拶ぐらいはできるだろう』と、そう言っておったんだからね。山王病院におったときにね。で、それがその翌日ですよね、まさか死ぬなんてこと私は考えつかなかった。

　上田から連絡を受けて私は飛んでいった。まだ、大野伴睦先生も来てなかったよ。紋付も何もまだ着せてなかったもの。それからずーっとですよね、お葬式のときはずっと最後までおったよ、私は。当時私は、同じ会社（日本プロレス）におったときだからね」

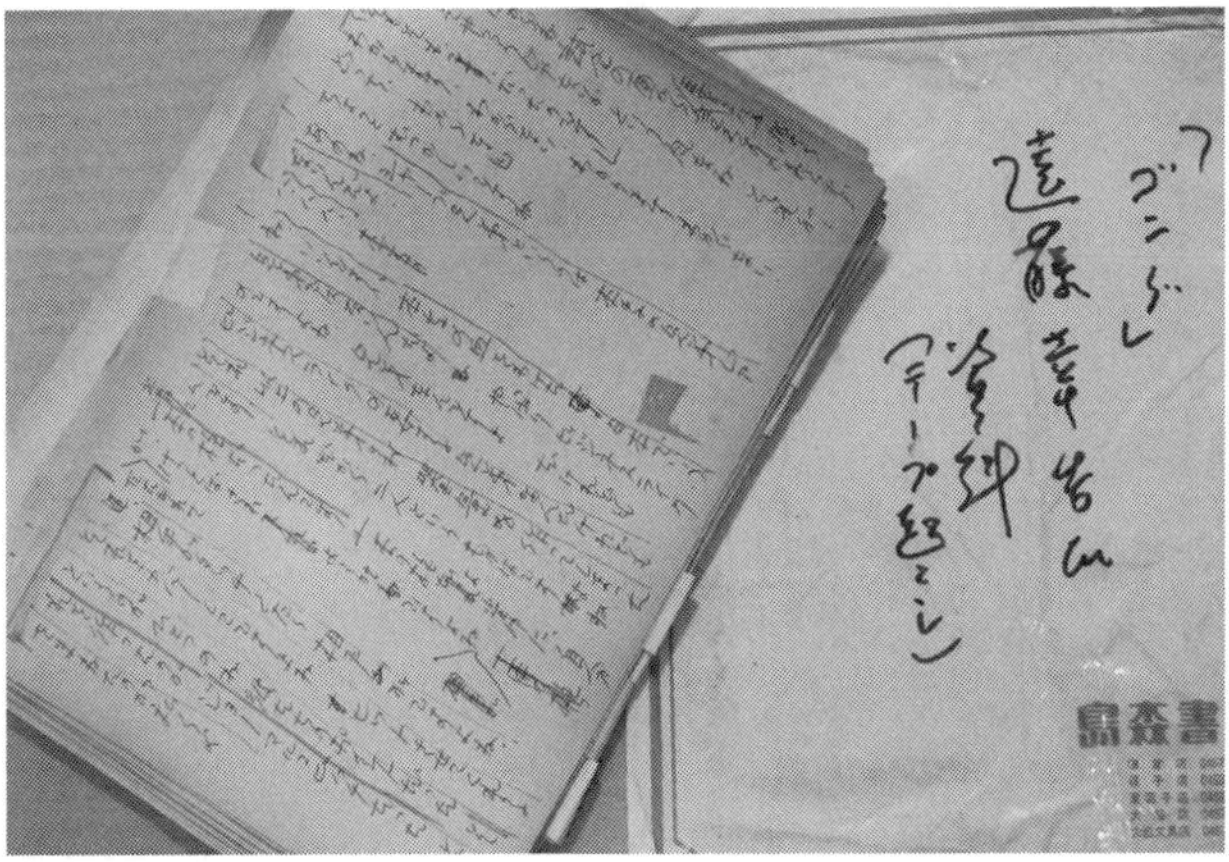
遠藤幸吉氏に取材をしたのは1990年10月5日だった

――そのときは、どういう思いが……。
「どういう思いっていうかね、やっぱりね、なんで死んでしまったのやということだけが強かったね。夢みたいな、死ぬなんていうことは考えられなかったということですよね。『信じられない』なんて言葉じゃないよ。私は、あの言葉は好きではない。信じられないというよりも、何か空白になった感じでしたね。と同時に、『あのときの

彼はもう、いないのかなあ』と。今までは二人でね、誰とも話もできない、誰とも言葉を交わすことのできない苦しさ、悲しさのときにですよね、相談できた。それがもう、一緒にはおらんということですからね。控え室で微笑みを交わしたり、ということもできない。

『遠藤君、こうじゃないかな。これはどう思うか。今度は、こういうふうなことはどうか』とかね。『今日はもう破れかぶれだったから、今日は一杯飲んで寝ようじゃないか』とか言って、そういう日の、ある日のことがいろいろ浮かんできましたよね。それもこれも、だんだんだんだん浮かんできた。亡くなったという知らせを受けてすぐに浮かんできたわけじゃなく、だんだんだんだん……あとでね、浮かんできたんです」

力道山とともに日本プロレスを創設した遠藤幸吉。プロレスの真髄とは何かについて、「それは相手の技を上手に受けること」と説いた。グレート東郷に教わったのだという。

第15章 『ニュー・ラテンクォーター』のオーナー　山本信太郎氏に聞く「力道山〝刺傷事件〟」の真実

令和六（二〇二四）年十一月九日（土）、帝国ホテルにおいて「力道山生誕100周年記念パーティー」が開かれた。一卓一〇人掛けの円いテーブルで、受付で渡された私の席は「テーブル番号30」であった。期せずして幸運に恵まれることはあるものだ。何と同じテーブルに、赤坂のナイトクラブ『ニュー・ラテンクォーター』のオーナー、山本信太郎氏が着席されておられるではないか。六一年前の昭和三十八（一九六三）年十二月八日、力道山が刺傷事件に遭った、あの『ニュー・ラテンクォーター』の副社長（当時）山本氏が、同じテーブルに着席されていたのである。『ニュー・ラテンクォーター』は今はなくなって、現在は『NLQ Entertainment,Inc.』の代表取締役会長をしておられるとのことで、その名刺をいただいたのである。

山本会長は九〇歳になられるとのことで、事件当時は二九歳であったとのこと。とても九〇歳には見えず、矍鑠としておられる。

「面倒なことになるので、事件当時の詳しいことはあまり警察には話してないんですよ……」と、パーティーの席で山本会長に聞いた。

聞いた私は、パーティーが終わってのち二〇日ほど経ってから、山本会長に取材を申し入れてみた。十二月三日（火）、新橋の第一ホテル東京のロビーラウンジにおいて取材をお願いできた。

山本会長はなんと、力道山と、力道山を刺した村田勝志が争うその光景を、「五メートルと離れていないところで一部始終を見ていた」と言われたのである。事件の〝目撃証人〟であったわけである。

その詳細をここに再現させていただくが、その前に、山本会長とはどのような人物なのか、赤坂のナイトクラブ『ニュー・ラテンクォーター』とはどのような〝社交場〟であったのかについて紹介させていただく。

東洋一のナイトクラブ『ニュー・ラテンクォーター』

「二四歳のとき始めたんです。松本清張先生もよくお見えになった。最初『若いね君、出身はどこ？』と訊かれて、『福岡です』と言ったら、『僕も実は福岡なんでね、福岡には思い出がいっぱいあるんだよ』と言われて、よくかわいがっていただきました。最初私は、松本先生がそんなに偉い先生だとは思わなかったんですけどね。中曽根先生とか、総理大臣もいらして、お客さんはみんな新聞に載るような方ばかりでした。政財界でお見えになってないのは松下幸之助さんだけじゃないですかね。

国賓で海外から要人がお見えになると、宮内庁とか外務省から予約の電話が入りました。

山本信太郎会長への取材は2024年12月3日、新橋第一ホテル東京において行われた

伝説のナイトクラブ『ニュー・ラテンクォーター』のネオン（提供：山本信太郎氏）

国内外、各界のトップが集まる社交場（提供：山本信太郎氏）

うちは完全予約制でしたから、フリーのお客さんは入れません。三菱商事だとか三井物産、伊藤忠商事、日商岩井……など、商社の方々には接待でよく使っていただきました。『お客さんに喜んでいただいて、山本さん、ホッとしました。お陰で商談がまとまりました。ありがとうございます』と言って、皆さん喜んでお帰りになりました。店の半分の売り上げは、商社の方々でしたね。海外からのお客さんを接待するときなど、よく使っていただきました。うちの従業員は、ホステスも支配人も全員、英会話ができましたからね。海外のお客さんも満足して、喜んで帰っていただきました。

力道山ですか。先生もよくお見えになりましたよ。（事件のあった）あの日だけは、あんなトラブルになりましたけど、私の知っている限り、酒癖が悪いなんて、そんなことなかったですよ。あるとしたら、（旧）『ラテン・クォーター』の時代だったんですかね。『ラテン・クォーター』は火事で焼失したんです。

田中敬子さんと結婚されることになって、店の隣りの『ホテル・ニュー・ジャパン』で婚約記者会見をされたんですね（昭和三十八年一月七日）。記者発表が終わってからは、うちの店にお見えになっていました。それが、あんなことになってしまってね……」

「夜の昭和史」と言われた伝説のナイトクラブ『ニュー・ラテンクォーター』──。芸能人、政治家、経済人、外交官、皇族、そして任侠の徒まで……。毎晩のように各界のトップが集まる社交場であった。バンド演奏付きで、ショータイムになるとせり上がるステージ。国内外から著名な歌手がステージに上がった。卓数は三〇〇。従業員は、ホステスさんや支配人など男性社員を含め「八〇人いた」と山本会長は言うが、ネットで検索してみると「従業員は二〇〇人以上を抱えた」とある。

写真に見るのがその『ニュー・ラテンクォーター』である。新橋方面から歩いていくと、『NEW Latin Quarter』のネオンが見えてくる。「ワ〜!嬉しい!」と、客は胸をときめかせながらネオンの下を潜り地下に入っていく。「そう言って一番喜んでくださったのは松本清張先生でしたね」と山本会長は言う。店は地下二階にあった。

気になる飲食代であるが、普通の店なら、ビールにつまみを付けて「セット料金でいくら」という料金の設定をする。『ニュー・ラテンクォーター』はそうではなかった。大卒初任給が八〇〇〇円の時代、大卒初任給を設定の基準にして、一晩で、初任給の二カ月分くらいの料金を設定していたという。

「それでも『高い』なんて言うお客さんは一人もいませんでした。それだけのサービスは提供させていただきましたので……。ホステスさんだけじゃなく、音楽も楽しむことができる社交場でしたからね。

私がお店を始めたときなんか、当時私はまだ二四歳だったんですが、銀座のクラブのオーナーたちは、『福岡から来たあんな若造が、あんな無茶な商売をして、あんなやり方では三日と持たず潰れてしまうよ』と、噂をしていたんですよ……」(山本会長)

若い山本だったが、山本には「永島達司」という強い味方がいた。

「ビールにつまみを付けてセット料金でいくらという、そういう商売の仕方はやめましょう。それでは外人には説明できない。システムを根本的に変えて、誰もが納得できるようなシステムづくりをして、日本一の、赤坂中が驚くようなお店をつくりましょうと、ヒントを与えてくれたのは永島さんでした。オリンピックの前でもありましたから、ステージショーを主体としたナイトクラブにしようと、そういう提案をしてくれたのは永島さんです」

永島達司は昭和三十二（一九五七）年に協同企画（現・キョードー東京）を設立。ビートルズを日本に呼ぶなど、海外アーティストの日本公演を手がけた第一人者である。ナット・キング・コール、ベンチャーズ、ルイ・アームストロング、ベニー・グッドマン、スティービー・ワンダー、エルトン・ジョン、マイケル・ジャクソン……と、大物ミュージシャンを来日させたのは永島達司だった。海外では「タッツ・ナガシマ」の愛称で呼ばれていた。その永島が『ニュー・ラテンクォーター』の開店に関わり、多くの世界的アーティストをショーの舞台に出演させ、同店を伝説的ナイトクラブに育てたのである。東洋一とも言われたナイトクラブには、ショーン・コネリー、ハリソン・フォード、ロバート・デ・ニーロ、ロバート・レッドフォード、モハメド・アリ、フランク・シナトラなど多数の著名人も客として来店した。

その著名人の一人に力道山もいたというわけだ。

父・山本平太郎は国際剣道連盟会長で、叔父・吉田彦太郎は児玉機関のナンバー2

山本信太郎は、国際剣道連盟会長・山本平八郎の長男として福岡県博多市に生まれた。明治三十九（一九〇六）年生まれの父・平八郎は山本観光の礎を築き、戦後復興から高度経済成長期の中州において最大一一店舗のキャバレーを経営した「キャバレー王」だ。キャバレーを経営したのは「進駐軍の要請によるものであった」（山本会長）という。政・財界、芸能界の大物とも太いパイプを持っていた。

信太郎の叔父に実業家・吉田彦太郎がいた（戦後、吉田裕彦に改名）。戦時中に『やまと新聞』の副社長をしており、社長は児玉誉志夫である。彦太郎は海軍航空本部嘱託の児玉機関副機関長に就任し上海を中心に中国大陸で軍の資材調達活動に奔走、「児玉機関のナンバー2」と呼ばれていた。

信太郎は音楽が好きだったが、福岡大学に入り経済学を学んだ。福岡にいたころ最も強く印象に残っているのは、力道山と木村政彦が「実力日本一」をかけて戦った〝昭和巌流島の決闘〟だった。父・平八郎はこれを見るためにテレビを買い、町内からも大勢の人がテレビの前に集まった。力道山と木村政彦のどちらが勝つのか？ 力道山が好きだった信太郎だけが「力道山が勝つ」と言い、平八郎を含め誰もが「熊本出身の木村政彦が勝つ」と予想した。

結果、圧倒的な力の差を見せつけて力道山が勝った。

「それからですよ、親父と私の距離が近くなったのは。それまでは気安くものも言えない親父だったのが、力道山が勝つと私が予想して、力道山が勝った。それから親父と私の距離が近くなったんですね」（山本会長）

信太郎が大学を卒業したのは昭和三十三（一九五八）年三月である。翌三十四年、東京にいる叔父・裕彦から父・平八郎に、「平ちゃん、東京でこういう話があるから、東京に来てお店をやらないか」という話が持ち込まれた。『ラテン・クォーター』が火事になり、その跡地が空いている。そこでキャバレーをやらないか、という話だった。音楽にはあまり興味がなく、福岡だけでも手いっぱいだった平八郎は、この話を長男・信太郎に持ちかけた。

「信太郎、こういう話が吉田の叔父さんから来ている。君は音楽が好きだから、ここはひとつ君に任せたいんだが、やってみる気はないか？　お前、ちょっと東京へ行って見て来い」

福岡を出て東京に行って働きたいと思っていた信太郎は、渡りに舟の心境で、父の話を二つ返事で受けることにした。父・平八郎が社長になり、長男・信太郎が副社長になって運営するということで、ナイトクラブ『ニュー・ラテンクォーター』の建設に着手することになった。

東京へ進出するにあたって社長である山本平八郎が最初にした仕事は、副社長である信太郎を伴って「児玉誉志夫先生にご挨拶に行くことであった」という（山本会長）。

「社長である親父が『ニュー・ラテンクォーター』に関わったのは、児玉先生に挨拶に行ったときだけです。児玉先生の事務所に行ったとき、親父はすごく緊張していた。先生は何か執筆されていて、書き物をされていた。『児玉先生、山本です』と言ったら、『おお、平ちゃんか』と言われて……。『今度うちの息子が東京で仕事をすることになりますので、よろしくお願いします』と言ったら、先生は私を見て『よか男じゃのぉ……』と、それが第一声でした。それから『お江戸で何かあったら』と、東京と言わずにお江戸と仰った。『お江戸で何かあったら、(私に) 言ってきなさい』と児玉先生は仰った。それで『ありがとうございます』と言って、すぐに退席しました」

敷地面積が六六〇坪あったという旧『ラテン・クォーター』の跡地はまったくの更地で、喜んで東京に出てきたはいいが「こんな何もないところでクラブなんかやって大丈夫だろうか」というのが、信太郎の第一印象だった。地下二階の建物をつくるために更地を掘り起こしてみると、お堀の近くだったところから掘っても掘っても水浸しになり、工事を依頼している大成建設から「これじゃダメだ」とダメ出しをされた。それでも何とかコンクリートで塞き止めて基礎を固め、完成に漕ぎ着けた。

「当初の予定より五〇〇〇万円くらい足りなくなって、総工費一億四〇〇〇万円で完成しました。アサヒビールさんに保証してもらって親父がお金を借りて完成したんです。それで店をオープンしてからはずっとアサヒビールを頼むようにしたんですけどね」

東洋一のクラブはこうして出来上がった。昭和三十四（一九五九）年十二月十日にレセプション。翌十二月十一日から営業を開始。永島達司氏が初日のステージショーに招いたミュージシャンは、トリオロス・パンチョスだった。「ベサメ・ムーチョ」で『ニュー・ラテンクォーター』は幕を開け、お客さんは「初日から満員で、次の日から毎日満員だった」という。

運命の日──「あの事件は、本当にショックでした」

東京へ出てきて一番嬉しかったのは「力道山に会うことができたことだった」と、山本会長は言う。憧れの人「力道山」に初めて会ったとき、その腕を触らせてもらった。硬くて丸太のように大きいのにびっくりして「うわー凄いなと感激した」という。これが縁で力道山は、店をオープンしてからも常連客として度々『ニュー・ラテンクォーター』を訪ねるようになった。そして、運命の日を迎える。

昭和三十八（一九六三）年十二月八日、その日は日曜日であった。『ニュー・ラテンクォーター』は大日本興行の小林楠扶会長（小林会）を顧問として雇っていたが、小林会長の配下に村田勝志がいた。身長は一八〇センチほどあり、がっちりした体格をしていたという。力道山はトイレの前でこの村田とトラブルになり、腹部を刺されることになるのだが、この刺傷事件については本書で取り上げた書籍の中でさまざまな描写がなされている。ただし、目撃証言として登場する人物の中に『ニュー・

ラテンクォーター』のオーナーである山本信太郎氏の名前は出てこない。

ここでは、力道山の秘書でリキ・エンタープライズの専務取締役である吉村義雄氏が麹町署の刑事から聞いたという事件の顛末を、今一度、紹介してみたい。そして、実際に、トイレの前のベンチで力道山が村田に刺されるその瞬間を目撃したという山本氏の〝生の声〟をお届けしてみたい。

『ニュー・ラテンクォーター』（提供：山本信太郎氏）

以下は、吉村氏が麹町署の刑事から説明を受けたという話の内容である。

《トイレの入口で、力道山がホステスと立話中、村田が通りかかった。ケンカのきっかけは、足を踏んだ踏まない、ぶつかったぶつからない、といったことだ。力道山が先に手を出して殴り合いになり、それから転んでもみ合った。その時、力道山は刺された。すぐ二人とも立ち上がって、村田は足早で外に出ていき、力道山はホールへもどった。

力道山はこのあと、客席の間を十五分ほど怒鳴りながら歩きまわったそうだ。店の者が通りかかると、力道山は傷口をみせながら、〝おれを刺すような奴を雇っているんだな〟と怒鳴って、車で家に帰った。》（『君は力道山を見たか』）

吉村氏はこの説明を聞いて、「ずいぶん曖昧で、ホステスが誰なのかもよくわからない。ケンカのきっかけもよくわからない」と書いている。確かに曖昧ではあるかもしれないが、これが警察が聞き取った〝調書〟の全貌であった。しかしここには、事件を目撃したというオーナー山本信太郎氏の証言は入っていない。山本氏が警察には話していなかったからである。

——山本氏の証言を聞こう。

「あの事件は本当にショックでしたね。あの日は、日曜日だったんですよ。事件当日の、予約のお客さんを見たら、『小林会の村田さんほか3名』という予約が入っていた。小林（楠扶）会長はうちの顧問をしていましたから、村田（勝志）さんのことは知っていた。村田さんともう一人、女の子二人、同伴で見えていた。

うちは九時半と十一時に、二回ショーをやっていた。あのときは確か九時ちょっと前だったかな、フロントの支配人から『只今、力道山の代理人から電話があって、五、六人で、お店に見えるという連絡が入りました』という報告があった。

お！、力道山が!? そう思ったときフロントで『リキさん、いらっしゃいませ！』という声が聞こえました。私は急いでフロントのほうへ行き（力道山を）テーブルへご案内して、『どうぞごゆっくり』と言って……」

——テーブルには、吉村さんもご一緒だったんですか？

「吉村さんもお見えになったけれども、力道山がテーブルに座ると『じゃ、頼みますよ』と言って、上のほうへ上がっていった。同じテーブルには座れないんです。テーブルに案内すると、私も自分の部屋へ戻った。

それから、しばらくして、『リキさんがトイレに行くと言ってテーブルを立たれた』という連絡を受けた。私は部屋を出ていって、トイレの前にロビーがあるんで、その椅子に座っていた。トイレを真っ正面から見えるところに私はいたんですよ。そしたらリキさんがトイレから出てきて、うちの女の子がリキさんにおしぼりを渡していた。そういう習慣になっていたんです。私は一歩引いて、そこから五メートルくらいのところにいた。

そのとき、誰かがホールから出てきて私の横を横切ってトイレに行った。けっこう大きな人だったけれども、誰だかわからなかった。そしたらトイレの前で、どっちが入るかなという感じで、私はこうやって見ていたんだけれども、会話が聞こえた。なんと言っているのかわからなかったけれども、あとで聞いたところによると、足を踏んだとか踏まなかったとか、そういう会話だったらしい。何と言っているのか私にはわからない。ただ、動作だけはわかるんですよ。

そしたら、ドーン！と力道山が相手の胸を突いたんですよ。男はトイレから二メートルぐらいのところまで飛ばされて、ひっくり返った。

ハレー！　と私は一瞬思った。そのときも村田だとはわからなかった。そしたら力道山が覆いかぶさって、覆いかぶさるのと男が立ち上がろうとするのがほぼ同時くらい。男が下になり、力道山が上になって、ゴロゴローン！　っと。ウワーッ！　これは大変なことになった。止めなくちゃいけなんだけれども、止めるどころではない一瞬のことだったんですね。

そのときに、ボーンと私のところに何か飛んできたんですよ。瞬間に今度は力道山がゴローンと二メートルぐらい飛んで仰向けになって、目の前でラテン（クォーター）が揺れるくらいドーン！と壁にぶつかった。力道山が覆いかぶさってきたから、村田は下になっていて体をゆすっている。ゆすりながら背中のところ、腰に差していたナイフで刺した。刺したかどうかはわからなかったけれども、男は立ち上がって、かまえていた。誰だろうと思って見たら村田、勝っちゃんだった。ナイフを持っていた。

エッ！まさか、よもや刺したんじゃないだろうなと一瞬思って……。私のところに飛んできたのは、ナイフの鞘だったんですね。あとで見たら、ナイフのケースだった。

それで、村田は、かまえたままバーッとラテンの階段を上がっていったんですよ」

――村田勝志というのはそんなに大きい人だったんですか。

「大きいですね。力道山と同じくらい、背が高くて、体格もがっちりしていた。でも、うちの用心棒ではない。顧問になっている小林さんのところの若い衆で、私は勝っちゃんと呼んでいたけれども、村田とは親しくなかった」

力道山はこのように、山本氏の胸倉をつかんで持ち上げたという

――それから力道山はどうなったんですか？

「村田は階段を上がっていったんだけれども、力道山は私のほうを振り向いて、私の胸倉をこんなふうにしてつかんで、『信太郎さん、どうして私を刺させたんだ』と……。私をつまみ上げて締めたんです。『いや、私がそんなことをさせるはずがないじゃないですか』と言うと、着ていたTシャツをめくって、『見ろ！』と言って傷口を見せてくれたんです。めくったんですが、Tシャツには赤い血がちょっと付いているだけでした。白いTシャツです。その上に何を着ていたかは覚えていない。ああ、これは大したことはないや、よかったと思いましたね。『それより、犯人を捕まえましょう』と言って、私は階段を上がっていったんです」

——力道山はそのあと、フロアに行ってマイクを持って「ここには殺し屋がいる」とか叫んだそうですね。

「私はそれは見ていない。村田が階段を上がっていったから、力道山の傷口を見てから私は村田を追って階段を上がっていったから。マイクを持って何か言ったというのは、そのときだったんでしょうね。そうしたら、上には吉村さんがいたんです」

階段を上がっていった村田勝志は、タクシーに乗り込もうとしていた。ドアを遮ってそのタクシーに乗り込んだのは、秘書の吉村義雄であった。

「ナイフの鞘は鋏で切って捨てました」と言ったら、警察にさんざんしぼられた

——目の前に飛んできたという、そのナイフの鞘はどうされたんですか？

「それを私は鋏でズタズタに切って捨てたんですね。こういうのがあると面倒なことになると思ったもんですから。革の鞘だから、鋏で切れた。そしたら、村田が警察の事情聴取を受けて『ケースはラテン・クォーターで捨てた』と話したらしくて、警察が私のところに来て『ナイフのケースを見なかったか？』と訊いてきたんです。『鋏で切って捨てました』と言ったら、『あなた、大事な証拠品を捨てて、何てことしてくれたんだ！』と怒られた。『とんでもないよあんた、従業員を総動員して、ゴミの山に行って探してきなさい！』と、さんざんしぼられました。

『いや、もう勘弁してください』と言ったんですけどね。そしたら、『（ケースの）絵を描きなさい』と言われて、鞘の絵を描いた」

――警察だけではなく、顧問である大日本興行の小林楠扶さんは、力道山側の組織とは対立する組織の方ですから、大変だったんじゃないですか。

「マスコミからも、力道山側の組織である東声会からも『誰がやったんだ、どうしてやられたのだ！』と、私にどんどん電話がかかってきた。事務所でも『誰が刺したのか言え、白状しろ』と電話機を顔に投げつけられたこともある。私が避けたから当たらなかったんですけどね……。従業員もみんな、私のことを心配してくれていた。毎日、脅迫の電話がかかってくるもんですから、しばらくは私をガードするために警察も守ってくれたんですけどね。

大きな事件でしたけど、あの事件は私を強くした。でも、私がいちばん申し訳ないと思ったのは力道山の奥さん、敬子さんなんですよ。私のところで大事なご主人が亡くなったわけですから、申し訳なくてですね。目の前でトラブルを見ても、何もできなかった。しばらくは会わせる顔がなかった。でも、その苦しみから解放してくれたのは敬子さんだった。

『山本さん、あなたのところのヤクザが力道山をやった』と言われていたのを、敬子さんが一言『山本さんは関係ありません』と言ってくれたお陰で、私への嫌がらせの電話はピタッと止まりました。それで私も、気が楽になったんですけどね」

新橋の『第一ホテル東京』で山本会長の取材を終えたのち、しばらくして敬子夫人に電話を入れ、「『敬子さんの一言で救われました』と山本会長は仰っていました」とお伝えした。敬子夫人は「そうですか。あのときは主人も悪いですから、山本さんは関係ないですからね」と、敬子夫人は穏やかな口調で言われるのであった。

終章　吉村義雄氏が聞き取った「最期の言葉」力道山は〝三本の指〟で何を伝えたかったのか？

「主人の手が少し動き、三本の指がかすかに上がったように見えました」

力道山が息を引き取りそうになったとき、その右手が微かに動いたという「臨終（いまは）の際」のメッセージは、歿後六十余年が経過した今も「謎」として残されている。まずは、敬子夫人が二〇〇三年七月に著した『夫・力道山の慟哭』第1章「死の真相と3本の指が物語るもの」に書かれている、以下の記述を見てみよう。

《……先生は主人の脈拍を計っていました。私は反対の手を握って様子を見ていると、先生が手をパッとはずして何か言いました。そのときに何を言ったか記憶にはないんです。ただ、主人の手が少し動き、3本の指がかすかに上がったように見えました。》

それが何を意味するものであったのかについて敬子夫人は、死亡診断書の写真版などを掲載したのち、次のように推測している。

《主人が亡くなるときに3本の指が動いたように見えたことですが、後日その場にいた人たちに聞いたら、確かにそういうことがあったと言っていました。力道山は最期に何を言いたかったんだろうって、みんなで考えたことがあります。ある人はやり残した夢が3つあったんじゃないかと言います。私は最初に、千栄子さん、よっちゃん（義浩）、みっちゃん（光雄）の3人の子供たちを頼む、ということかと思いました。それもあったかもしれませんが、最近はもしかしたら2つに分断された祖国の北朝鮮と韓国、そしてプロレスラー力道山として活躍した日本、その3国の友好を願ったのではないかと考えるようになりました。生前の主人の言動や没後に知った力道山の軌跡を改めて振り返ってみると、そんな想いがますます強くなっています。》（『夫・力道山の慟哭』）

二作目の『夫・力道山の教え』（二〇〇八年九月、現代企画発行・大河出版発売）の中にも同様な記述が見られる。三作目の『今こそＪＡＰＡＮに力道山！　空手チョップに込められた願い』（二〇一九年二月、パロアルトコート発行・星雲社発売）には〝三本の指〟についての記述は見られない。

力道山に関する書籍や雑誌は一〇〇冊を超えると言われているが、筆者の手元にあるのは巻末で引用・参考文献として掲載した二七冊である。二七冊のうち力道山の死、力道山が死の寸前に何かを伝えようとした、あるいは〝三本の指〟を指し示したことについて触れているのは八冊である。これらを刊行した順に並べてみると次のようである。

石川輝著『今なぜか力道山』一九八三年八月

鈴木庄一著『鈴木庄一の日本プロレス史（上）』一九八三年十月

門茂男著『力道山の真実』一九八五年四月十日

吉村義雄著『君は力道山を見たか』一九八八年七月

大下英治著『プロレス三国志 永遠の力道山』一九九一年九月
田中敬子著『夫・力道山の慟哭』二〇〇三年七月
田中敬子著『夫・力道山の教え』二〇〇八年九月
細田昌志著『力道山未亡人』二〇二四年六月

敬子夫人は秘書の吉村義雄氏から電話を受け病院に駆けつけた

夕食をとるために吉村氏は猪木寛至を誘い、病院のはす向かいにあるレストランに行きハンバーグ定食を頼んだ。注文したハンバーガーがまだ来ないうちに、力道山に付き添っていた看護師さんが慌てた様子でやってきて、吉村氏にこう告げた。

「力道山さんの状態が変わってるんです。すぐいらしてください！」

吉村氏はすぐにレストランを出て、猪木とともに山王病院の六階にある病室に向かった。病室では上中医師が力道山の脈をとっていた。不吉な予感がした吉村氏は、危急を知らせるために電話室に行き、まず敬子夫人に電話した。電話に出たのは家政婦さんだったが、「奥さんに『すぐに病院に来てください』と伝えてください」と伝言を頼んだ。その電話（伝言）を敬子夫人が受けたのは「夜の九時ごろ」だった（『力道山の慟哭』）。

吉村氏は敬子夫人のほかにも、「あちこちの関係者に電話をかけた」という。だが、《わたしが電話をしている間に病状は進んで、臨終になっちゃったんです。すぐ来てくれと迎えが来て、部屋へ行ったときにはもう末期の水とりが始まってました。》（『君は力道山を見たか』）

力道山が息を引きとったのは「12月15日、午後9時50分」であった（長谷和三院長の「死亡診断書」）。

吉村氏が敬子夫人に電話をしたのは午後九時ごろで、息を引きとったのは九時五〇分であるから、吉村氏は関係者に「力道山が危篤状態にある」ことを知らせるために、数十分のあいだ電話室にいたことになる。

力道山が弟のように可愛がっていた森徹氏の手記

吉村氏は敬子夫人に電話をしたのち、力道山が母のように慕っていた森徹氏の母・森信さんに電話をしている。力道山が危篤状態にあることを知って、森信さんは徹氏に電話した。そして徹氏は山王病院の病室に駆けつけた。病院に駆けつけた森徹氏については、石川輝氏が、森徹氏の手記を自著『今なぜか力道山』の中で紹介している。

石川氏は、敬子夫人や三人の子供たちが力道山の枕もとで見守っていたところから紹介している。

《それから1週間後の12月15日、力道山は腸閉塞を起こして容体が急変した。

午後2時から2時間にわたって再手術が行なわれた。手術は成功し、敬子夫人も安心して、いったんは帰宅したほどだった。

しかし、夜になって血圧が急に下降し、危篤状態になった。

枕もとには妊娠中の敬子夫人、長男義浩、次男光雄、長女千恵子さんらが見守るなか、午後9時50分、息をひきとった。》（「千恵子」さんは、「千栄子」の誤りである）

以下が、森徹氏の手記についての紹介である。

《死の直後の模様については、力道山が実の弟のようにかわいがった大洋ホエールズの森徹選手の手記があるので、転載させてもらうことにする。

「病室のドアを開けた時、白布をかぶせられたリキさんの悲しい姿が、そこにあった。

私の母は、遺骸にしがみついて離れようとしなかった。幕下時代のリキさんが北京へ初めてきた時から、自分の子のように思っていた母だから、ムリはない。

ぼくはフト、奇跡を信じる気になって、ソッと白布をあけた。

静かな、安らかな顔だった。

あの、リングで暴れまわる精力的な顔ではなくて、おだやかな仏さまのような顔である。

ぼくは、亡くなったのではない、もう一度、息を吹き返してくれるのだ、と思って、何度も手のひらを顔に近づけてみた。ぼくは、そうしないではいられなかったのだ。

死の前日だった。リキさんはぼくに、腹の底からしぼり出すような声で、訴えた。

『とおる、クスリ、くれないか。なにか、クスリを、くれないか。どんなに高価でもいい、なにか治るクスリを、くれないか、頼む。頼む』

リキさんはその時、すでに死を予期していたのかもわからない。ぼくは、細くなった彼の腕をさすりながら、いった。

『もう少しのガマンだよ。治れば、リキさんのことだから、回復は早いのだ』

ちょうどその時、ぼくは大洋球団と契約を更新することになっていたので、

『ちょっと、これから球団へ行ってきますからね、がまんしててネ』

そういってぼくは、病室を出た。ドアのところで振り返ると、彼はだまって、うなづいた。そして、力なくぼくの姿を追っていた。それがリキさんとの、この世のお別れだった」》

石川氏は、森氏のこれだけの手記を紹介したのち、次のように結んでいる。

《こうして不死身の男力道山、スーパーマン力道山も、ついにこの世から消えた。39歳の生涯を終えた。波らん万丈の、英雄への頂上めざして、一気に駆け登った人生を終えたのだった。》

力道山は表面「豪気一辺倒」のようだが、実は神経がこまかく、寂しがり屋だった

力道山に代わって『空手チョップ世界を行く』を代筆した鈴木庄一氏も、力道山の死に水をとった一人であった。鈴木氏も、吉村義雄氏の電話で「危篤状態にある力道山」のことを知ったのであろう。

鈴木氏は自著『鈴木庄一の日本プロレス史（上）』の中で、次のように書いている。

《力道山の十三年間のプロレスラー生活は波乱万丈。幾多の紆余曲折もあった。力道山は表面「豪気一辺倒」のようだが、実は神経がこまかく、寂しがり屋だった。それはその生い立ちによるのかもしれないが「出る杭は打たれる」が口ぐせだった。その打たれることから、反骨精神が人一倍強かったのかもしれない。死ぬ直前、意識が薄れながら、何かしきりに言おうとした、という。

それが何であったか？　何人もわからない。だが、プロレスの将来を案じていたことは明瞭だ。今のプロレスを地下の力道山はどう思っているか――》

「死ぬ直前、意識が薄れながら、何かしきりに言おうとした、という。」とあるから、鈴木氏が病室

に駆けつけたとき力道山はすでに絶命していたことになる。「何かしきりに言おうとした」という力道山の、いまはの際《きわ》の〝所作〟は、吉村氏から聞いたのであろうか。あるいは、病室にいた力道山のお弟子さんの誰かから聞いたのであろうか。

力道山は「アー、アー」と言いながら〝三本の指〟を差し出した

吉村義雄氏は自著『君は力道山を見たか』のなかで、力道山〝臨終の時〟を見聞きした全貌について語ったのち、《力道山は、最後に伝えたいことも伝えられず、敢えなく去ってしまいました。》という言葉で結んでいる。しかし、吉村氏はただ一人、微かに動いた〝三本の指〟を見ただけでなく、力道山の口から発せられた「アー、アー」という声を聞き取っているのである。

これほど明確な「メッセージ」はないのではないか。

「アー、アー」と低い声で言って、指を三本出したように見えた——。

これこそが、力道山が最後の気力をふり絞って発した「〝伝えたい〟メッセージ」なのである。自らの思いを伝えたくて「アー、アー」と言いかけた。しかし言葉にならない。指を使って「思い」を伝えることにした。今まさに消えゆく意識の中で力道山は、「アー、アー」と発しつつ親指と小指を折り「三本」の指で自らの思いを伝えたのだった。そして息を引き取った。

消えゆく意識のなかで、人は、論理的に思いを巡らすことはできない。そこにあるのは、ただ、感覚的なもの、感性だけである。もっと具体的に言えば、力道山の場合、聴覚だけは息絶えるまでその機能が失われることはなかった。聴覚で「音（声）」を聞き取り、「アー、アー」と言葉にならない声

を発し、「三つの指」を微かに動かした。その「三つの指」で、誰に、何を伝えようとしたのか――。誰に？ 腕をさすりながら「頑張ってね」と声をかけてくれている妻・敬子にである。なんという言葉で……？

死の間際、最後に残る感覚は「聴覚」である

その問いに答える前に、人間の聴覚について、カナダのブリティッシュコロンビア大学の研究チームが、「聴覚と意識」についての研究成果を発表していることを記しておきたい。

ブリティッシュコロンビア大学はカナダの代表的な名門大学である。同大学のローレンス・M・ワード教授率いる研究チームは、二〇二〇年六月二十五日付の『Scientific Reports』において、「意識が失われた患者でも聴覚反応がある」ことを実験によって検出した。

このチームによる研究は、すでに意識が失われているホスピスに入院しているがんの患者さんを対象に行われた。意識が失われている患者さんに対して、五音（音階や旋法の基本となる五つの音）だけで構成された曲を流し、その脳の活動を計測するという実験を行ったという。曲は、同じ音を反復して流すだけであるが、これを意識のある人と、意識が失われている人に聞かせて〝聴覚〟の反応を調べた。

どのような反応を示したかは、難解な説明を要するので割愛するが、結論として言えることは、意識のある人も、すでに意識が失われている人も、同じように「聴覚が機能しているサイン」が現れていることがわかった」ということである。すなわち、「意識が失われた患者でも聴覚は機能している」、「耳

が聞こえている」ことがわかったのである。

死の間際、最後に残る感覚は聴覚であることが判明したということだ。

「だから、大切な人が最後のときを迎えたら、優しい言葉をかけてあげて欲しい。きっとその人を安心させてあげることができるだろう。

間違っても、どうせ聞こえないだろうなどと余計なことを口にしてはいけない」と、ローレンス・M・ワード教授は警告している。（『Scientific Reports』）

「聴覚」と「脳波」の関係についての研究は、日本でも論文が発表されている。関西学院大学で心理学を専門とする玉越勢治氏が「脳波を指標とした聴覚情報処理過程に関する基礎及び応用研究」という論文を提出し、二〇一一年三月三日に学位（博士〈心理学〉）が授与されている。

玉越氏の研究は、「意識が失われた患者でも聴覚反応がある」ことを証明したローレンス・M・ワード教授の研究とは異なるが、聴覚情報処理と脳波の関係を研究した点では一致する。論文はかなり難解であるが、《人に光や音など刺激が与えられると、脳にその事象に関連した電位変化が生じ、脳波を解析することによって求めることができる。》のであり、「聴覚」と「脳波」は密接な関係にある、ことを証明している。

大阪大学大学院医学系研究科・医学部の高島庄太夫教授は、同大学の「教授リレーエッセイ」で、「最後まで残る感覚、聴覚について」と題し、自らの体験によって知り得た事実を報告した。

小学校高学年のとき、近所の医院で筋肉注射を受けたのが原因でショック状態となり、医院の診察台に倒れ込んだ。目を開けることも指一本動かすこともできない状態になった。

それでも髙島少年の聴覚は、しっかりとその機能を維持し得ていた。

《医者は〝危ないので親族縁者を呼びなさい〟と言い、次々と親族や知り合いが私の枕元に集まって、〝可哀そうに〟等々と話している会話が明瞭に聞こえた。》

《この自己体験をもとに、人間の持つ五感（視覚、聴覚、嗅覚、味覚、触覚）のうち最後まで健全に機能する感覚について考えてみた。この中で運動機能が伴わなければ能力を発揮できない感覚がある。視覚については、まぶたを開けることもできなかったので役に立たなかった。味覚も然りで、口を開ける力は残っていなかった。嗅覚については、虫の息のような状態であったので、十分な働きは期待できなかったと思われる。触覚については、痛みは感じなかったが、肩に注射をしているといった感覚は何となく覚えている。》

これらの経験から髙島医師は、以下のような結論に辿り着いたのだった。

《最後の聴覚のみは健全にかつ十分に機能していたと記憶している。この感覚は運動機能の関与がなくともその役割を果たせる感覚と考えられる。音は、外耳道から入り、鼓膜、耳小骨、内耳、聴神経、脳幹、側頭葉と刺激が伝わる。つまり、脳血流が保たれていれば、随意的な運動機能をほぼ用いずに、機械的に容易に完遂される感覚機能であるといえる。》

髙島氏はこのような出来事を経験して以来、「医者になって心がけていることがある」という。瀕死の状態もしくは意識レベルの低下した患者さんの前では、「不用意な言葉は厳に慎むようにしている」とのことである。

力道山は妻・敬子に「ありがとう」と言って息を引き取った

最早「思考」を巡らす状態にはなかった力道山が感覚的に受け止めていたものは、聴覚から来るものと、皮膚感覚で微かに感じることができた人の手の温もりだけであった。聴覚と、皮膚感覚。シーンと静まり返った病室で、力道山の感性を呼び覚ましてくれた人が一人いた。「手術の結果はどうだったんですか？」と、声を発している。

力道山は、妻・敬子の声を聞き取ることができた。

自分の手を取って腕をさすり、「頑張ってね！」と声をかけてくれている。

医師は脈を診るために左手を持ち、敬子夫人は右手を握り締めながら声をかけていた。

「右手を、こっち向いてるでしょう、私は。『奥さん、手を握っててください』と言って、先生はこっちで、脈持ってて……。私は主人の手を握ってて『頑張ってね！』って。手を押さえながら声をかけていた。ベッドだから、そんなに耳元ではないですけど、『頑張ってね！』って（手を）押さえながら……」と敬子夫人は証言している。

「（そのときは）まだちゃんと温かかったし、生きていると思っていましたから。

そのうち、何分ぐらいだったか時間はわかりませんけど、先生が脈をとっている手を離したんですよ。『大丈夫、平気？頑張ってね』って、先生が手を離しても私はずっと（主人の手を）持っていた。そしたら、そばにいた田中米太郎さんとか、お弟子さんたちがいきなり、泣き出したんですよ」

吉村氏はその直前に、「アー、アー」という低い声を聞き取った。そして言葉にならず力道山が差

力道山が39歳で生涯を閉じた、赤坂・山王病院601号室のベッド（画・基 蕗子）。『Number70』「力道山の真実」に掲載されている写真（フリーカメラマン土屋明氏撮影）を模写したものです。

し出した〝三本の指〟……。

死の間際、最後に残る感覚は聴覚であることが、医学的には判明している。話すこともままならなかったが、力道山には、「大丈夫、頑張ってね」という妻・敬子の声がはっきりと聞こえていた。

吉村氏が聞き取った「アー、アー」は、「ありがとう」の「あ」だったのだ。

力道山は妻・敬子に「ありがとう」と言いたかったのである。

しかし、言葉を発することができなかった。瞬時に思考を巡らし微かな意識を紡いで〝三本の指〟を差し出したのだった。〝三本の指〟は、三……九、「サンキュウ」なのである。枕元には「敬子」がいる。愛する妻に看取られて黄泉の国へ旅立つことができる。波乱に満ちた生涯であったが、力道山は安らかに三九年の生涯を終えることができたのであった。

「敬子、ありがとう」と感謝の意を伝えて、昭和のスーパースター力道山は、三九年の生涯を閉じたのであった。

あとがき

わが家には、四半世紀生活を共にしてきた亀がいる。今は布団の中で冬眠中であるが、水が欲しくなると月に一度くらいむっくりと起きてきて、げっぷが出るくらい水を呑むとまた布団の中へ潜っていく。カナリアに似たセキセイインコもいる。家族の一員になって四年くらいだが、人懐っこくて、何にでも興味を示し家族の人気者である。おやつが欲しくなると、おやつの入った袋のところに飛んでいって「これをくれ」とせがむ。大した知能の持ち主だ。体重は三五グラムである。この前異物を食べて一週間、入院した。元気になってホッとした。

西湘地域が豪雨になった日の夕刻、雨戸を閉めようとしたら蟷螂がしがみついていた。ジッとこちらを見て、寒くてしようがないと訴えていた。蟷螂は大好きである。部屋の中に入れてやり、翌朝蜜柑の木に戻してあげたら、またジーッとこちらを見ていた。写真を撮ってあげた。

介護を受ける齢になったが、まだ体力は十分にあるからと、〝お年寄り〟のお役に立ちたいということで小田原市の介護の入門講座を受講した。受講者は一五名で、施設へ行って実習・見学もさせていただいた。十二月十六日が講義の最終日だった。神奈川県知事のお名前で認定証が授与されたが、当日二名は欠席し、そのお二人と私は認定証をいただくことができなかった。一日休んだからで、ましようがないかと納得して福祉会館を後にした。

一日休んでしまったのは、この「力道山」の原稿に追い込みをかけていたからでした。意図的に休んだのではなく、講義のある日を失念してしまっていたからです。

「力道山は死ぬ寸前、右手を突き出した。その右手は親指と小指が短く折れ、三本の指で彼は何かを言い遺そうとしたのである。いまは（臨終）の際に力道山は、この三本の指で何を言いたかったのであろうか？」

門茂男氏の『力道山の真実』を読んだのは昭和六十年四月でした。それは「サンキュウ」というメッセージ、感謝の気持ちですよと、すぐにわかりました。三年後に吉村義雄氏が『君は力道山を見たか』という本を出版され、そこには「力道山が、『アー、アー』という低い声でいって、指を三本出したように見えました」と書いてありました。やはり「ありがとう」だったのだと確信が持てました。では、誰に対して……？

力道山夫人・田中敬子さんを取材させていただき、力道山は「奥さんに対して感謝の気持ちを伝えたかったのだ」と、納得しました。

昭和のスーパースター、力道山――。フリーライターとしての私の最後の作になるかと思います。

本書のために貴重な時間を割いて、取材に応じてくださった方々に心からお礼を申し上げ、併せて制作の労に携わった娘・蕗子と校正に協力した妻・由紀にも感謝の言葉を述べ、本書の結びの言葉とさせていただきます。

二〇二四年十二月十八日

基　佐江里

引用・参考文献

○『日本プロレス20年史』田鶴浜弘（日本テレビ放送網、発売・読売新聞社）
○『日本プロレス30年史』田鶴浜弘（発行・日本テレビ放送網）
○『プロレス30年 初めて言います』遠藤幸吉（文化創作出版）
○『Number70 力道山の真実』松尾秀助編（文藝春秋）
○『今なぜか力道山』石川輝（リイド社）
○『力道山物語』牛島秀彦（徳間書店）
○『力道山 空手チョップ世界を行く』鈴木庄一編（恒文社）
○『甦る怒涛の男 力道山』ジャイアント馬場監修（ダイナミックセラーズ）
○『甦る怒濤の空手チョップ Super Hero 力道山』小柳幸郎編集・ゴング9月号増刊（日本スポーツ出版社）
○『鈴木庄一の日本プロレス史（上）力道山時代』鈴木庄一（恒文社）
○『力道山以前の力道山たち』小島貞二（三一書房）
○『わが柔道』木村政彦（ベースボール・マガジン社）
○『門茂男のザ・プロレス①力道山の真実』門茂男（角川文庫）
○『大山倍達 炎のカラテ人生』基佐江里（講談社）
○『君は力道山を見たか』吉村義雄（飛鳥新社）

○『激動の昭和スポーツ史⑩プロレス』池田郁雄編（ベースボール・マガジン社）
○『永遠の力道山』大下英治（徳間書店）
○『もう一人の力道山』李淳馹（小学館）
○『栄光への軌跡　日本格闘家列伝』基佐江里（気天舎）
○『夫・力道山の慟哭―没後40年　未亡人が初めて明かす衝撃秘話』田中敬子（双葉社）
○『父・力道山　初めて明かす父の実像、父への愛』百田光雄（小学館）
○『夫・力道山の教え　闘え、生きろ、老いるな！』田中敬子（現代企画・発行　大河出版・発売）
○『木村政彦はなぜ力道山を殺さなかったのか』増田俊也（新潮社）
○『今こそJAPANに力道山！　空手チョップに込められた願い』田中敬子（パロアルトコード・発行　星雲社・発売）
○『力道山未亡人』細田昌志（小学館）
○『日本史年表』日本歴史大辞典編集委員会編（河出書房新社）
○『日本史年表 増補版』歴史学研究会編（岩波書店）
○『一億人の昭和史』日本占領（1）降伏・進駐・引揚（毎日新聞社）
○『一億人の昭和史』（4）空襲・敗戦・引揚（毎日新聞社）

新聞・雑誌
『朝日新聞』『毎日新聞』『読売新聞』『月刊　プロレス』『週刊プロレス』（No・2222）

〈著者略歴〉
基　佐江里（もとい　さえさと）
1946年1月、満蒙開拓移民の子として中国遼寧省に生まれ、鹿児島県与論島で育つ。1961年3月与論中学を卒業後、集団就職で上京。神奈川工業高等学校定時制電気科を経て日本大学文理学部哲学科に学び、同大学大学院文学研究科哲学専攻修士課程修了。転職を重ねたのち編集者生活を経てフリーに。著書に、台湾元日本兵の補償問題をテーマにした『聞け！血涙の叫び 旧台湾出身日本兵秘録』、『日本格闘家列伝 栄光への軌跡』、『大山倍達 永遠の魂』、『大山倍達外伝』、『高度経済成長を底辺で支えた〈金の卵〉中卒「集団就職者」それぞれの春夏秋冬』などがある。がん患者向けの医療情報誌『月刊がん もっといい日』『がんを治す完全ガイド』編集長などを経て2009年4月、株式会社蕗書房を設立。季刊『ライフライン21 がんの先進医療』を創刊、現在に至る。

昭和のスーパースター 力道山
臨終の際に微かに動いた〝三本の指〟で何を伝えようとしたのか!?

2024年12月25日　第1刷発行

著　者　基 佐江里
発行者　基 佐江里
発行所　株式会社蕗書房
〒256-0802
神奈川県小田原市小竹794-58
TEL 0465-20-4712　FAX 0465-20-4713
発売元　株式会社星雲社（共同出版社・流通責任出版社）
〒112-0005 東京都文京区水道1-3-30
TEL：03-3868-3275　FAX：03-3868-6588
装　丁　基 蕗子
印　刷　中央精版印刷株式会社
製　本　中央精版印刷株式会社

 ISBN978-4-434-35275-1